词人顾随

词人顾随

顾之京／著

河北大学出版社
·保定·

CIREN GUSUI

词人顾随

出 版 人：刘相美
选题策划：何 东
责任编辑：赵彩霞
装帧设计：张彦琪
责任校对：兰彩红
责任印制：常 凯

图书在版编目（CIP）数据

词人顾随 / 顾之京著. -- 保定 ：河北大学出版社，2024.10

ISBN 978-7-5666-2245-7

Ⅰ. ①词… Ⅱ. ①顾… Ⅲ. ①顾随（1897-1960）-人物研究②顾随（1897-1960）-词（文学）-诗歌研究
Ⅳ. ①K825.6 ②I207.23

中国国家版本馆 CIP 数据核字 (2023) 第 232019 号

出版发行：河北大学出版社
地址：河北省保定市七一东路 2666 号 邮编：071000
电话：0312-5073019 0312-5073029
邮箱：hbdxcbs818@163.com 网址：www.hbdxcbs.com
经 销：全国新华书店
印 刷：保定市正大印刷有限公司
幅面尺寸：170 mm × 240 mm
印 张：22
字 数：270 千字
版 次：2024 年 10 月第 1 版
印 次：2024 年 10 月第 1 次印刷
书 号：ISBN 978-7-5666-2245-7
定 价：78.00 元

目　录

人间自古重真师（代序）

听顾羡季先生的讲授——我总是称之为“登堂说法”，比之为古时高僧宣演佛义，他使用的方法也与一般“文学讲义”之类大大不同。他有时是片词数语，即并不连贯构成“段落”，也并不一定必成“文章”。他常常是“偶然”兴起，即席发挥，数语过去不再细说——任你自行体会感悟。因此，或有明珰，或如翠羽，须自己去“拾”，自己去“理”。在此，聊从记忆中记取三言五语，以为例痕——

先生说：佳句，精彩之处，它自己往我眼里跳——不是我去“搜寻”。同理，虽然古贤名作，它为人传诵、脍炙众口，可它也常有“糟处”。遇此，我也不为古人遮丑，不客气揭出。即在我最拜服的名家中，也绝不因偏爱而为之讳饰。

先生说：白居易自己得意的，平生两篇名作，即《长恨歌》与《琵琶行》。然而《长恨歌》不及《琵琶行》远甚，那写得太不行，干巴巴，凑句、乏味，并无让人有读诗享受之美境与警策嘉言好句。李义山佳篇难以备举，可他却写出“历览前贤国与家，成由勤俭破由奢”，这叫“诗”吗？莫非别人劣句窜入其集子里了吧？

先生说：古人（诗人词家）极敏感，非常人能及；而又会创造新句新格，与前人不犯重复。例如写时光之流逝，好句多矣！从孔子“逝者如斯夫，不舍昼夜”起，也举之不尽。但词人大晏却写道：“……可奈年光似水声——迢迢去不停！”这简直让我耳边听得那时间是在“哗啦哗啦”地流走了——可怕得很！然而，那意思本身并无稀奇新鲜之可言，却只因他用上了一个“声”字，这就给了你一种前所未有的“流光似驶”的可怕感受。

顾先生讲这些时，面上惊恐，口中哗哗作响，手势如“大江东去”……我坐在椅上，为之心惊意悚，就觉得吴梦窗“午梦千山，窗阴一箭”的好句，也还未能写出那种“哗哗”的可怕来！

有一同学，问诗词讲“风格”各异，什么是风格？如何“定义”才好？先生答云：有人拿“例句”来分李（白）、杜（甫）的风格之迥异——“坑深粪落迟”，是杜的诗法；“黑狗一飞飞上天，白狗一去三千年”是李太白的句法——这就叫“风格”。

全班大笑。

顾先生“不是”一位教师，而是一位艺术家——他讲课的口语也讲究音律，他也擅长“表演”，有时学几句京戏名武生杨小楼。所以听他的课就会想起名角演戏，令人“入胜”，令人“着迷”。坐在他的课堂上，你别想打瞌睡，你只会随着他而“逸兴遄飞”，而“神观飞越”。

记忆中，顾先生是从唐五代的名篇，示例开蒙讲《望江南》，有赞赏，有批评，有议论，有风趣。他讲这么一首，其词曰：

“梳洗罢，独倚望江楼，过尽千帆皆不是，斜晖脉脉水悠悠——肠断白蘋洲！”

先生为何要选这篇温飞卿的《望江南》而从它讲起？我想这有两点：“词选”虽不等于“词史”，到底还须略分早晚源流，此其一。《望江南》这个“小令”词调，是唐中晚诗人开始由诗作而渐及词曲的一个最短的曲牌。看那时诗人如何运用这种新格律节奏来抒写情怀，以及此后又如何发展，选它最有代表性。此其二。

这小令共计二十七个字，句法分：三、五、七、七、五。

一上来，只三个字，便“告知”读者：这是一位女性，她是在清晨时刻，刚刚睡起，第一件事必须梳洗——梳头、挽髻、沐面、脂粉“化妆”。不如此，是没法见人的。但这位女性，梳妆既妥，却不是会见亲友家人，而是独自一个倚在望江之楼上，凝神远眺。她看什么？——她看的是来往的帆船。她看了多少？曰：千帆。她在寻找什么？词人不言，先生不讲——却接上了一个“皆不是”！不是什么？又不见“交待”一字，暗示片词。

然后，那笔锋一转，忽然接道“斜晖”，在脉脉无言而与人“对”面心照不宣了。

这是何等笔力！何等“经济手法”！何等表达艺术！

词人开端说了一个“梳洗”，然后说了一个“斜晖”，明白了吗？她独倚之楼，所为时光已达几何？聪慧的读者，青年的听课者，无待烦言，心下已悟：她凝妆痴坐整整过了一日，盼望所怀之远人乘来帆而归聚——却如此日复一日，还是怅然而徒然，既伤情而伤命。在此，词家就要借助宋代名作来帮助我们玩味、体会那个中的况味，难言的处境——

柳永的《八声甘州》：

“不忍登高临远，望故乡渺邈，归思难收。叹年来踪迹，何事苦淹留？想佳人妆楼颙望，误几回、天际识归舟。”

张耒的《风流子》：

“芳草有情，夕阳无语，雁横南浦，人倚西楼。”

你看：温、柳、张三个，从不同的“场合”、“角度”和“主角”、“口吻”而“合写”了那种古时之游子久滞异乡、闺人苦念飘零的痛切心情而难以宣说的处境。那落日的“脉脉”，正是“夕阳无语”，何其契合！

我们随着顾先生的“登堂说法”而领会了词人的灵心与神笔，赞叹不已——然而，先生突然一声叹惜：“糟了！糟了！”

课堂里惊讶震耸，不知出了什么“事故”。先生说：温八叉高手，写到“斜晖脉脉水悠悠”，神完气足，恰到好处！——就该“见好就收”，可他犯了“短见”的毛病，也犯了“凑韵”大忌，竟然用“肠断白蘋洲”五字，破坏了全篇的精彩，而变成“画蛇添足”。

全课堂一片默然，有的还喘出了一口气。

先生说：你们先想想，下次咱们再作讨论。

顾先生把他批评温飞卿《望江南》末句“糟了”的饶有意味的课题，留给了班上的同学们，意借此试窥其天分智慧。结果答者皆不合师意。于是他又另换一个方式，将问题再摆在同学面前，说道：我说那结句糟了，并无张皇、屈枉、冤抑之嫌，是真糟了，但若五字全改，又过于鲁莽放肆；如今我仍运用教员“改卷子”的办法，只替温飞卿换上两个字。请谛听、谛听：

……过尽千帆皆不是，斜晖脉脉水悠悠——依旧白蘋洲。

他接云：我自评此改，虽不能大佳，却已不但“过得去”，实已远胜原句了。——请你们讲讲这一道理究竟何在？

班上又只有一二人说了几句。先生不答，因见我坐在头排，便转向我发话，说：“请你说说看！”

我记得当时有点儿惶恐，但还能鼓起勇气，不甘“缴白卷”。我说的大意如下——

……我想，是否因温飞卿此词结尾道破“肠断”二字，便了无余蕴，让人索然。您的改为“依旧”，则大大加强那种极度惆怅悲伤的情怀之神之韵……

先生静静地听我答言，听完了，笑了——随即又敛起笑容，感叹地说：“有体会，这样交流，就比一个人单讲有益得多。”

他最后指出：中国诗词之有神重韵，在于“含不尽之意见于言外”，忌的是“一口道破”，“大嚼” 遂致“无味”。但这又绝非“卖关子”、“留悬念”那些江湖习气。

“脉脉”、“悠悠”，皆所以表达那种惆怅中怀万分悲伤而又坚守礼度，无使失仪的闺秀风度——已然是写够了，你偏要说出一个什么“肠断”，这算什么？这不算“糟”，还等什么？

羡季先生，苦水词人，是我最难忘怀的真师。

周汝昌

按：《苦水词人念我师》是周汝昌先生的遗作。周伦玲女士2017 年将此作提供给《文汇报》，6 月 14 日《文汇报·笔会》副刊对此作加以节录，以《人间自古重真师》为题予以刊发。文中，汝昌先生以鲜活的文字生动传神地再现了顾随老师昔日的诗词课堂。父亲也曾对学生说过，没有艺术实践的人研究作家作品总是隔着一层，搞些创作，有些艺术实践，至少可以晓得此中甘苦，至少可以体会作家的创作心态和创作过程。尽管父亲词的创作并非自此始，但他后来的创作与教研确是相辅相成的。因此，今日拙笔所书《词人顾随》一册即将递到读者手中之际，我以一怀虔敬之情，恭请汝昌先生遗作置于卷首，以为代序。

顾之京

二〇二四年元月

卷前絮语

教书是父亲一生唯一的职业，但相较于教授、学者的身份，从爱好、从心愿言，他更希望自己是一个作家。传统的诗、词、曲，现代的小说、散文，父亲都有堪传后世之作，而其中最早引发文坛反响、终生不曾辍笔且自许为一生“胜业”者是词①。今辑入十卷本《顾随全集》之词作，凡五百四十一首。②

早在 20 世纪 20 年代后期，父亲已有“苦水词人”之誉。苦水是父亲之别号，早年及中年发表的作品多署此名。周汝昌先生 1990

① 1957 年 2 月，父亲六十周龄，19 日晚写寄周汝昌之短札有言：“(春)节前曾自拟楹联曰：‘胜业漫夸长短句，诗才终在二三流。’恨不得兄为写之张贴楼前耳。”

② 十卷本《顾随全集》成书后，又辑得父亲佚作数十余首，已知和晚唐五代词人之作散佚者七十余首，1953 年后已刊发而未及辑入者至少数十首。若能全部辑得，数量或可与他最崇敬之辛稼轩比肩。

年在纪念老师顾随逝世三十周年的大会上说："过去，提起顾先生来，就说是词人，特别是早年，在北京的文化界、教育界，一提苦水词人，无人不知，无人不晓……"①"苦水词人"之名蜚声文坛，是1927—1928年《无病词》《味辛词》两种词集接连问世产生的社会影响。

父亲治学曾有一句名言：

> 一种学问，总要和人之生命、生活发生关系……②

作词，也是一种学问，全部苦水词植根于苦水词人的生命与生活。

父亲一生有词集八种，他的词创作，私意以为可分三个时期：《无病词》《味辛词》《荒原词》《留春词》《积木词》是为前期词作；《霰集词》《濡露词》是为后期词作；1953年后之《闻角词》和未及结集的"述堂近稿"则为晚年词作。

父亲为词"漫无师承"，或者说是自学而成。我的祖父是父亲读书、作文、写诗的蒙师，可能是缘于祖父庄重的性格，他老人家似乎不大喜欢词，"未尝为词"，也不曾指引我父亲读词。父亲"年至十有五"，"一日于架上得词谱一册读之"，方"始知有所谓词"，

① 见周汝昌《怀念先师顾随先生——在顾随先生逝世三十周年纪念会上的报告》，收入《顾随先生百年诞辰纪念文集》。

② 见《传学——中国文学讲记》序一。

读词亦自此而始；至于作词，则是至“廿岁时，始更自学为词”。[①]1939年10月26日，父亲在燕京大学词曲研究会上有一次谈话，他以“偶然”为题、以“偶然”二字概括了自己早年学词、填词的经历：

> 我个人学词就是偶然。……二十岁以前，是我刚认识词的时期。偶然从书架上翻出一本叫做《留青新集》的书来，里面选的有几首词，从此便知道什么叫做词。以后又读了《白香词选》和《艺蘅馆词抄》两部词集，对于词才有一点认识。……三十岁以前，那时我已从大学毕业。曾自己买过几部词集，如《六十名家词》等。便按律填词：见花开写花开，见叶落写叶落，都是感兴之作。[②]

父亲自己编订词集所收最早的词，作于1924年（二十七八岁）。此前“按律填词”的“花开”“叶落”之作，他可能视为其学词道路上的习作而未肯收入词集。1924年，父亲还是一个青年，而用当时的观念、用他自己的话，则是已迈入“中年”[③]。当时，父亲刚到青岛任教，他似乎到青岛后方进入了词创作的旺盛期，他在信中向

① 以上事及引文见《稼轩词说·自序》。

② 刊于1939年11月4日《燕京新闻》。

③ 1924年8月作《蝶恋花》（少岁诗书成自误），中言“将近中年”；随后作《江城子》（一年好景去匆匆），中言“才到中年”。

友人说："自来青后，甚喜作词。"①"其处富于自然，山，海，森林在在可以征服我而使我沉醉。"②可能正是青岛的青山、大海、茂林，激荡起父亲填词的灵感与激情。因之他自编词集时所收作品始自1924年至青岛后，当是有意以"迈入中年"作为自己词人生涯之开端。

① 见致卢季韶函，1924.10.18。
② 见致卢伯屏函，1924.7.8。

第一章

印行词集

父亲自少年时就萌生了做小说家的愿望，想当一个作家，因而他很看重自己作品的发表。1922 年秋间，他执教济南时，一次突然高烧不退以至昏迷，稍稍清醒之际，“忽思及身后事”，第一件就是“求父亲将拙著杂稿邮冯、二卢、孙四先生校检付印”①——人不在了，“要留作品在人间”。待到 1927 年初，父亲的词作无论数量还是艺术水平都已相当可观，于是印制词集的事自然提上了日程。他在 4 月 10 日到 17 日的一周内，“把近四五年中的小词，抄选了一通，打算付印”。他谦言：“语云：不为无益之事，何以遣有涯之生。予之印小词，亦正类是。”词，是中国古典韵文中最为“要眇宜修”之一体，是古典韵文中的精品，父亲继古人之笔墨，研修词体，正是承继发扬中华古典韵文之美，因此他又郑重地宣称，印行词集是由于“横竖我是一个真正中国人”。②

① 见致卢季韶函，1922.11.4。冯即冯至，字君培；二卢即卢伯屏、卢季韶；孙即孙芸生。
② 以上引文见致卢伯屏函，1927.4.17。

4月20日，他趁天津女师放春假，到北京晤对好友，当晚，他“同君培逛了半夜什刹海，直候到下弦月上”，第二天二人又去游北海；[1]6月末学校放暑假，父亲为了读书与创作再到北平，借住于友人李冋生的住处，[2]他又数次与冯至面晤、谈心。从1990年冯至老伯所写的《怀念羡季》[3]一文可知，三个月来，这对挚友的谈话，印行词集是其重要内容。所以，7月13日，父亲在致伯屏兄的信里报告“词已决意付印”，且已得到女师齐校长[4]经济上的一些支持，“为寄廿元来，并说可以陆续帮助”。词集的事进行得很快，到7月16日，“词稿已交北大出版部”，他说“印五百部送送人。不打算卖，且亦卖不出。印费需八九十元。纸太好，格式太讲究之故也”。当晚，他“与君培逛北海登山望月，甚畅怀”。可见词集之编订、设计成功，这一对挚友、诗人是多么开心。为了尽快印出，父亲“一半日内”还要回天津去向女师预支以后的工薪。[5]7月19日，父亲同冯至一同去北大出版部印刷课看样子，感觉“大致尚不错”；“词定名为‘无病’”，“希望早日印出来，大家分送分送”。这一段时间父亲工作十分紧张，一方面读书、创作，一方面又须时时顾及词集印刷的事，“每天总要工作三四个钟头”且“必须夜间十二点钟以后，方能沉下心去干”[6]，但他心情很好，精力充足，高兴地告诉伯屏兄：“昨君培一见我，便说：

① 事及引文见致卢伯屏函，1927.4.21。

② 地处东四的兽医学校校内。

③ 刊于《河北大学学报》（哲学社会科学版）1990年第4期。

④ 齐校长即齐国樑，曾留学美国，是父亲在广平府中学时的英文老师。齐校长很器重弟子，1926年留学归国任天津女师校长时，力邀弟子去他那里教国文和英语。

⑤ 以上引文见致卢伯屏函，1927.7.16。

⑥ 事及引文见致卢伯屏函，1927.7.20。这里所说的“工作”乃指词集印刷之种种事务，在“夜间十二点钟以后”“去干”的是读书与创作。

‘你的精神真好喂！’聆言之下，甚觉‘喜人’”。[1]让我意想不到的是，时过六十余年，1990年冯至老伯撰写《怀念羡季》一文，对老友印行第一种词集的情况有更详细的记述：

> 1927年初夏，我们商量印行词集。羡季在天津编出上、中、下三卷，命名“无病”。他把词稿寄给我，我交给北京大学红楼地下室的印刷所排印。我尽我当时审美的水平，设计装帧，宣纸线装，书页上下两端留有较多的空白。羡季从词集里摘取两句能概括全书内容的作为题辞，朱印在扉页上，这做法在过去的旧体诗集词集是不曾有过的。他后来印行的诗集词集都采用这种装帧形式。……书成后，他叫我给词集题签。羡季长于书法，朋友们公认他写的字苍劲有力，挺拔出众，我只在学童时临摹过欧体，此后毫无长进，而他自己不写，却教我写，我也毫不推辞，提笔写了“无病词”三个字。这中间没有别的话可说，只是由于彼此间真挚的友情。

这段记述，为我们留下了近百年前一对挚友、一对青年诗人携手文坛的一段佳话。若不是冯至老伯在纪念老友逝世三十周年之际掀开了尘封的记忆，这段往事早已如云如烟飘然远逝，我们后辈人将永远不会知晓，现代文坛也就少了这一段如诗如歌的逸事。至于文中冯至老伯所说，题签“只是由于彼此间真挚的友情”，诚然是一句知心的话，但前面一个“只”字，就是自谦了。父亲早在此前五年彼此刚刚结识不久，就对冯至的字有了赏

① 见致卢伯屏函，1927.7.20。

爱——“君培近来学问当更长进，我于其所写之字知之也。字渐遒美，渐峭利，我见之，爱不忍释手”[①]。

《无病词》印行之际，父亲刚过而立，且又是第一次出版自己的作品集，书成之后，自然首先要呈奉于恩师沈尹默先生座前。当时父亲在天津任教，即先由在北平的冯至将词集送呈尹默师，再致书师座前。尹默先生在读到词集及信函后，立即发函给弟子：

> 日前由君培兄处得大著《无病词》一册，顷又奉手示。忻忭无似……君词手笔，差多自然清丽处，读之令人辄生空谷足音之感，此秘时流那得知？还与君秘之耳。何时晤对，深所企幸。此复。……
>
> 尹默拜启
>
> 八月二十三日

默老写于是年8月23日的这封信，掩饰不住对弟子作品的欣赏与赞誉，更流露出无尽的欣喜；俟后，即有尹默先生在燕京大学课堂上称赞弟子《无病词》为“佳作”之事[②]；又俟后，即有“尹默师托人问我有意续印词集否”之事[③]。恩师的关切就是最大的鼓励，对父亲印行第二种词集《味辛词》是有力的促动。1928年6月中，他已决定“三五日内，即当赴京一行”，“到京后，第一先将词集付印”。[④]至8月份，《味辛词》已印成面世。

① 见致卢季韶函，1922.12.21。

② 见郑因百《清昼堂诗集·论诗绝句一百首之九十六——沈尹默、顾随》诗注。

③ 见致卢伯屏函，1928.5.10。所托之人可能即冯至或郑因百。

④ 见致卢伯屏函，1928.6.17。

三个月之后，1928年11月26日，父亲在《大公报·文学副刊》第四十七期上，看到一篇盛赞《味辛词》的短文《评顾随〈味辛词〉》，署名“镜”。父亲“不知究系伊谁”，“词未出售，不知‘镜’于何处觅得”。但父亲推断“镜”“决非吾辈之友人”，“因朋辈中皆知‘味辛’之前，先有‘无病’。而今之批评，只论及‘味辛’，乃并无只字及‘无病’，故知其为生人也”。随后父亲致函大公报馆，方知著文者“为北平北海图书馆之赵万里君”，父亲遂又以《无病词》相赠，“聊作桃李之投报”。①

更令父亲想不到的是，半年之后，1929年6月3日《大公报·文学副刊》第七十三期以整版篇幅刊发了署名“馀生”的《评顾随〈无病词〉〈味辛词〉》一文。“馀生”，吴宓先生笔名。吴宓时任《大公报·文学副刊》主编，亦时于副刊发表文学评论文章。吴宓此文“就文学创造之原理”与“今日中国创作诗词唯一之正途”，“论顾君之词”，评论的基准已是定在了高位。此后，吴宓著《空轩诗话》，亦盛赞“顾随君所为词”。吴氏文章，文辞高雅极具理论性，体现了很高的学术涵养，其对两种词集之评赞，此处暂不多言。这里，只说一个“评‘无病’‘味辛’”的有趣细节——文章开端一段，先说“无病”“味辛”两词集“非卖品，欲得之者只有函请顾君寄赠”；又言“闻其第三集现正编辑整理，不日即付刊”，“爱读者正可拭目以俟之也”。用今天的话说，这不啻为“顾君”之词做了一次强势的“广告”。“广告”果然产生了广泛的影响，父亲在三日之后的6月6日即书短函致大公报编辑部并祈转致馀生先生，谦诚地表示，“馀生先

① 事及引文见致卢伯屏函，1928.11.26，1928.12.6。北海图书馆即日后北海前门西侧之北京图书馆，今国家图书馆。

生所评”，“不独使下走[①]愧汗不止，亦且内疚于心”；更郑重恳言，“自尊评出，各处同好，颇多来函索寄拙词，数日以来，积牍盈寸”，但因“存在无多”，以至“供不应求，甚为歉然”。[②]——于此，亦可见当日“无病”“味辛”二集所引发的强烈反响。此后，父亲在向伯屏兄一人说“体己话”时，曾有“一事成名长短句”[③]之语。时父亲与吴宓并不相识，到1929年秋季任教燕京大学后，他与任教清华的吴宓方有了直接的交往。

1930年秋季，父亲已任教燕京大学一年，那时他每周都要进城与好友卢伯屏相聚，他与伯屏兄一起，继“无病”“味辛”之后，又编订印制了《荒原词》一册。“荒原”之后，父亲创作的兴致转向于诗，“肆力为诗”，几乎“摈词不作”，至1934年秋季，整整三年之间，仅得词四十六首，在印行《苦水诗存》之时，将此四十六首词编订为《留春词》，置于“诗存”之后，印为合集。就在父亲决意“后此即再有作，亦断断乎不为小词矣”[④]之后，1935年末，父亲又“破戒”而为，不过这回是“和也，非作也”[⑤]，专和晚唐五代词人韦庄、冯延巳等八家，两月间共得和词一百五十三首，结集为《积木词》，且自序与俞平伯序都已齐备，然不知何以终未付梓，今只余残稿。1941年，在沦陷区的北平甚为艰难的条件下，印行了《霰集词》；1944年初，在弟子史庶卿[⑥]的建议与操持下，印行了《濡露词》。

① 下走，自称之谦辞。
② 此函刊于1928年6月17日《大公报·文学副刊》75期。
③ 诗句见致卢伯屏函，1930.2.1。
④ 以上引文见《留春词·自叙》。
⑤ 见《积木词·自序》。
⑥ 史树青，又名史庶卿。

1952年之后的晚年作品极为丰硕，多散见于各报章书刊，未刊发的手稿亦不在少数。1956年1月，父亲曾整理、遴选为《闻角词》一册，但并未计划印行，今原稿不存。1957年“诗人节”（农历五月初五），天津作协建议他将历年诗词出版一册选集，并有出版社前来联系出版之事。父亲以为旧日之作“候虫时鸟，当其鸣时，必有其不能自已者在”；然“时移世换，有何价值之可言”，且旧日“古近体诗，随手写出，随手抛弃，所存者未必经意之作，所弃者未必无可取，整理大非易易”，①又以年老衰病，心无暇豫，并未兑现此次邀约。嗣后诸多词作，时时冠以“述堂近稿”之名，寄予弟子周汝昌，只为师生间思想情感之交流与诗词唱和，而无编订出版之意。

自20世纪20年代后期父亲的《无病词》问世起，他的词作在词坛广为传颂。及至当代，对父亲词作进行全面论述的，是他的传法弟子叶嘉莹。嘉莹教授于1986年撰写《先生词作中之思想性和艺术性》②一文，对老师的词作作了精妙、深切而全面的剖析，是当代词学界对“苦水词”作出的最具权威性的论述。

① 见致周汝昌函，1957.6.17。
② 1986年《顾随文集·代跋》中之一节。

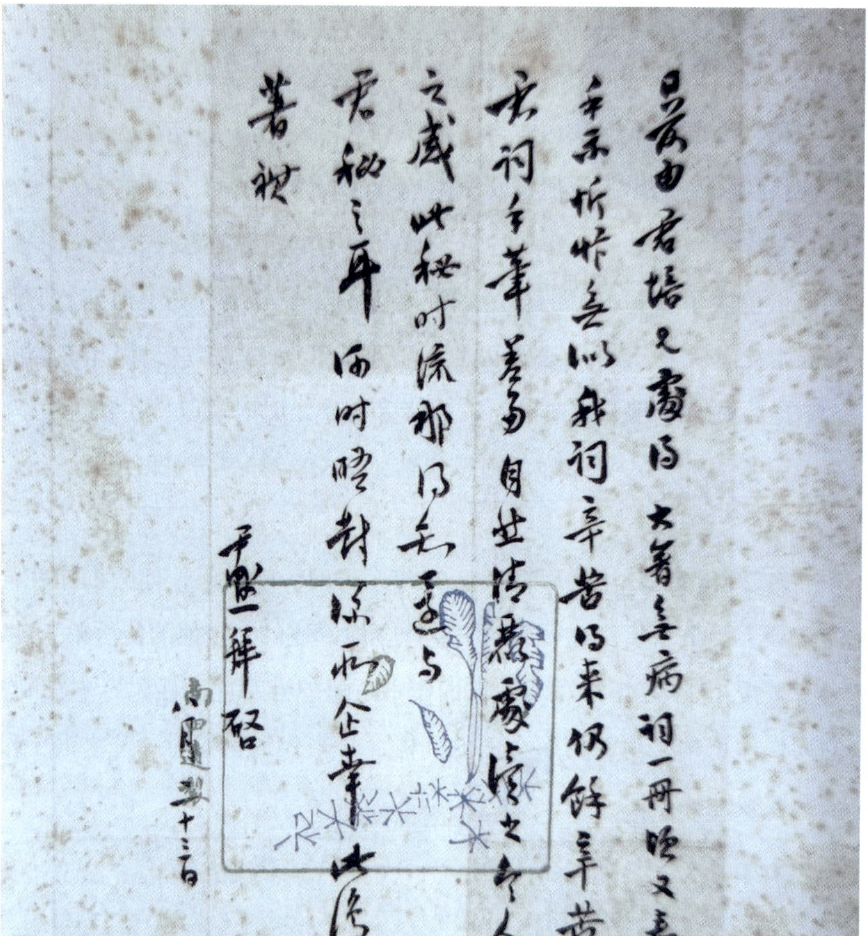
日前由君培兄處得　大著無病詞一冊讀之奉
手示忻忭無以我詞辛苦得來仍餘辛苦之跡不善
云詞手筆差高自出清麗處遠之令人抓生空谷足音
之感　此稿何時流布乃無人還與
君稿之再　何時贈對原刊企幸　此請　印候
著祺
平伯一拜啓
南陽遺墨　十三日

第二章

《无病词》："小我"之愁与"大我"之思

一　词集之命名

父亲的《无病词》上、中、下三卷，收词八十一首，始自 1924 年夏，迄至 1927 年夏。

父亲这第一种词集何以名为"无病"？当年词集印成之后，父亲有"自题《无病词》赠因百"的一首《临江仙》[①]，词中有句"有时尝苦闷，无病亦呻吟"，或可以为词集命名之一来由。此二句看似平常口语，却是借用了稼轩词"更欢须叹息，无病也沉吟"（《临江仙》[老去浑身无着处]）。父亲于词，最喜者、最重者为稼轩，第一部词集之名出自稼轩，正缘于此。不过，稼轩词之十字，上下两句为并列，含义相类；而苦水词的十字，上下两句为递进，一因一果。若依苦水词两句的表层寓意，则集中所作皆系自心苦闷之呻吟。然私心臆测，"无病"二字或更有深意存焉。父亲的确

① 收入《荒原词》后附之"弃余词"。

时常患病，他需要无病的身躯，读大学时开始打乒乓，在青岛常常海水浴，他希望借乒乓运动与大海之力改变自己文弱书生的状态；而从更深的层面看，父亲更憧憬于无病的人生，无病的社会，无病的家国。这当是他以“无病”二字命名自己第一部词集的深意。[①]《无病词》“概括全书内容的”题辞是“也有空花来幻梦，莫将残照入新词”（《浣溪沙》［高树吟蝉过别枝］），可以看作是对“无病”二字的深层阐释。虽然是“空花”，虽然是“幻梦”，但终竟有花、有梦；有花、有梦，就有生命在，有前途在，有理想在，故而那行将落山、没有生命力的“残照”，就切莫再入“新词”。这正是对“无病”的人生、社会、家国所抱有的无限憧憬之标征。父亲 1926 年一首《浣溪沙》中有“爱将残照入新词”，编订《无病词》时，此首摒弃未收，[②]亦可作为反证。

二　自赋新词漫说愁

词，自古以降，言愁者众，说喜者寡，英雄如“山东老兵”辛稼轩者，“少年不识愁滋味”时，尚要“为赋新词强说愁”。父亲的词，特别是早期，诸多言愁之作，自然难脱古人词作的情感流程，他的不少“苦闷”是与古

① 记得我六七岁时，我家迁居而父亲的书籍堆叠如山。一天，他终于找到了自己的《无病词》，高兴地说：“总算找到《无病词》了，今年冬天不会生病了！”对“无病”一题的表层含义，我基于此而有了一点朦胧的认识，对其深层含义的臆测亦源于此。

② 此首《浣溪沙》（真是归期未有期）后收入《荒原词》后附之“弃余词”。

人大致相似的“小我”之愁。不过“无病”时期，父亲独处青岛，独居津沽，背井离乡，知交星散，又值军阀混战的黑暗年代，他的“小我”之愁并非“为赋新词”而“强说”，他的“愁”实实在在地发诸内心。

《无病词》开卷，为1924年作于青岛的《蝶恋花》（少岁诗书成自误），正可看作这类“小我之愁”的代表。词之上片言自身在“衣食路”上“仆仆风尘”，于“茫茫湖海”来来去去[①]，感慨纵遍读诗书又有何用；下片直抒愁情：

> 殢[②]酒销愁愁更苦。醉里高歌，醒后心无主。客舍怕听闲笑语。开窗又见廉纤雨。

前二句言酒浆的片刻麻醉之后，只有更大的空虚；继而反用易安词之“不如向帘儿底下，听人笑语”（《永遇乐》［落日熔金］），更见孤寂凄凉之意。《蝶恋花》之后，有题为“自嘲”的《少年游》（饱尝苦酒）[③]，其下片“鳞伤遍体疤痕在，剩有命如丝。休矣先生，几根胡子，卖却少年时”，感叹着过往时日的酸楚、少岁华年的流逝。1925年《祝英台近》（夏初阑）结篇他发出了“细沉吟处。放不下、一腔酸楚”这难以解脱的愁情；《高阳台》（客里高歌）中他叹息着“浮生事业真休矣，剩盈箱故纸，半卷新词。……愁也无名，说与谁知”；《丑奴儿慢》（群山睡去）中他述说着“近日情怀，没花没酒没牢骚。文章幻梦，年华流水，剩有魂销”。1926

① “茫茫湖海”句言数年来转职于山东的青州、济南、青岛。
② 殢，音tì，留恋。词中时用此字。
③ 编订词集时删去词题“自嘲”。

年秋转职津沽后的《水调歌头》（拄杖去①东海），回首已逝的三十年岁月，情调更为低沉："心头眼底愁思，景物共苍茫。……一杯酒，三更月，九回肠。卅年岁月，回首何事苦凄惶"，以致连古来诗作象征抱负与作为的"箧中剑"，此时也已是"尘渍暗无光"！以上种种，尽抒"小我之愁"。

父亲憧憬于"无病"的人生、社会、家国，但目所睹、身所历，更多的却是"有病"的现实。然而，他毕竟生活在已进入20世纪的时代，毕竟受到现代的学校教育尤其是西方文艺、哲学的濡染，加之又经过五四新文化运动的洗礼，因此他有着与旧日词人不同的生活、感情、思想、习性，因此他词中愁的倾向、愁的属性必然有许多与古人词章有别，他的愁不仅仅局限在"小我"，且已及于家国民生之"大我"；他的愁突破了古人所谓"闲愁"的狭境，而植根于社会民生之现实，他担忧着国家民族的现状，溶含着浓浓的家国之思。当年吴宓文章即已关注及此。吴文以绝大篇幅评述"顾君词中所熔铸的新材料"，并将"爱国伤时之心"列为苦水词中"新材料"之首位。

初到青岛，在"浪软温柔海，灯明上下街"的海滨城市夜景中，父亲想到的是社会的黑暗："中原却被夜深埋。那更秋风秋雨逐人来。"（《南歌子》［倦续黄粱梦］）来到天津，在"向晓阴阴向晚晴"的"清明"时节，他嗅到的是社会的腐朽："黄云都带金银气，白雨还浮酒肉腥。"（《鹧鸪天》［向晓阴阴向晚晴］）春归之际，"黄尘万丈""尽日风吹""夕照苍茫""衰草寒烟""黄昏吹角"等所见所闻，衬托的是"似穷塞、非人世"的现实社会（《御街行》［春光九十成婪尾］）；送春之时，心如"万

① 去，离开。

丈游丝"之"不定"，联想及于"佛国仙山"终归是"空泡影"，而现实较春归悲凉得多，是"江南江北起烟尘，风力猛。笳声动"的战乱景象（《天仙子》[万丈游丝心不定]）；"佳节届重五"，又逢与友人"离别在他乡"，他敏感到"风惨淡，云苍茫。河山破碎，斜日画角正悲凉"（《水调歌头》[佳节届重五]）……。父亲以词笔揭开了 1920 年代后期社会的黑暗、腐朽、战乱，此际，他的"愁"正是屈原式的"哀民生之多艰"。

父亲 1925 年一首咏青岛樱花的《贺新凉》，被吴宓先生特许为《无病词》中表现"爱国伤时之心"的佳作。这首《贺新凉》，若单看上片，或可说是父亲初到青岛、初赏樱花"见花开写花开"的感兴之作：

海上春无主。嫩杨枝、匀黄未遍，怎生飘絮。姹紫嫣红无消息，谩道美人迟暮。算只有、几行樱树。细雨初晴残照里，被春风吹落枝头露。花未放，艳如许。

樱花，盛产于日本。1898 年德军强占青岛后，曾经遍植世界各地花木于市中；1914 年青岛归入日之手，于是日人大量移栽樱花于青岛市。每到春日，"姹紫嫣红"的群花尚"无消息"，便由那樱花独占春光，"花未放"已"艳如许"——实际上，此上片即使是"见花开写花开"，也已隐含了当时社会历史的特殊背景。

下片词意、词情陡转，以拟人手法由花之美转而写花之恨，于花之恨中又寓托人之恨，可谓寄慨遥深：

花如解恨花应语。是伊谁、东瀛取种，移栽中土。故国华魂飞不到，一片异乡情绪。便待得、嬉春游侣。十里红霞迷望眼，更香车宝马缨花路。

谁会得，此心苦。

樱花“东瀛取种，移栽中土”，是眼前实境，然花到而“华魂飞不到”，于花自不免有“异乡情绪”之恨，故“花如解恨”花亦“应语”。设若细味下片之前三韵，其深层的蕴意中则有一种双关意味在，且这双关又是“反向”的：花虽美，但毕竟产于异国，中土之人赏来，自不免更感到一种“异国情绪”，如此“是伊谁”“取种”“移栽”之问，这“伊谁”的寓意就更是看似幽隐而实甚显明，花不“解恨”而人解恨，异国之花在中土竟成一“春之主”，中土之人所“解”者乃被异国侵占之恨，此恨毋须明言即已蕴蓄其中。因之下片后半预写待到樱花盛放时，樱花路“十里红霞”之美艳华盛，则是美愈浓、恨愈重，花愈盛、愁愈深。即“嬉春游侣”其下两句，若与后数日之词句“记忠魂碑[①]下，红裙倭女，三五成群。殷勤。向人笑语，又攀枝、着意共花亲”（《木兰花慢》[蓦青山翠敛]）相参看，便可探知写游侣嬉春，其深意正在于揭露俨然以主人自居的殖民者之无耻行径与轻薄嘴脸。了解了这番潜台词，则此首煞篇之“谁会得，此心苦”六字方有了切实的着落——前文着意铺陈的美艳倭女、恣情赏花，深隐的是国土被侵占的“爱国伤时”之苦。

我这里用去数百字的篇幅，析说此首赏樱之作，是在吴宓先生“爱国伤时之心”一语的启示之下，试写一己之浅见，以报父亲爱国伤时之心意，以报吴宓先生对苦水词作研评之覃思、拣择之具眼。

① 忠魂碑，是日本占领青岛后于1917年所修建的用于祭祀阵亡日军的纪念碑。1949年被拆除。

三 怀思与共进的友情词

《无病词》中友情词超过了全部词作的四分之一，其中标有词题者十五首，所涉友人为数不多，主要是冯至、卢氏兄弟。

父亲珍视友情，好友之间在生活与事业上互相安慰、支持、激励，友人是他人生道路上携手前行的知己。那时，父亲离开了旧京的母校，知交星散，虽时有欢聚，但同是游子，“暂时相遇，霎时离别”（《忆秦娥》[同为客]），更增依依惆怅之意，更需要以词这种抒情性最强的韵文形式抒思友之情。另一方面，父亲虽初届“而立”，但数年数地的社会经历与诗人敏感的洞察力，使他对社会人生已有了较为深切的体味，也需要于思友致友的词章中尽吐之。冯至 1990 年在《怀念羡季》一文中，曾以一个“过来人”的身份说道：“那时像我们这样的青年，大都不求人知，但对于知心好友，则唯恐知之不尽，尽量把心里想的、眼前看的、读书得获的告诉对方，对方也以此相报。”

这里有送别时的依依之情。1924 年夏末，父亲与冯至在济南、青岛共处两月，作别之际，一首题为“送君培北上”的《临江仙》吟出了“别离又向月明中。沙滩潮定后，戏浪与谁同”之句，月下告别，明日海滩潮退后，再无人同去踏浪。尚未分别，已在忧虑着别后的孤独。深秋之时，又一首《临江仙》（无赖渐成颓废）中，“石栏杆畔与谁同”之句，看似与前词同调，却是写于同友人相聚、以“神仙对”为戏之时，愈是现时的欢欣，愈是担忧别后的伤心，词之结句以“神仙对”所得句“天边无伴月，海上一孤鸿”，描绘别后孤独的处境。词集中亦有“留别”之作，这时父亲由送者变为行者，身份不同，惜别之意无异：“佳节届重五，离别在他乡。回看四座无语，寸寸搅柔肠”，对惜别的场面作了具体描述；为安慰友人们，他打起精神唱出“尝遍人生苦，有泪且深藏”，为了“肩上千秋事业”，“纵横少年场”，“挥手自兹去，努力爱韶光”（《水调歌头》［佳节届重五］）。冯至对此记忆如新，他说羡季“有时也鼓起勇气，说几句豪言壮语，既鼓励朋友，也聊以自慰”①。送别、留别，均见友情之笃厚与彼此的惺惺相惜。

这里有别后对好友铭心的思念。1925 年秋，父亲与冯至在青岛作别已逾一年，有《蝶恋花》二首于“重阳寄君培”，其一之上片：“一自故人从此去。诗酒登临，都觉无情趣。怕见太平山上路。苍苔蚀遍题诗处。”去岁两位青年诗人同游太平山，于山石上题诗，今岁山上题诗已被苍苔湮没，触景伤情，以致连景也已是“怕见”了，别情愈深，伤情愈重。知交星散全凭来鸿去雁传递友情，书信不到，思念中再添挂念，1927 年春之《雨中花慢》（哀乐中年）正抒此情：“大地风沙漠漠，长街景物沉沉。算来鸿去燕，消息全无，也到春深。”

这里有对生活孤寂与无奈的倾诉。在词中，父亲向君培倾诉：“岁岁悲秋人渐老。越没心情，越是多烦恼。旧日酒边开口笑。而今醉后伤残照”（《蝶恋花·重阳寄君培》），“海上飘零豪气尽。休问。上楼怕见夕阳斜。不住他乡何处住。归去。可怜归去也无家”（《定风波·改旧作寄君培》）；父亲向伯屏兄倾诉：“廊下风吹败叶，绕阶故故悲鸣。愁人已是不禁听。那堪灯烬后，寒柝报更声”（《临江仙》）。朋友们即使相聚，所谈者无非亦是不尽的伤情。1926 年，父亲专程自津抵京，一首《踏莎行》记“岁暮晤君培、季韶京师”。他乡聚首，自不免“岁暮情怀，天寒滋味”，

① 见冯至《怀念羡季》。

三个好友联床夜语，窗外“路灯暗比野磷青，天风细碾黄尘碎”，室内“炉火无温，烛光摇穗。布衾如铁难成寐”，他们倾诉的尽是悲伤：“联床试共话凄凉，枕边各有酸辛泪。”这满怀“凄凉”与“酸辛”，正是那一代青年知识分子共有的悲哀。

这里有对过往时日的追思与眷念。直言者如1924年8月写寄伯屏兄之《临江仙》（三载光阴）：“记得当年携酒处。宵深月满平湖。白莲香嫩着花初。今宵残月在，梦到济南无。”如1927年“津门晤樗园”所谱之《夜飞鹊》：“东山旧游地，记高歌林下，戏浪沙滩。前尘几日，算而今、屈指三年。”前后两词分别回忆着此前在济南、青岛的旧游。泛言者如1925年“读晁无咎别历下词……即步其韵”之《忆少年》（年年西去）：“户户垂杨泉水碧。试重寻、旧游踪迹。何人解青眼，剩湖光山色。”抒写的是山水依旧、故人离散、知交难觅的伤怀。曲言者如1926年春之《鹧鸪天》（午睡醒来）：“愁不断，梦回环。共伊隔得几重山。相思谁道催人老，使我情怀更少年。”借相思之不老，言友谊之长青。无论直言、泛言、曲言，无论浅说、深说、隐说，都是对诚挚情谊的珍惜。

这些思友致友的词作，其中无尽的愁情，同是根植于时代社会的土壤，隐含着“大我”的愁思：1925年《忆少年》（年年西去）之“知交分散尽，叹关河阻隔”，这“关河”诚然是自然界的山河之谓，但又何尝不是涵容了现实社会道路崎岖难行的深意。谱于1927年初夏的《望海潮》（夕阳楼阁），“还记旧游，平湖夏夜，月华浮上莲华”的美好思忆，恰是产生于“忽潇潇飒飒，风雨横斜。不道凄凉，长杨声里又鸣笳”的战乱背景之下，因之词中向友人所致“问此间别后，有甚堪嗟”的关切，就不仅是友情的问候，更是彼此共有的对世事民情的关怀。

正因为小我之愁根植于大我之思，父亲对事业、对人生抱有着热切的期望。1924 年，他与冯至在青岛作别时，以一首《临江仙·送君培北上》为好友壮行：

把酒劝君君且醉，莫言我辈终穷。中原逐鹿几英雄。文章千古事，手障万流东。

1926 年春，父亲在青岛与友人重聚，一首《木兰花慢》（又他乡聚首）发出了对美好人生的咏叹："且享用今宵，班荆道故，莫话离肠。相将。海滩坐久，但时闻、草木散幽香。更喜沙平浪软，山村灯火昏黄。"随之更以饱满热烈之情发出激励友人也激励自己的奋进之语：

算射虎山前，放牛林下，一样收场。文章。有如爝火，只人生、到此慢凄凉。君看孤星一个，尚摇万丈光芒。

1927 年，以"与櫋园夜话"为题的《满江红》中，"舟欲渡，风涛恶。君莫使，蛟龙得"，以自然景况之险恶象喻世事人生的艰危；鼓励友人为"挣千秋事业"，不惜"半生漂泊"；结拍更以象征手法抒写对光明前景的信念与期望："看曈曈、旭日上窗来，东方白。"

珍惜生活、珍惜生命，是父亲一生的人生信条。这在他不满三十岁时的词作中做出了有力的表述。

旧日逢秋，读书人喜拾一片形色悦目的树叶夹在书中，待叶片干爽平展，就成了一件小小的工艺品，代作"书签"之用，或自玩，或赠友。以叶片传友情，被父亲写进词中，《无病词》可见三首。1925 年，父亲将一首"说愁绝"的《醉花间》"题叶上寄君培"，以"十五始团圆，十六还成缺”的“天边月”暗喻友人间聚少离多的“愁绝”之情，词人将“愁绝”的“此时情”写于“一片新黄叶”，思友之情全寄在这象征团聚、大而圆似满月的黄叶之上。同年，父亲又“以红叶两片寄屏兄”，填《圣无忧》（落叶东山下）一阕相赠。“殷红一似花飞”的红叶，象征着友情的诚挚热切，词人不忍它“任晓风吹”，而“殷勤拾得殷勤寄”，对红叶的珍惜，正是对友情的珍惜。次年，是“屏兄寄红叶来”，父亲在津沽的“辗转风沙里”想及当日同赏“枫林霜染”之“最相亲”，因赋《鹧鸪天》（记得飘零碧海滨）一阕“为酬”，谢“殷勤寄叶人”。红叶传来的“殷勤”友情，让词人竟一时超离了现实的时空与自我，“常疑红叶是前身”，“夜深持向灯前看，怕有年时旧泪痕”，暗用唐传奇“御沟红叶”之典，而言与事皆紧依去岁的那一首《圣无忧》（落叶东山下）。黄叶红叶，传递的虽是那个时代无可摆脱的愁，托起的却是长存的殷殷挚友别情与浓浓的生活情味。三首“寄叶词”，可说是苦水友情词中借纤巧之物传深邈之情的精致短章。

四　浪漫而罕有的“寄内”词

历来男性词人笔下写相思情爱者虽恒河沙数，但真正写给妻子的寄内之作少之又少，甚至可说是缺失。《无病词》中有四首爱情相思之作，与古人极为不同，有着明确的专属性——都是苦水写给爱妻荫庭君[①]的寄内

① 我的母亲徐氏，名荫庭，父亲有时也称呼她为荫、荫亭、荫君。

之作：《破阵子》（飘荡满林黄叶），《蝶恋花》（仆仆风尘何所有），《八声甘州·春日赋寄荫君》，《望远行》（开尽荷花夏已阑），写于1924年秋与1925年春。

我的母亲是一位旧式女子，父亲写给她的这些词作不仅有传统式的夫妻恩爱，且更有现代人的浪漫情怀，全然突破了旧时代寄内之作的藩篱。我以为或可将这些“寄内”词称之为亲情爱情词。

历来寄内之作最习见的主题首先是思念。在旧日，思念之传递主要依赖于书信，父亲的寄内词同样把亲情爱情寄托于来鸿去雁：

> 飘荡满林黄叶，凄凉镇日空斋。……早想云中传雁信，直到而今尚自猜。雁儿来不来。（《破阵子·寄内》）

> 开尽荷花夏已阑。一任红摧绿残。瑶笺寄与诉流年。语多翻觉作书难。（《望远行·寄荫君》）

没有老杜“家书抵万金”式的焦灼沉重，也不是历代诗人仅仅期盼之雁来书至，而是反向落笔——从所居滨海之大城市青岛到故乡直隶南部偏僻的小村庄，路途遥远，传书的大雁能来不能来？即或能来，想诉说的太多，不知从何说起，又怎能说尽？因之“翻觉作书难”——词以虚写实，以无写有，反向落笔的写法不仅是技巧的雕琢，更是内心真挚情意的自然表现，以柔婉之笔致抒发深幽之情思，方导出了《望远行》下片暗含老杜《月夜》诗意的“神暗淡，恨无端，尽日西风画帘。思君应是湿云鬟，月弯弯处倚阑干”这幽美而深情的词句。

古人思妻念妻之作，多见挑灯缝衣之细节，这是旧式夫妻日常生活的写照，也是旧日男子在生活上对妻子的依赖。父亲的寄内词亦未脱此迹，其《破阵子》中即言"十月霜风吹正紧，一寸眉心展不开。寒衣谁与裁"。但父亲毕竟不是旧式文人，他对妻子的依赖绝不单在于穿衣进食的生活层面，正因如此，他的这首《破阵子》谱成之后，感到"前意不畅"，因"再赋"《蝶恋花》以"寄荫君"：

仆仆风尘何所有。遍体鳞伤，直把心伤透。衣上泪痕新叠旧。愁深酒浅年年瘦。　　归去劳君为补救。一一伤痕，整理安排就。更要闲时舒玉手。熨平三缕眉心皱。

上片概言步入社会四年来的经历，正是他在致季韶函中所言"自离母校后，无日不在'黄连''黄柏'中"。至下片，直抒思妻念妻之情，四韵又分两层：前二韵看似抽象，实则具体，已从夫妻的生活层面上升到精神层面，他期盼的是妻子用爱疗治自己"仆仆风尘"中伤透的心、难解的愁；后二句细笔柔情，动人的画面、温婉的音韵，展现的不仅是日常情爱的细节，更深涵着高尚的伉俪之爱——妻子深沉博大的悲悯情怀，柔弱而坚韧地抵御着社会的污浊现实，为丈夫守护着内心那一片安宁的天地。正是因为上片对于现实景况、苦痛心绪的极力铺陈，才使得下片对于妻子情爱的渴望出之自然，甚至带出了一份对于女性博大宽厚胸怀的赞颂。

超脱尘俗的高尚词句，不是词人一时词兴萌动的华光闪现，而是夫妻情意在词中真实而自然的表述。此前一年（1923），他在致伯屏兄的信中有更直白的吐露：他说自己课后时时"在《山东时报》馆打麻雀、压牌九"，已是"俗尘万斛"，"无颜"向"意中友说话"，必"俟回家后经拙荆泡治洗刷出真面目”，才能面对诸好友。[①]词作、函件时间不同，笔致不同，但所传达的夫妻间之内心依赖与情感互慰，却别无二致。

词人对妻子的思念与依恋，已升华到精神层次的更高境界——心伤的疗治，人性的复苏。吴宓先生1929年评价“无病”“味辛”二集的长文中，说“顾君之词”“甚多浪漫之新情趣”，文中定义超乎平凡、迥异庸俗、绝去功利自私之念“属于浪漫之范围”；并进一步举出“西洋近世浪漫主义”之要素，其一即为“尊崇女性，以所爱之女子为理想之寄托”，因之吴宓以此《蝶恋花》（仆仆风尘何所有）为《无病词》中浪漫情怀之代表——这确是启人心胸的鉴赏观。父亲创作出这样的好词，固然与他研习西洋文学作品、文学理论有关，然而更重要的是“言为心声”“不诚无物”，这首词是父亲高尚的情感品质的体现，印证着夫妻间的心相印、神相通。

“春日赋寄荫君”的长调《八声甘州》，写于1925年春青岛樱花盛放之时，这是一首更富中国情味的浪漫之作。上片在“嫩朝阳一抹上窗纱，依然旧书斋。尽朝朝暮暮，风风雨雨，有甚情怀”的黯然心绪中，又忆起了相聚时“君曾劝我，珍重瘦形骸。不怨吾衰甚，如此生涯”，记眼前、叙旧事，见出彼此间平等交流的日常生活细节；下片以樱花为媒，直抒思念妻子之情：

底事年年轻别，只异乡情调，逐事堪哀。看两行樱树，指日便花开。好遗君二三花朵，佐晨妆、簪上翠鸾钗。算同我、赋诗携手，共度春来。

① 见致卢伯屏函，1923.2.1。

夫妻相隔千里，“年年轻别”，尝尽“异乡情调”，词中虚拟了一个多么温馨而又美妙的赏花、簪花细节，旧式的生活细节，现代的浪漫情思，令人神往。如此美妙温馨的境界，几乎让读之者忘却了那深蕴于其中浓重的离别凄苦。试想，相隔近千里的路程，“二三花朵”，如何能“遗君”而“簪上翠鸾钗”？因之，连“算同我、共度春来”的“算”，也是“算”不了的。明扬实抑，明馨实伤，现实只能是在大环境的“朝朝暮暮，风风雨雨”之中，细细品味着别离之后的“逐事堪哀”。当年，父亲曾把这首词抄寄伯屏兄，并于信中称，“近十日中，共得词五首……以寄荫庭此调之故，命名曰《簪樱词》”①，可见父亲亦以此为自己的“得意”之作。

如《蝶恋花》《八声甘州》等寄内词作，迥异于自晚唐以迄晚清的历代寄内之作，在词史上堪称绝唱，这是以现代人的浪漫情怀谱出的深含着夫妻之情的特出的寄内之作。这些“寄内”之词，并非一时“偶然”的“感兴之作”，今所见，父亲为妻子谱写的诗词尚有多首。其诗如长篇七古《守岁》②，时维1925年农历新年，父亲返乡度岁，除夕之夜，“灯烛”之下，夫妻二人一同辞“旧岁”迎“新春”，故有此作，记其事其情——妻子以“储已久”的美酒相邀共饮，诗人微醺，眼中的妻子“双颊微晕鬓云松”，浓浓的赏爱之意尽在七字之中；诗篇结之以夫妻二人“并肩”“览镜”，二十八岁的诗人竟发出了“妻尚年少我老矣”的喟叹，其中必然包蕴的是对妻子浓郁的爱怜，又隐含了对情好岁月倏忽而逝的惊觉，貌似沉重，其实更突出的是情浓。至1942年冬，母亲突患大病，而病中“犹念理针线，

① 见致卢伯屏函，1925.3月末4月初。
② 收入《苦水诗存》。

所忧唯米盐”，在“药将愁共煮，贫与病相兼”的重重压力之下，父亲有“剧怜为荫君作”五律一首，诗的尾联发出“剧怜娇小女，无语蹙眉尖”的深叹。母亲本是大家独女，身材纤小，面容端秀，此时虽已年过不惑，且在病中，但在丈夫眼里，她还是一个“娇小”的女人。“娇小女”三字，在旧式中年夫妻之间，如此亲昵的称呼，实为罕见，自然更为动人、感人。同时的《解闷六绝句》其一，也是记写夫妻日常生活的短章。①在词中，更有两首长调，一为1928年以“纪梦”为题的《意难忘》，一为1930年以“与荫旧话”为题的《声声慢》，均是涵容着实实在在的夫妻真情之作，容待拙笔“味辛”“留春”两章再续。

五 “物物而不物于物”的咏物词

咏物，词中的重要一体；咏花，咏物中的重要一门。父亲爱花，《无病词》中咏花之作，标有词题者三首：1925年的《婆罗门引·咏美人蕉》，1927年的《高阳台·戏咏榴花》与《浣溪沙·咏马缨花》，同为咏花，各具风致。

不妨先看榴花与马缨。“咏榴花”者，笔意重在描绘朝阳中榴花灿烂浓艳的色彩与初放时的风神：

蔷薇开老藤萝谢，只榴花、娇立东墙。……红英几朵明如火，正

① 诗云：“妇病犹能理针线，吾衰未忍废诗篇。谁知深夜明灯下，忽漫相看雪满颠。”

才干宿雨，乍试严妆。叶叶枝枝，鲜明偏称初阳。千重芳意知何许，共朝霞、映上纱窗。

虽全是景语，而饰以"娇立""严妆""芳意"，拟人手法，使得人与花情意相融，展示着大自然所赋予的勃勃生机与活力，至结拍乃咏出一句出人意表的言情之语：

暗思量、便似相思，烧断回肠。

花耶？人耶？亦花亦人，正是美人香草之意，传达尽管"年年此际他乡"而生活中进取心态浓烈不改之深意。再回看词题中一个"戏"字，恰从对面点明咏榴花之作乃借相思以表心志。

"咏马缨花"者，上片笔意重在传马缨轻盈飘摇之情态，"一缕红丝一缕情。开时无力坠无声。如烟如梦不分明"，绘尽马缨风情。下片重在写马缨无依无定、无可把控的运命，"雨雨风风嫌寂寞，丝丝缕缕怨飘零。向人终觉太盈盈"，带着拟人的象喻意味，透过马缨之形貌，传达词人对马缨生命、品格的体认，词人又似与马缨有着情感的交流，于中亦不免深隐了一层对自身生活经历处境的感喟。四十二字的小令，寓意颇深，品之不尽。

"咏美人蕉"的《婆罗门引》风格与上述二首迥异：

年年此际，湘江无处吊湘妃。招魂不见魂归。留得一丛花在，雨过湿萤飞。正魂兮月下，化作芳菲。　　遗钿剩脂。不磨灭，自葳蕤。况是香肌成土，玉骨成灰。娇红几朵，植根在、千载艳尸堆。休尽望、绿瘦红肥。

词篇驱遣娥皇、女英、虞姬、昭君等美人的传说，点化屈原、杜甫、易安等名家的诗句、词句，写得幽隐凄婉，即使不说含意晦涩，读来终感字义词情甚是费解。反复吟咏之下，我似乎有了一些感悟：传说美人蕉乃美人精魂所化，这依旧是一首象喻之作，以美人蕉象喻美人，且带有丝丝咏史的味道，传达出的是词人的美学理念。美人蕉是昔时美人精魂所化生，斯人远逝，虽“招魂不见魂归”，但却“留得一丛花在”；美人的精魂不灭，只不过改换了外象，“化作芳菲”；美人的“遗钿剩脂”不曾“磨灭”，于花中犹“自葳蕤”……词人重申的是“美之永在”的信念。“娇红几朵”，突出的是眼前实景，美人蕉亭亭玉立，词人精准地抓住了美人蕉形象最突出的特征；“根植于、千载艳尸堆”是词人虚幻的构想，“娇红”凝聚的是千载以来美人代代流传、迭加萃聚的美的精髓。因此，词作结之以警示之句——“休尽望、绿瘦红肥”，着意强调“美”在于内蕴的风神，而不在外相之“绿”或是“红”，“肥”还是“瘦”。“休尽望、绿瘦红肥”七个字，词中唯一一句议论性的叙述句，却正是表达词人美学理想的点睛之笔。

“咏美人蕉”之风格的词，极具南宋大家咏物之风味，在全部苦水词中甚是罕见。此词作于 1925 年，当时父亲尚未足“而立”，竟能谱出如此婉曲幽邃而又老成厚重的咏物之作。

它如《渡江云》（西园曾几日）“吊”西园“去岁”灿烂“如锦”、今岁“陨黄满地”的枫叶：“黄叶枝头，只随风婆娑。料夜来、秋魂惨淡，雨泪滂沱。”《望海潮》（无边枯草）“怪”“园中桃树，秋深有开花者”：

“长怪是初冬。有几枝桃蕊，几树丹枫。不耐凄凉，者[①]般时候向人红”……虽非专门谱写的咏物之作，但也非以景为衬或以景传情。在词中，花、叶是为吟咏的对象物，以花叶为迹，吟咏的还是人生，其深层寓意仍是在于对人生运命遭际的咏叹，对世事盛衰成败的感慨。

父亲于1954年著《说辛词〈贺新郎·赋水仙〉》[②]一文，于中提出，“赋物之作”“最好是赋成物物而不物于物”。“物物而不物于物”，意即咏物而不拘滞于所咏之物，浅言之乃是所赋者既是物，“而又不仅于只是个物”，它“有灵魂，有感情，有思想”，总而言之，它是“人”。

父亲早年的这些咏物之词，显然已充分体现了他所主张的“物物而不物于物”的创作观念。

六　而立之年的“自寿”词

1926年2月（农历正月十二），父亲的人生迈入而立之年，他以“三十初度自寿”为题，谱写了三首《行香子》，将自己三十年“走红尘”的生活以“读书”“卖赋”[③]“吟诗”“填词”“力尽声嘶”[④]五项十二字做了概括。

① 者，这。
② 收入十卷本《顾随全集》卷三。
③ 指刊发作品。
④ 指教书。

父亲此三阕《行香子》，上下片六处结拍均为“四三三”式的“领字句”，六个领字句排比而下，对自己三十年的人生做了回顾、点检、反思：

“拚①一枝烟，一壶酒，一杯茶”——在“已甘沦落，莫漫嗟呀”这看似消沉实为坚定的心态下，劝诫自己抛却闲散的生活；

“共愁中乐，苦中笑，梦中花”——在“卅年岁月，廿载天涯”尽是辛劳的漂泊经历中，勉励自己为了理想担荷命运中的愁苦；

“又者般疯，者般傻，者般浑”——在“读书自苦，卖赋犹贫”的清寒自守中，用反语自嘲不肯随波逐流的耿介性情；

“算②十年风，十年雨，十年尘”——在现实处境中虽“年华断送”，仍以“倚阑强笑”应对、挣扎，承担的同时，更有一份理智的总结与品味；

“问几人怜，几人恨，几人知”——在“近来生活，力尽声嘶”的疲惫之中，坚守自己特立独行的孤傲与孤寂；

“可唤愁来，鞭愁死，葬愁尸”——这是组词的结语，总结卅年人生历程后，以拟人笔法向人生之愁苦宣战。

组词首章发端“陆起龙蛇。归去无家”八字，鲜明地标示出了1920年代前期和中期战乱频仍、民不聊生的社会现实；次章发端“不作超人。莫怕沉沦”八字，坚定地标示出自己植根现实、奋力进取的人生态度；末章发端“春日迟迟。怅怅何之”八字，情调略显幽悽，但指代的是词之产生的社会背景，并非词作的情感基调。三首《行香子》是父亲为自己“卅年岁月”谱写的咏叹调，剖析自己的人生，坚定奋力前行的勇气，正是“而

① 拚，音pàn，又作“判”，意为舍弃。
② 算，细数。

立”之年“立”的标志。这是否也可以说代表了那一个时代既对现实有清醒认识而又勉力寻求光明的青年知识分子的心声？

对于这组“自寿”词结句之“唤愁来，鞭愁死，葬愁尸”，我以为还有再拓一步申说的必要。此结句，并非父亲偶发之狂语，一时之高调。此前数月，1925年秋天，父亲曾以“述怀戏效稼轩体”为题赋《蓦山溪》（填词觅句），于中已发出了向愁宣战的信号：“愁不教人怕。最怕是闲来，心如叶、西风吹下。”他笑古人逃避忧愁，“寻地好埋忧”，他要“唤愁来，却共愁厮打”。这一首“戏效稼轩”的“俳谐”词，其原题本就是“戏愁”二字，那时父亲不仅已有了与“愁”一拼高下的决心，甚至生发出要与“愁”来一番幽默的较量。此后一年，1927年5月，父亲又赋《绮罗香》（旧日豪情），他更清醒地意识到，旧时“醉里”“高歌鼾睡”，只是暂时“全忘昏昼”，“争[①]奈醒来，又到销魂时候”；而今不只有了“常把凄凉，细尝权当酒”的耐力与韧性，更有了“万斛闲愁，掮起掉头而走”的担当与勇力。尽管此后“苦水词”并未脱却“愁”的萦绊，但他这些向愁宣战的词中表现出的耐力、韧性、担当、勇气，毕竟是词人人生态度的一种提升——对人生冷静的思考、反省，对情感的调整、把控，已替代了往日凄苦无奈的叹息。

《绮罗香》词成之后，父亲曾自下评语：“虽不甚佳，颇具哲理，亦宋人词中所无之境也。”[②]看得出，他意识到自己的情感思想在现实生活的磨砺中已有了变化，他也意识到这种变化在词作中所构成的意境已是古

① 争，怎。
② 见致卢伯屏函，1927.5.28。

人所不曾有。

“无病”一集中，1927年“题纳兰《饮水》《侧帽》二词”之《临江仙》，父亲以“自开新境界，何必似《花间》”十字赞许纳兰词；转年所作《朝中措》（先生觅句不寻常）①中，他向“索近作”的友人坦言，自己于词的创作态度是“一字一平章。只望保留面目，更非别有心肠”，此二者一脉相连，语异意同。“自开境界”“保留面目”与评《绮罗香》之“宋人词中所无之境”，都是苦水词人在早期词创作时即已明确于心的一种追求。

[附] 苦水词人自解《汉宫春》（梦里神游）

父亲是教师，他在课堂上讲古人的诗词；父亲是诗人，也时在课上把自己的作品介绍给学生，但用文字逐层剖析自己的词作，并不多见。《无病词》中，1927年4月8日晚身处津沽所填的一阕《汉宫春》，他却在次日的信中“录呈”伯屏兄并吐露创作深衷。

《汉宫春》词曰：

梦里神游，又观潮海上，拄杖山前。天边数声画角，惊起清眠。阑干遍倚，但心伤、破碎河山；浑忘却、斜风细雨，朝来作弄轻寒。　楼

① 收入《味辛词》。

外长杨垂穗，尽风吹雨打，权当花看。清明昨宵过了，事事堪怜：垂杨甚处？更红楼、不出秋千。君不见、堂前燕子，只今尚住江南。①

这真是一首好词，用现今之习语，则是一首思想内容与艺术表现均甚可观的词。父亲当年也很得意于这首词，因之逐句逐层自我予以解析：

弟近来填词，似又是一番境界。填长调较昔日尤为长进。即如此词，步骤极其清晰，亦原先所不能办者：第一先说晓眠，忆旧。第二说被军号（画角）惊醒。第三说起来之后，别有感慨，便风雨轻寒，都复忘却。下半起句，亦宋人词中所未有。长杨即是白杨，春来垂穗，如毛毛虫，兄在一中，居室外亦有此种大叶杨树，然否？诗人词人向来不注意此花，被弟轻轻取来，填入词中，何种便宜？！"垂杨……秋千"，即取欧公词中"绿杨楼外出秋千"之句，而反用之。末句文意自明，兄当能领略之也。（不说燕子不归，而说尚住江南，即是曲笔。）②

苦水词人如此细密地自我剖析已作，后人难得一见，故而拙笔不吝篇幅，引录于此。

① 词之文字标点依原信。词中所用"燕子"意象，也时见于其他词作。"燕子"，是寓有更深情意的意象，象喻着内心世界对美好事物、完美理想的憧憬与追求。

② 见致卢伯屏函，1927.4.9。

味辛詞

愁要苦擔休殢酒
身如醉死不須埋

第三章

《味辛词》：对国家民族的忧患与世事人生的求索

一　词集之命名

《味辛词》上下两卷，创作时间紧接“无病”，收1927年秋至1928年夏一年间之词作七十四首，1928年夏印行。私意以为，不仅成词之速度，并创作之修养，均超过于“无病”时期。

集何以名曰“味辛”，父亲自己不曾表述。我想，表面看来，“味辛”正与父亲别号“苦水”同意，“苦水”是“味辛”的，“味辛词”就是“苦水词”——这是对“味辛”一名最直截、最简明的解释。然而，一部作品命名不会如此之简单，我想，还应对“味”“辛”二字分别“咬文嚼字”一番。“辛”，名词，含辛酸、辛楚、辛劳、艰辛、苦辛、悲辛等义；“味”，动词，“味辛”词就是词人经过对现实的咀嚼，体味了现实中的“辛”之后发出的咏叹。而“味辛”一名，与“无病”一样，我以为也与稼轩有关。稼轩有“戏赋辛字……”为题的赠弟之作《永遇乐》（烈日秋霜），他“细参辛字”，“艰辛做就，悲辛滋味，总是辛酸辛苦。更十分、向人辛辣”。对于最喜、最重稼轩的苦水词人来说，“味辛”二字自然包蕴了稼轩的人品、词品与思想境界、情感本质在内。“味辛”的创作时间，上与“无病”紧紧衔接。此时，父亲已过而立，如果说“无病”二字尚带有理想情调的话，“味辛”二字则更根植于现实，具有更深沉的现实情味。再看《味辛词》的题辞：

> 愁要苦担休殢酒，身如醉死不须埋。①

没有了“无病”中的“空花”“幻梦”“新词”，有的是“愁”“苦”“醉”“死”，这是“味辛”的结果，也是对“味辛”二字形象的展示。“愁要苦担休殢酒”是直言，现实的愁苦不必用酒去销解，言外意，只要有坚忍的精神、坚强的意志，就能担荷；“身如醉死不须埋”是曲言，是自身经历愁苦、悲辛之后锻炼而成的坚韧与放达，是即使为之付出生命的代价也是值得的豪气和壮怀。我想，两句题辞是对“味辛”二字所做的诗意的阐发。

二　“送别”开启的“味辛”之调

与《无病词》一样，友情词是“味辛”中的重要组成，词集开卷即以两首送别之作开启味“辛”之调。

好友中，父亲视伯屏为兄长，视季韶、君培为幼弟。当时，他们交往已有六七年之久。1927 年 8 月中，农历七月十六，北京大学毕业不久的季

① 见《浣溪沙》（郁郁心情打不开）。

韶、君培一道远赴白山黑水间就教职。父亲赋《南乡子》“送君培赴哈埠，继韶赴吉林”：

镜里鬓星星。秋日那堪又别情。离合悲欢多少事，吞声。身是行人却送行。　迢递短长亭。拚着漂流过此生。莫似昨宵天上月，凄清。到了中元不肯明。

“自古逢秋悲寂寥”，秋日作别，况又是远别，再加自己“身是行人”，他乡送别，“多少”“离合悲欢”，且此生注定要在“漂流”中度过，离别之情、漂流之感，怎不让人“吞声”！结篇以昨宵中元夜月为喻，从反向祝愿今后能有美好共聚的岁月。全词几乎都是叙述语句，而绵绵密密的别情恰是丝丝缕缕地萦回在娓娓而道的叙述之中。此词以借月抒怀为结，可见送别是在夜晚，至次日清晨，“一阵潇潇正打窗”的新秋之雨，使词人更感孤寂凄伤——“窗前独立断无肠”，不由再吟一阕《鹧鸪天》，“故人昨夜三千里，秋雨今朝第一场”，真是“天时人事尽堪伤”。无可奈何之中，词人只好故作旷达——既然命中注定“同作流离子”，只得“好认他乡是故乡”。一首《鹧鸪天》看来似乎有些宿命味道的煞拍，自我开解，并开解友人，而究其实质，还是在鼓励自己与好友，无论身处何方，都要顽强地、认真地对待人生。这种看似无可奈何的劝慰与开解，在以后的词中也有流露。分别不久，君培在“哈埠”即有“书来”，“颇以寂寞为苦”，父亲立即赋《临江仙》（自是诗人年少）一首“慰之”。他劝“诗人年少”的君培，“诗心好共夜灯红”，以“诗心”与“夜灯”共对，以“诗心”映红“夜灯”，毕竟“窗前”有连绵的山，“门外”有长流的水，大自然是永恒的美好，与其徒劳地“追求幻灭”，希求“抓住虚空”，倒不如就以永恒美好的大自然为伴——“松花江上好，莫管与谁同”。

词人自己也有别友登程之时，送者成为行者，一首“出都时”“别京友”的《十拍子》（别旧暗牵旧恨）即行前的留别之作。“城头一片黄尘”的弥漫、“漠漠秋空无去雁”的空虚、“淡淡西山横断云”的冷寂之中，“耳畔数声珍重”的惜别叮咛，更显出友情的温暖，因之也更使人“断肠复断魂”。同样是“送行都是行人”的尴尬离别场面，不同于前几首的是，《十拍子》道出了“别旧暗牵旧恨”之缘由：“也有沉江浮海志，可惜南来北去身。廿年常苦辛。”为了生存，也为了前程，分别是无奈也是必然，离别之情浸染着那个时代、社会奋斗着的读书人的悲戚情调。

有离别就有思念，情谊愈浓，别恨愈重，思念愈深。“味辛”集中，思友之情凄苦动人，《南歌子·北上途中吟寄君培》在“我又他乡去”的途中，更逢“一天冷雨正霏霏”，词人思念北去的友人，不知“故人何日回”，以至“怕想松花江冻，雪花飞”，霏霏冷雨中的词人对远在北疆之友人的思念与牵挂，尽在此“怕想”二字中。《夜游宫·得伯屏书》在得到伯屏兄“一纸书来道苦”之后，想到友人正“对孤灯酸楚”，“三缕眉心皱无语”，念及年近四十的屏兄，已是“发苍苍，鬓星星，冉缕缕”①；难解的思念甚至使词人“夜梦晤伯屏，颜色惨淡，作别无语，遗书案头，飘然竟去”“身葬江水”，醒后“心犹怦怦动”，“汗下竟遍体”，因谱长调《西河》并前加长序以记之。现实中的生离，幻化为梦境中的死别，正是词人潜意识中深埋的对友情之珍惜的错位表露。

不可讳言，这些友情之作，情调未免低沉，而这正是由于苦水词乃是

① 卢伯屏三十岁后即蓄长髯，须发早白。

时代的产物。不过，苦水词人毕竟未淹没在低沉的情绪之中，一首“送友人南游”的《最高楼》（愁来了），劝勉友人放下牢骚，直面现实：“也莫说、醉乡滋味好。更莫说、人间天地小。闲话语，一齐收”，且“看长空，鸿去了，燕来不”，以鸿虽去、燕将来象喻人生长河之生生不息。一首“留别”的《水调歌头》更唱到：

> 收汝眼中泪，且听我高歌。……人间事，须人作，莫蹉跎。也知难得如意，如意便如何。试问倘无缺憾，难道只需温暖，岁月任消磨。歌罢我行矣，夕日照寒波。

这不是空泛的“高歌”高调，而是代表了那个时代进取着的青年的坚韧与清醒。蕴有怀人情思的《蝶恋花·独登北海白塔》（其二）则以咏月起兴，描绘了纤柔绝美的初二之月，进而吟出了近似东坡开朗放达风格的词句：“休盼成圆休恨缺。依样清光，圆缺无分别。”只要彼此友情常在，共同的理想长存，团聚分离，无损于生命的光辉，在吟咏高尚友谊的同时，又深含了词人对人生之积极的美学理想。

此外，词集中寄友、送友、和友、与友夜谈诸作还有数首。以数量计，友情词在“味辛”七十四首中占了五分之一的篇幅。这是当年离乡在外求学就职的青年知识分子生活的纪实，其中更见父亲对友情的诚笃。

三　家国之愁“味”最“辛”

与《无病词》一样，《味辛词》中也有传统词作中习见的绵绵“闲愁”，如春日见花落而生愁的《玉楼春》：“马缨别我初生萼。今我归来花已落。剩余绿叶耐秋凉，无复红丝悲命薄”；秋日因故乡荒寞而生愁的《浣溪沙》（其三）：“如此荒村真故土，又教凉雨送深秋。这般时地只能愁”；有独处津门的孤寂之愁：“朝来方寸都何物，时似波涛。时似蓬蒿。独自行来行去好心焦。……待到黄昏睡起越无聊”（《添字采桑子》）；有岁月流逝的感时之愁：“万事从头数。只难得少年心绪。长夜无眠到天曙。问青春，竟抛人，何处去”（《夜游宫·得伯屏书》）……然而，最能体现“辛”之味，最能标示“味辛”之题的，还是词集中感念家国世事的词作，特别是几首长调。其中，为1928年5月初发生的“济南惨案”而谱写的三首《八声甘州》，是最强烈、最集中的表现。

《八声甘州》前二首，标有醒目的词题“哀济南”。其一云：

> 记明湖最好是黄昏，斜阳射湖东。正春三二月，芦芽出水，燕子迎风。城外南山似幛，倒影入湖中。醉里曾高唱，声颤星空。　此际伤心南望，有连天烽火，特地愁侬。便梦魂飞去，难觅旧游踪。绕湖边、血痕点点，更血花比着暮霞红。凭谁问、者无穷恨，到几时穷。

词人选定泉城名胜之最、也是旧日时时游赏之处——大明湖，来完成“哀济南”的主题。词题“哀”字赫然在目，定下“哀”的基调，而词的上阕却是写景开篇，以大明湖极写泉城济南之美：斜阳霞晖射向湖东，湖面有出水的芦芽，湖上有迎风的燕子，湖中有青翠的南山倒影，其色调、其构图，足以令人悦目娱心，而入夜后的高唱“声颤”湖上的“星空”，更是令人心醉神荡。然而这一切均以首句开端的一个“记”字领起，明示出这一切均非眼前实境，只是过往时日的记忆。过片以“此际”二字领起，由过去陡然转入眼前，紧接的“伤心”二字直与词题之“哀”字呼应，于是接写令人“伤心”之“连天烽火”，使旧日游踪难觅，“绕湖边”只见比暮霞更红的“血痕点点”，凝聚着深仇、铭记着大恨，词人不禁发出“凭谁问、者无穷恨，到几时穷”的悲愤号呼。辛稼轩《永遇乐·京口北固亭怀古》篇末以“凭谁问”三字引起“煞拍”一韵——“凭谁问，廉颇老矣，尚能饭否”，道出的是抗金英雄、山东老兵报国无门的悲愤；苦水词中“凭谁问”三字领起的煞拍一韵，借鉴稼轩句式，道出的是一个书生、词人面对国家民族的灾难，呼天不应、呼地不灵、无可诉告的哀和恨。美丽的泉城济南令人生“哀”、生“恨”的“烽火”缘何而起？“血痕”缘何而生？这要翻开我国的现代史。大革命后军阀混战的动荡年月里，1928 年春蒋介石北上攻打奉系军阀张作霖，日寇乘机出兵侵占济南，5 月 1 日打死中国军民多人，3 日又炮轰济南，屠杀中国军民五千余人，制造了震惊中外的“济南惨案”。侵略者燃起烽火，无辜百姓血染泉城。1921—1924 年，父亲曾任职济南三年，对济南的山水草木自有一份深情，此时执教津门，传来“济南惨案”的消息，“伤心南望”“特地愁侬”，他以这首“哀济南”的《八声甘州》哀悼济南人民遭受的欺凌涂炭，同时也是对军阀官僚争战中原辱国害民的行径表示愤激，对帝国主义的暴行进行控诉。

“记明湖”一首上下片发语的两处“领字”——“记”“此际”，分别完整地“领”起上下两片，使领字——唯词独有的文字表现技巧——在抒情、表意、达志，以至节奏、音律上的艺术效果，均达到了极致。词的上片对“哀济南”的主题来说，是力重千钧的反衬，愈乐则愈悲，愈美则愈惨。在大氛围的反衬中，上下片具体的景与情也是前后映照的：旧日湖上绚烂的斜晖，已被“此际”红于暮霞的血痕淹没；上片歇拍醉吟融汇于无垠的星空，情与境相谐相溶，而下片煞拍那不平的、愤激的、撼人心魄的号呼，则是词人之情对“此际”之境的强烈抗议与愤争！

“哀济南”的第二首，着重于自心对战乱后济南的忆念，今昔之慨，今后之盼，悲凄情调甚浓。与前首之“记”旧日、伤“此际”不同，此首以设想日后为起始：“便将来重复到明湖，胜游总成空”，“空”在纵使仍有旧日之“三更渔唱”“数声柔橹”“半夜荷风”——自然依旧，但人事已非，“双擎泪眼”，连旧日湖上残余的一抹亮色也“觅不到”，见到的只有死难同胞化成的“点点青磷火”，明灭于“芦苇丛中”。面对如此阴冷森然的景况，词至下片，以全新笔触借传统词伤春、留春的内容，完成“哀济南”的主题：词人深叹天公“酿成春色”，只是徒然“费尽春工”！词人恨不得“上九重天上，细问碧翁翁”——为什么今年之伤春不与往年相同？伤春之意，实寄伤国、伤民之大痛，词意已是委婉含蓄；煞拍“春归去、已匆匆了，莫再匆匆”，再借留春之意，祝祷上天护祐苍生，以更为委婉而含蓄的哀情寄托沉重的家国民族之深愁。

二首词成之后，父亲仍是哀情不绝，悲愤难抑，不数日，“忽忆历下是稼轩故里，因再赋”，词题中一个“再”字，点明此乃三唱《八声甘州·哀济南》。这一首，他抉取一个新的落笔点——抗金志士辛稼轩——因人因事抒怀，再拓“哀济南”的主题。当年稼轩因“望长安却被，青山遮住”而“抱恨无穷”，如今，“不道好山好水，胡马又嘶风”，再使“地下英灵”“旧恨还重”。面对惨烈的现实，词人“恨江南才尽，冀北群空”，徒有英雄之叹；“江河滚滚，日夜水流东”，流光飞驰，而当权者却是“便新亭、都无涕泪”，醉生梦死，置家国、民族、百姓于不顾。词之结尾，悲慨之情化作一声“神州事，须英雄作，谁是英雄”的热切呼唤，呼唤志在抗敌的稼轩式的英雄，起而力挽狂涛，救家国民族于危难。

三首《八声甘州》，是父亲发自内心最深处的爱与悲交织、美与仇交响的忧国伤时、念乱恤民之曲，他以词这种婉美的韵文形式，叙写一段现代史上的民族悲剧，寄托自己对民族与百姓命运的感怀。三首词都有稼轩词的味道，但以词直写现代史上的一场惨剧，一赋再赋，而至三赋，这对于传统的词创作，实是一种划时代的创新与开拓。三首词当年被吴宓长文推为“爱国伤时”之作的“最佳”者，赵万里短文亦称之为“不同凡响”。从抒情方式来看，三首词各具千秋——第一首偏重绘景，结篇以反诘句议论点题；第二首偏于叙事，曲笔言怀；第三首可说是“以文为词”之作，侧重议论，直通主题。三首《八声甘州》相携相辅，如鼎立三足，擎起“哀济南”的重大主题。

忧患国家命运的词作，“哀济南”之外仍有数首。1927年冬，在“雪漫漫，声寂寂”的“悠悠”长夜，词人“一丝生命一丝愁”，所愁者唯“极天南，十万貔貅”（《金人捧露盘》）。同时，他“与安波[①]夜谈”，二人“对烛长叹”，所叹者：“燕南赵北都行到”，只见“荒山平野余衰草”，“逐鹿中原，化蛇当道。鱼龙扰攘何时了”（《踏莎行》）。1928年的早春黄昏，父亲“独登北海白塔”，华灯“乍亮”之际，远眺大城“远市长街，都是愁模样”（《蝶恋花》）；“石榴未谢，马缨红娇”的艳丽初夏，他晤友人再到古都，“雨后长街”所见到的却是“瘦马衔枚，饥兵呵夜，

① 任安波，天津女师同仁、好友。

哀笳破晓”“大旗猎猎”“乱鸦啼了”（《灼灼花》）……词中所见、所感、所叹，无非纷乱不宁的社会现实。在“声声画角”的静夜，词人读旧俄丹钦柯的小说《大心》，“不能寐”，联想到的是现实之“沙场炮火，深沟弹雨，愁也怎生愁得”，“翘首”遥望，看到的是“战云滚滚，江南直到江北”的连年内战，他渴望着“万丈银河，可能倒挽，静洗平原血”（《永遇乐·夜读〈大心〉不能寐，因赋》），还人间一份和平安宁。1939 年，父亲在燕京大学词曲研究会那次以“偶然”为题的简短谈话中，说到这首“夜读《大心》不能寐”，以及一首二百四十字的《莺啼序》，他说：“近来我发现这是一种失败。”因为“词的容量太小，果能容软的感情，不能容硬的思想”。我想父亲可能是自觉这两首词直言思想，有失“词之为体，要眇宜修”的传统创作准则，思想在词中要用“软的感情”来表现，如三首《八声甘州》之“哀济南”为然。《莺啼序》一词，父亲在谈话中说乃是“叙一篇长的故事”，未收入词集，至今未见；而“夜读《大心》”则收入“味辛”，可见他当日并没有否定这首词。——读西方小说有感而填词，在近现代词史上可能算得上是特例。

此外，在父亲的词里甚至出现了“街头乞丐”的形象，他们“正饥熬夜永，冷怨宵寒。号呼惨苦”（《庆清朝慢》），社会最底层的乞丐，映射出悲凉凄惨黑暗的社会现实。即使是在梦中，父亲也无法安宁，“夜夜梦魂飞去远。落日旌旗满眼”，而“醒来布被无温。不禁对影酸辛”（《清平乐》），片刻也未曾忘怀战乱中的古国。父亲毕竟只是一介文弱书生，面对灾难中的家国，他不能有英雄词人辛稼轩“布被秋宵梦觉，眼前万里江山”（稼轩《清平乐》）的壮气豪情，只能将一怀酸辛寄之于词。

四 担荷人生苦难

父亲是时时刻刻不能忘怀于现实，事事处处忧心于国家民族、世事民生，他的内心难得安宁。他是以直面人生、担荷苦难和对生命的珍爱来支撑着自己的人生：

且莫说消愁，合偕愁老。（《台城路》［梦中醒后迷离甚］）

也知人世欢娱少，未羡仙家日月长。我自乐生非厌世，任教两鬓渐成霜。（《瑞鹧鸪》［安心还是住他乡］）

未能知，他生事，争肯信，此身休。（《金人捧露盘》［雪漫漫］）

愁要苦担休殢酒，身如醉死不须埋。且开醒眼看愁来。（《浣溪沙》［郁郁心情打不开］）

试把闲愁担负了。狂笑。看他与我甚相干。镇日黄尘飞万丈。须赏。此间此已是春天。（《定风波》［扰扰纷纷数十年］）

家山自好，韶华未晚，君莫蹉跎悲切。（《永遇乐》［少岁无愁］）

定力剪愁根。自怜无病身。下重帘、更掩重门。隔着窗儿还望见，树芽短，二三分。（《唐多令》［春雨只销魂］）

……

这些词句，或自叹，或赠友，都是真情实感的自励与共勉，且都是以“软的情感”抒“担荷人生”的重大命题。这一切在《生查子》（身如入定僧）中化作了格言式的精警语句：

> 空悲眼界高，敢怨人间小。越不爱人间，越觉人生好。①

如此冷静深沉、积极奋进的人生态度，在1940年代辅仁大学的课堂上，父亲有一段更为理性的、具体而生活化的阐释：

> 人生最留恋者过去，最希冀者将来，最悠忽者现在……你不要留恋过去，虽然过去确可留恋；你不要希冀将来，虽然将来确可希冀。我们要努力现在。②

父亲一生只活了六十四个年头，且大半生未经太平盛世，但他在创作、讲授、研究、书法等诸多方面都做出了骄人的成就。我想，“努力现在”四个字，正是父亲最为实际的人生座右铭。

一册《味辛词》，小我闲愁之吟咏已少于《无病词》，向愁宣战的高歌也已不见，多了实在而深沉的承受与担当。正因如此，《味辛词》方才有了专门以“烦恼”为吟咏对象的组词《清平乐》四首。四首词，正是甘

① 着重号为笔者所加。敢，岂敢。
② 见《传学——中国文学讲记》第二十二讲《词之三宗》。

心与烦恼共处，又不被烦恼干扰的别具心眼之作：

晕头涨脑。忘却天昏晓。镇日穷忙忙不了。那有工夫烦恼。　闲言闲事闲情。而今一笔勾清。领取忙中真趣，这般就是人生。

眠迟起早。都把愁忘了。磨道驴儿来往绕。那有功夫烦恼。　我今不恨人生。自家料理调停。难道无花无酒，不教我过清明。①

鸦鸣鹊噪。妙处谁知道。听说疲牛还吃草。那有工夫烦恼。　天公真没天良。催人两鬓成霜。愁里翻身坐起，我能享乐穷忙。

天公弄巧。捉弄闲人老。近日忙多闲苦少。真没工夫烦恼。　任他春夜凄清。新填数首词成。唤起天公听我，仰天大笑三声。

四首词无论语言还是内蕴，均是延袭着稼轩《西江月》“要愁那得功夫”的“遣兴”②之作。其前三首以反问句连呼“那有工夫烦恼”，是对自己现实生活所做的调侃；末章正面道出“真没工夫烦恼”，是直面烦恼发出的庄重应答。全组词虽不免诙谐与自嘲的味道，但其主调则是一个现代青年知识分子的咏唱：我已将全身心投入眼下的职业（今之习用语当为事业）

①当年津门赏花之处甚少。此年清明，校方组织师生前往西沽赏桃花，父亲又未克前往。

②“遣兴”系嫁轩此词之词题。

中，不是没有了烦恼，不是战胜了烦恼，而是“真没工夫烦恼”——我教书、创作，脚踏实地地走在自己的人生之路上；“领取忙中真趣”，“都把愁忘了”，“享乐穷忙”，对愁“仰天大笑三声”，以积极乐观奋进的态度，行进在并不理想的现实人生之中。词作全用常人的口语，传达现代人的惯常生活、真情实感。四首《清平乐》也颇有些朱敦儒早期词作的疏狂散澹，但却是朱氏《樵歌》词中绝对没有的生活态度与情思。

五　深刻的人生体悟

咏叹人生、社会世相的词作，《味辛词》中有两首《木兰花慢》（是何人弄笛、又沉沉醉也）可谓其中代表。

题为“卜者午夜吹笛，怆然有触予怀也”之一首《木兰花慢》，酝酿的是氤氲缥缈的氛围，发出的是深切沉重的人生咏叹：

是何人弄笛，惊旅客，使魂销。想身外茫茫，行来踽踽，深巷迢迢。尘嚣。渐随夜杳，但霏霏露湿敝缊袍。空际几声颤响，悲凉更甚饧箫。　难消。清泪如潮。空令我，酒频浇。有谁将命运，双肩担起，一手全操。徒劳。暗中摸索，奈千家闭户卧凉宵。试问一支笛子，甚时吹到明朝。

这本是咏一个给人预测命运的卜者，父亲却由此引向了现实人生的课题。翻开整部中国词史，没有哪一个词人去瞩目一个民间的盲卜者，这首词的意义不仅在于父亲以小人物盲卜者作为自己词作的主角，更重要的是父亲因这个小人物而触动了自己的情怀，创造出一个幽隐深邃的意境。夜空的悲凉笛声把读者带进迢迢深巷、杳杳长夜，词的上片着重绘声，以卜者的笛声为贯穿，那笛声使漂泊的游子惊心销魂，“空寂”中飘逝的“几声颤响”，渲染烘托着人世的“悲凉”——词人笔下的悲凉并不笼统模糊，通过深陷于无可自救的盲卜者的形象，这悲凉有了颇可感知的具体形貌和力透纸背的迫促压力。下片“有谁将命运，双肩担起，一手全操”，这是一个有思想的青年知识分子对普天下苍生人生命运的探索与追求，发人深省，震人心魄。词的结拍与开篇呼应，回到词作主人公卜者身上，“一支笛子，甚时吹到明朝”，其深层寓意，仍是对如何把握人生命运之主旋律的思考。周汝昌先生曾谈到老师这首词，他说：“你体会体会，一支笛子，甚时吹到明朝，这是一种什么胸怀啊！”他把老师的思想、境界提升得与稼轩“思量大禹、歌颂大禹”的《生查子》（悠悠万世功）同样博大。[①]

另一首《木兰花慢》（又沉沉醉也），以诗情诗笔描绘了虽曰人世实为鬼域的阴惨之社会现实图景。这是一个冬日，词人“宵深归来，独过桥头”，只见“戍兵呵夜”，加之“冷风挟沙扑面”，实感“飒飒然疑非人世也”。[②]词曰：“……忽一阵风来，惊沙扑面，冷彻棉裘。街头。路灯焰小，正青磷数点乍成球。渐见幢幢暗影，似闻鬼语啁啾。”这虽是春夜，但却是“冷于秋”的“春夜”！词人“恨如许悲凉”，皆因眼前一切“全

① 见周汝昌《怀念先师顾随先生——在顾随先生逝世三十周年纪念会上的报告》，收入《顾随先生百年诞辰纪念文集》。

② 引文见词前小序。

非人世，直是荒丘”！这正是1920年代后期昏暗社会的缩影。全词包括小序，以夜景为贯穿，从自身感受落笔，目之所及，情之所感，正是现实人生的真实写照。因之词人不禁发出对社会现实的责问：“悠悠。上天下地，有不知我者问何求。我问红桥春水，谁教无语东流。”追随着《诗经·黍离》“知我者谓我心忧”的心迹坦露。词人将自身之存在溶进现实社会的命题之中，依然是与前首相同的“有谁将命运双肩担起，一手全操”的人生咏叹，呼唤着现实的变革、人世的光明。

两首《木兰花慢》，一作于1927年秋，一作于1928年早春，一侧重绘卜者之笛声，一侧重绘春夜之阴冷，景语情语之中，溶含着深沉的人生思考。这是两首描绘社会世相、深寓现实命意之作。正如周汝昌在老师逝世三十周年纪念会的报告中所说，老师这些词“首先是用诗人的眼来阅世，来观察宇宙、万物、人生、社会，又以诗人的心感受，以诗人的笔表达”，老师“感受和表达的思想内容是什么？我姑且借一句成语（不大确切）：‘悲天悯人’”，“他不是一个委委琐琐的小门小户小儒、小文人，他胸襟的博大，情怀的广阔，找不着一个很恰当的说法，于是就借用了这四个字”。

汝昌先生所言“悲天悯人”的情思，也时时渗透到一些描绘自然季候、都市光景的词中：“春夏秋冬尘漠漠，东西南北路茫茫。无山无水有残阳”（《浣溪沙》四首其四）；“放眼楼头，信非吾土。飞沙遮断来时路。黄昏待到杀风时，漫天下起蒙蒙雾”（《踏莎行》）；“一霎眼前光乍亮。远市长街，都是愁模样”（《蝶恋花·独登北海白塔》）；“长街却在风沙里，人影寥寥。灯影摇摇”（《添字采桑子》），“春雨只销魂。春风不算春。甚天天、风雨黄昏。谁想雨停风住了，阴沉得，怪怕人”（《唐多令》）……看似句句景语，细味之，深思之，哪一句不是含有比兴寄托、深寓现实命意的“悲天悯人”之语。

“味辛”集中有一首题为“读诸家词，多恨春怨春之语，因赋此解[1]”的《念奴娇》。只看词题沿袭着“诸家恨春怨春之语”，绝是一首伤春之词。然一展全篇，却是一反古代词人旧调，以全新的视角、哲理的思辨展开主题，析说“春来春归”这个无解的自然变化的命题。

历代伤春之词，多如晴朗夜空的繁星，且多是绘景抒情之作，而宋代有无名氏者独开蹊径，言“多情总道是东君，东君也有无情处”(《踏莎行》〔萼破前村〕)，以议论语抒恨春怨春之情。父亲这首《念奴娇》抒情路数有类乎无名氏词作，且全以议论入词。词人有恨有怨，而所恨所怨并非春来晚、春归急之无情，而是“我恨从来无一个，参透个中消息”，他要为春代言，做翻案文章——“春自何来，春归何处，春亦无家客”——来早来迟、归急归缓，春这个“无家客”，自己亦并无定数，它之“来去全异，那轮天上明月”，那么，它之“恨”、它之“怨”又向谁去诉说。于是下片转而为春抱恨——“容易衰老春容，韶华无几，转眼成长诀”——以拟人的手法，立于春之本位，代春诉出春之恨与怨，即春自身亦无法把控自己的来去早迟，此恨此怨又有谁知？就在春之无尽怅怨之中，词笔忽又转入蝶与花，拓展议论的主题——“蝴蝶穿花花落后，来岁新枝重发。试看双飞，寻桃觅柳，可是年时蝶”——即使双蝶归来，花非旧岁之花，蝶非年时之蝶，言外之言，即今岁之春亦非去岁之春也，春又能恨谁怨谁？春已有恨有怨，人又何须再去戳春痛处，恨之怨之？此刻词人已完全进入到一个自然发展变化的哲学问题之中，此发展变化之规律，大自然为主宰，既不决定于春，更不由人把握。词人只能提出这个哲理命题，却不可能解开这个命题，于

① 解，原指乐曲中之一节。

是词结之曰："余怀飘渺，此情堪共谁说。"既然如此，苦水赋此词用意何在？我以为，词人的词心，也可说是一番苦心，在于劝慰诱导恨春怨春者，恨怨不止徒劳，更是无意义的自寻烦恼。

苦水词中亦不乏伤春之作，何以此首另发别调？前文所说"我们要努力现在"这句话，用在这里也是合适的。年来岁往，春之来去无凭，与其在恨怨中任春光流逝，反不如顺应自然的安排，把握现有的春色。

这里，我想不避深文周纳之嫌，再往深处说开去。这首《念奴娇》也是一首以春去春来为象喻的人生咏叹之作。古诗有云"年年岁岁花相似，年年岁岁人不同"，人之一生就是在春去春来之中度过的，"我们要努力现在"就是人生箴言。苦水词又云"有谁将命运双肩担起，一手全操"，春之来去无定，也象喻了人之一生进退盛衰之无定，顺应命运，又不被命运所压倒，还是那句人生箴言："我们要努力现在！"

一首百字的《念奴娇》，被我做了如上不厌其烦的解说，初衷只是申说自心对词的领会，抛砖引玉，与方家读者共研。

我还想不避篇幅之长，将20世纪40年代父亲讲"六一词之热烈情调"时以其《玉楼春》为例说的一段话引录于此，或可有助于对此一解《念奴娇》之参悟。

六一词曰：

> 人生自是有情痴，此恨不关风与月。……直须看尽洛城花，始共东风容易别。

父亲做了如下解读：

是纯粹抒情，而却是用过一番思想的。“恨”是由于“情痴”，与“风月”无关，即使无风月也一样恨。“东风”者，春天代表。春不长久也罢，须离别也罢，虽然短，总之还有。不是你（春天）来了吗？则虽是短短几十天，我还要在这几十天中拼命地享乐。此非纯粹乐观积极，而是在消极中有积极精神，悲观中有乐观态度。

人生不过百年，因此而不努力，是纯粹悲观。不用说人生短短几十年，即使还剩一天、一时、一分钟，只要我有一口气在，我就要活个样给你看看，决不投降，决不气馁。“洛城花”不但要看，而且要看尽，每园、每棵、每朵、每瓣。看完了，你不是走么？走吧！①

六　或纪实或象喻的相思之作

《味辛词》中几首抒相思之情的作品多含有象喻意味，如《台城路》（梦中醒后迷离甚）、《蝶恋花》（飞絮随风蚁转磨）、《风入松》（隔窗日影下层檐），均以相思喻托对美好生活理想的向往、追求与幻灭，以及安于现实的沉默与冷静。独 1928 年题为“记梦”的长调《意难忘》，是一首实实在在的纪实之作，是写给妻子寄托相思的爱情词，也可说是紧承《无病词》中四首寄内之作的思妻之词：

① 见《传学——中国文学讲记》第二十二讲《词之三宗》。

回首生哀。恁分襟意绪，卧病形骸。依依花落尽，点点缀苍苔。多少事，没安排。便地角天涯，记那时，残阳冉冉，正下楼台。　清眠梦见君来。似春阳乍暖，照进空斋。嫣然才一笑，蓦地万花开。春甚处，费疑猜。敢尽在双腮。梦又醒，窗前漠漠，只见尘埃。

词之发端三个短句，言“分襟”，又加“卧病”，回首往日共同生活的短暂相聚，怎能不沉哀丛生，难得排解。继写春归之景，落花飘洒缀饰苍苔，绵绵密密，喻写的既是夫妻别后两心之依依，又写出夫妻难得如落花苍苔般相依相伴。“多少事，没安排”六字，质朴无华，却包含着对现实遭际沉重的无奈。无可奈何之中，纵使身处“地角天涯”，仍记得那“残阳冉冉，正下楼台①”之境，那正是前次相别时的场景，喻写的是如落日余晖般内心中抹不去的相别时的依依。层层铺叙之后，下片直入梦境——妻子踏梦而来，似“乍暖”的“春阳”，照进“生哀”的“空斋”。春阳乍暖、万花绽放的梦境，正是对美好相逢相聚之温馨的描绘，词人处在温婉和煦的氛围中，早已是心安神怡。但爱之深，如此尚不足以表其万一，接下来对妻子的笑意的描绘看似神来之笔，实则是词人诗心的真实感受——“春甚处，费疑猜。敢②尽在双腮”，将妻子的笑靥与最美的春天连在一起，这本是词人之梦中错觉，深层喻写的则是自然之春已去，而爱情之春长驻。一首“记梦”的抒情小词，用虚虚实实的春景写邈邈绵绵的情思。然而这一切都只是词人梦中之所想，梦想愈美妙，则梦醒后的现

① 楼台系实景。20世纪20年代初，清河顾家在老宅中兴起一座二层小楼。

② 敢，原来是、定是。

实则愈显孤独冷寂，词人又回到无边“漠漠”的“尘埃”之境，所生之哀也就更无可开解。不可忽略的是，这首词中的夫妻之爱、夫妻之别是以“多少事，没安排”为背景的，因之此作又深深地隐含了时代的境遇在内，绝不同于旧时空中楼阁似的爱情相思之作。无怪当年吴宓文章全文引述这首九十二字的长调，以之为《味辛词》中“以所爱之女子为理想之寄托”的代表作。

细细品味这首“记梦”，较之“无病”中的四首“寄内”，更具“浪漫之新情趣”，更接近于“西洋近世浪漫主义”。这首词调寄“意难忘”，词调兼词题之用，这不是偶然的巧合，匠心乃生于夫妻间的情爱。

东坡有一首题为“正月二十日夜记梦”的《江城子》，写给妻子是悼亡，苦水这一首“记梦”，写给妻子是抒现实生活的夫妻情，同是以“梦”为载体，所表现的主题全然不同，但若从抒情线索来看，约略可见苦水对东坡词境的借鉴与承袭。

父亲“味辛”集中有以“佳人”为题的四首《鹧鸪天》，纯是一组象喻之作。四首词均以“绝代佳人”四字开端，试看四位佳人，或“独倚楼”，或“独倚阑”，或“独倚床”，或“独敛眉”，连下四个“独”字，点明她们对离去之心上人的思念、怨慕，以及对孤独无依处境的自怜。“倚楼”之佳人，她的心上人可能是一位薄情的仕人，不知正在“何处觅封侯”；“倚阑”之佳人，她的心上人可能是一位重利的商贾，江头船只来去，却不见那个薄情轻别之人；“独倚床”者，当是一位弃妇，她的心上人曾经热烈地弹奏过“凤求凰”，而今却把她弃置空房；“独敛眉”者，看来独守之时日最长，年来年去，她于心上人近乎心死，而今独在深闺犹自梳妆。然而，父亲创作的命意绝不在吟咏独处相思的一组悲剧，而是继承了屈原“美人香草”的手法，寄寓着更深广的情思：

"倚楼"远望之佳人，所见"天连燕赵沉沉死，日下江河滚滚流"，象喻着死气沉沉的大地和逝者如斯的岁月，尽管她已是美色凋零，但"泪珠欲滴又还收"，象喻着在孤寂沉闷的处境中，内心还保持着一份坚强。

"倚阑"近赏之佳人，面向"当楼"之花尚能"乐赏"，面对"春寒"尚能只"着春衫"，象喻着心底不言放弃的自强；

"倚床"忆旧之佳人，虽处被弃的孤寂中，还能忆起旧日的欢乐，以之为今时之支撑，象喻着美好事物幻灭后内心的坚韧；

"敛眉""簪花"之佳人，虽已消褪了旧日的风姿，但依旧如王国维氏词句所言"且自簪花坐赏镜中人"，象喻着对美的坚守与对生命的爱惜。

尤其值得注意的是，每首词的末后一韵二句，直是以佳人"言志"之语为词篇作结：

第一首中之佳人，"自从读会灵均[①]赋，不爱欢娱只爱愁"，象喻着坚强的她具有屈原般的品格，满怀屈原式的忧思；

第二首中之佳人，"腰肢瘦到堪怜处，不受人怜谩自怜"，象喻着自强的她不与俗世沉浮的孤傲与自守；

第三首中之佳人，"而今再把罗襦绣，便绣鸳鸯不绣双"，象喻着坚韧的她对过往时日的反思与决绝；

第四首中之佳人，"今生判得情缘短，千转芳心尚恨谁"，象喻着自爱的她，在希望幻灭之后，仍无怨无悔地抗争着命运的安排。

综上所述，词中所言均为寓意极为深远广阔的双关之语。叶嘉莹教授

① 屈原《离骚》："皇览揆余初度兮，肇锡余以嘉名。名余曰正则兮，字余曰灵均。"

在一次讲座中对《鹧鸪天·佳人四首》有所阐释，她说，四首“都是写美人的”，这“是旧的题材，可是旧的内容有新的意思”，四首“都是象征的，是以‘佳人’的形象来发抒‘美人香草’的幽约悱恻的情思，用一个美丽的女子来象征一种美丽的品格和修养”，“那‘倚楼’‘倚阑’的‘绝代佳人’，都并非眼前实有的景象，而完全出于一种假想的象喻，是将抽象的情思转化为具体的形象来加以表现的”。[①]嘉莹教授用语不多，却是珠玑字字，悉数是点睛之笔，拓人心胸眼界。拙笔之所以敢于大胆地放开笔墨对四首词做如上诠释，完全是由于嘉莹教授的点拨与启示，但愿拙见能无悖于词作的深衷与嘉莹教授的阐释。

七　感颂美与生活的咏花词

1927 年，父亲作有一首以“赋水仙”为题的《侧犯》，全词七十六字，句句不离水仙，纯是一首咏花之作。父亲确实喜欢水仙，晚年在天津，每逢冬日，书房定有一盂水仙作为案头清供。但细品全词，就会领略到这不是一首单纯的咏物词，实是以水仙为媒介的“香草美人”之作。

这首咏花之作在艺术表现上的特色，决定了它的不凡。其最突出的特点即是用典：大量化用前人诗句词句，且又绝非典故的堆叠；伴随着前人诗词之句的连用，词篇夹叙夹议铺衍开来，遂于其中体现出词作的第二大

① 见叶嘉莹《苦水先生作词赏析举隅》，收入《顾随先生百年诞辰纪念文集》。

特点——浓郁的拟人意蕴。

> 水仙两字，品题早已安排定。更静。正玉佩姗姗弄清影。天寒翠袖薄，云卧衣裳冷。诗圣。佳句好，真堪为花诵。　　芙蓉艳冶，着色终嫌重。浑似梦。月明中，烟水浩万顷。莫是湘灵，晚妆对镜。黄浅晕薄，粉寒香冻。

“侧犯”一调，上下两片，各九句，上片押六仄韵，下片押五仄韵，苦水词人以此调咏水仙。上片首韵两句十一字，看似平常的叙述语，是为开启此咏的引子。但其中的“品题”二字，并非信口而出，“品题”本是用之于人的一个词汇，是对人品的评论，用于词之首韵，则词人于词之发端即已为水仙之咏定下了拟人的调子——在词人心中，水仙并非单纯一物，而是有灵性的人，咏水仙就是要把她作为一个人来进行“品题”。

上片之第二、第三两韵，两句十字，化用宋人陈允平《酹江月·赋水仙》之句：“罗带织青葱。天香吹散，佩环犹自丁东。”陈句本即以美人拟水仙，水仙细长的茎叶是美人的青葱罗带，水仙散发的幽香如天香飘落，箭葩花朵之微微颤动更妙如美人身上叮咚作响的佩环。苦水词人将陈氏十五字浓缩为“正玉佩姗姗弄清影”八字，以绘影替代绘形，且衬托以“更静”夜深的背景，在陈氏之纯美的基础上烘染出水仙幽缈绰约的风姿。

第四韵二句十字，直用诗圣杜甫原句。“天寒”句乃杜诗《佳人》中咏“绝代佳人”之坚贞者；“云卧”句虽曾被稼轩用作《贺新郎·赋水仙》之首句，而源出于杜诗《游龙门奉先寺》之“天阙象纬通，云卧衣裳冷”，乃突出奉先寺高寒超尘之不凡。词人直以此二句转借而咏水仙，仍觉不能尽意，于是有了第五、第六韵三句议论语：“诗圣。佳句好，真堪为花诵。”十个字，斩钉截铁，一锤定音，将水仙之“品题”由外在之风姿提高到内在之品格的高度，以杜诗的权威为水仙的形象定格，这是对水仙最高的赞赏。

花之赞赏已翻至最高，下片该如何承续，方能“更上一层楼”？

词之下片掉转笔头，首韵两句九字，引“艳冶”之芙蓉为水仙之反衬，又以一句“着色终嫌重”的议论语，衬出水仙之素雅高洁、不同凡俗。接下连用四韵七句二十七字，以湘江女神拟写水仙。梦的朦胧，月的清寒，烟波的无垠，绘出了空灵浩渺的仙境，托出“晚妆对镜”的女神湘灵之美。词作句句描述，字字点染，使水仙的品格由人品提升至仙品。巧妙的是，词句处处化用辛弃疾、高观国、陈允平咏水仙之句①，却又浑然天成，灵秀飘逸，不见堆叠，真做到了“用事不使人觉”的用典最高境界；而且下片幻想中的夜境，恰与上片中的“更静”相连相应，上下片浑然一体，全无割裂之痕。至此，一首咏水仙的绝妙好词，呈现于读者眼前。

父亲所以如此苦心用意地专咏水仙，他在谈创作时讲到“因”“缘”二字，他之喜爱花中水仙，是写作的内在之因；古人向以湘水女神喻指水仙，以及前人有关诸作，是写作的外在之缘。“因”“缘”相合，方有此作。究其实质，咏水仙这首象喻之作，以水仙为美人、为女神，描绘出一种绝美的理想境界，咏出的是词人对自然与人事之美的向往与追求。

《无病词》中有一首咏美人蕉的《婆罗门引》，与此首《侧犯》同是

① 辛弃疾《贺新郎·赋水仙》：“风前月下，水边幽影。罗袜生尘，凌波去，汤沐烟波万顷。爱一点、娇黄成晕。……为我香成阵。待和泪，收残粉。”高观国《金人捧露盘·水仙花》：“梦湘云，吟湘月，吊湘灵。”陈允平《酹江月·赋水仙》：“晕额黄轻，涂腮粉艳。”

以花为载体的象喻之作，但前者化用古代传说，艺术表现不免有些深晦；此首虽处处用典，却与议论交织天成，表现得幽美而又晓畅，自是各具其美、各臻其妙。再说“侧犯”一调，句式长短错落，用韵疏密相间，节奏舒缓，且属仄韵格，音律抑扬而兼顿挫，别具灵动要眇之致。

到三十年后的1956年冬日，父亲又有《金缕曲》[①]咏“寒天尘霾中水仙怒放”，用王昭君旧事，化用诸多前人诗词，与三十年前的《侧犯》同样笔致，却多了一份年迈人怀旧咏史的味道，可以比照而读。

1927年秋季，父亲在天津女师，时逢“白露”，他在校园内“倚楼闲眺”，见“一院秋光”，遂谱《汉宫春》（底事悲秋）一阕。此虽非专为咏花而作，却以所见四种花木抒悲秋之情。拙笔姑且将此词置于咏花一节，略做申说。

《汉宫春》词中所绘四种花木是牵牛、葵花、玉簪、女萝，词作最突出的特点是将此四种花木置于秋色笼罩之中，且用浓淡抑扬之笔做出不同的描绘。对于牵牛，正面绘制最多，却重在抑，它“引蔓偏长”，但仅余“疏花数朵”，且“最无气力”“又怕朝阳”；对于葵花，则置之与牵牛的对比之中，言牵牛“浑不似葵心向日，一枝带露娇黄”，扬葵花于秋日之美之力。玉簪有似美人簪饰一样洁白如玉的娇美形态，而词人却不用笔墨，只以蛱蝶之飞来“觅取余香”，从嗅觉的角度绘其特有风韵；至于女萝，本即一种攀附植物，浅黄绿色，自树梢悬垂而下可长过数尺，风中摇曳，袅娜多姿，但秋日已至，它“不耐宵凉”，“凄风冻雨”之中，点点霜露如滴滴“清泪淋浪”，这清泪与玉簪之余香又成比衬。两组比衬，抑扬鲜明，但“葵心”终会干枯，“余香”终会散尽，四种花木组成的秋花之咏，

① 收入《闻角词》。

终难脱“花原薄命”的悲剧结局。“忍[1]教白露为霜”一句收束，呼唤上苍怜惜薄命之花。

这首咏花的悲秋之作，同样是美与生命的咏诵，而重笔点明“花原薄命”的主题。私心臆测，此或亦有其象喻意义。父亲自1920年执教至此时，所教以女棣为多，几年间经历女棣早亡之事不止一桩，“花原薄命”之叹或亦缘此而发。

在《汉宫春》中，父亲对牵牛致以微词，但他之对牵牛并非一味归入贬义一类。即此《汉宫春》之前，他有一首四十二字小令《浣溪沙》专咏牵牛，且词前有三十字意味深长的小序：

> 余喜朝眠，而牵牛花晨开，余兴而花萎矣。秋蝶飞来，盖与余同有苍茫之感也。

父亲作息恰与牵牛生性相悖，故与牵牛之盛放失之交臂。他引“秋蝶”为同道，共生不得俊赏的“苍茫之感”[2]。由此可见，父亲之爱花，并未将牵牛排斥于外，也正因如此，方有了这首不绘花之形色，专用叙述以抒感的别具风致的咏花小词《浣溪沙》：“白露泠泠湿碧苔”的怡人秋夜，词人“昨宵无寐起徘徊”，而“牵牛不向月中开”，“今早起迟缘睡好”，只见“上窗红日下空阶”，已是“牵牛开罢”，徒有秋“蝶飞来”。六句词至此戛然而止，把词人与秋蝶的苍茫之感留于词外。从词作之四十二字来看，似也可说是因偶然所见触发所感，写就一首含有一丝伤感且又有诙

---

① 忍，岂忍。
② 苍茫，即失落。

谐味道的感兴之作。但联系小序所言人蝶共有的“苍茫之感”，此咏花小令寓意恐非如此简单，它或包蕴了一层对生命规律依从与把握的深意，其内在仍是对美与生命的咏叹。

写到这里，拙笔又想节外生枝的啰嗦几句。父亲何以于一首小词中单引“秋蝶”为同道？我臆想，或是机缘洽和，正巧一只蝴蝶飞来；深思之，精研元曲的词人，或是受了元人小令无名氏《山丹花》之触动——“昨朝满树花正开，蝴蝶来，蝴蝶来。今朝花落委苍苔，不见蝴蝶来，蝴蝶来”——元人二十八字道尽世态炎凉，苦水词反其意而用，化世态之炎凉为对美与生命的爱惜。

《味辛词》中一些并非咏花的词作，亦时见咏花之好句，且举引以赏之：

一双白鹭翻空下，千朵红莲著意开。（《鹧鸪天》[也是山巅与水涯]）

北地风高雨易晴……榴花红得忒鲜明。（《浣溪沙》[北地风高雨易晴]）

安石榴花开几朵。粉白朱红，一一娇无那。（《蝶恋花》[飞絮随风蚁转磨]）

楼外窗前，石榴未谢，马缨红娇。（《灼灼花》[旧地重来到]）

……

美与生命，尽在花中。

八 “圆融自然”的“遣词造句”

吴宓评顾随词的文章以“圆融自然”四字概括《味辛词》“遣词造句”的特点。《味辛词》在语言的运用上，明丽畅达、绵密秀雅、铿鞫镗鞳……颇具有宋以来词家之特色。父亲“自学为词”，师法唐宋诸大家，在语言运用上，定然自觉接受诸家濡染。而若说“味辛”“遣词造句”之“圆融自然”，此四字所含至深至广，限于学力与修养，拙笔实难对此做出全面阐释，只得避难就易，择其具体如“以文为词”与“口语入词”二者，试略疏之。

“味辛”一集在以文为词与日常口语入词方面，较之“无病”，有了长足进步。

以文为词，简言之，即用散文笔法入词，始自南宋之稼轩。父亲于词最尊崇者即稼轩，在这方面自然不能不受其影响。所谓散文笔法，主要是议论入词、典故入词、问答体式以及句式的散文化。词中发议论、用典故，前文均已有所述及；问答体式，“味辛”集中罕见；今只将话题限定在语言的散文化方面。

《味辛词》下卷中有三首其发端极似稼轩词作，纯是散文句法，且将文言虚字、日常语词直接入词，置于词之首句，如《木兰花慢》之“又沉沉醉也”，《贺新凉》之“又到三春矣”，《最高楼》之“愁来了”。文学作品无不重发端者，如上三词，一发语就是悠长而沉重的散文式的感叹语调。之后，“又沉沉醉也”引出的是“却独下，酒家楼。忽一阵风来，惊沙扑面，冷彻棉裘”；“又到三春矣”引出的是“尽教他、吹开吹谢，夭桃艳李。十日九风偏无雨，好个清明天气”；“愁来了”引出的是“一一上心头。欲说却还休。自家晓得何须说，旁人听了更添愁”，虽均是一连贯的散文句式，然其节奏、格律丝毫不走，在整饬的格律中，词作语势舒缓又顿挫，平实而又上口。这可能就是吴宓所谓“圆融自然”之特色的一种表现吧。

通观三首词作，不难发现其另一个特点，那就是文言虚字的普遍存在，如“又”“也”“却”“尽”“还”等，它们不仅用于开端，发语惊人，用于词间句尾者亦不罕见。一部“味辛”，时有其例。举一“矣”字，便有“歌罢我行矣”(《水调歌头》[收汝眼中泪])、“迷离君又行矣”(《西河》[愁未已])、“君休矣”（《庆清朝慢》［梦又还醒］）、“有梦已都醒矣”（《摸鱼儿》［又孤身］）……虚字的应用，亦是“味辛”以文为词的标征，它使得词篇在保有整体意蕴的基础上，又多了一份疏宕流利、“圆融自然”的情致。

除却以文为词，“寻常语度入音律”，亦是《味辛词》语言的重要特征。上述“又沉沉醉也”之三首数句，均属此类。若逐首读词，寻常语句入词者可谓俯拾皆是，不仅长调，即小令亦不乏之：

> 牵牛最无气力，引蔓偏长。（《汉宫春》［底事悲秋］）
>
> 也知难得如意，如意便如何。（《水调歌头》［收汝眼中泪］）
>
> 难道老天生我，只教作个词人。（《清平乐》［知交分散］）
>
> 总觉我、比春还懒（《蓦山溪》［年年客里］）

谁想雨停风住了，阴沉得，怪烦人。（《唐多令》［春雨只销魂］）

便不梦中说梦，也成忙上加忙。（《朝中措》［先生觅句不寻常］）

白天黑夜。黄尘如雨下。这样春天真笑话。便没有他也罢。（《清平乐》［白天黑夜］）

如此种种，直是平常的白话，然嵌入词中，不但不觉其有失于雅，反觉亲切自然，别有一番生动新奇、俏丽谐和之趣。

或以为如此之散文化、如此之白话口语近乎鄙俗，有失词体"要眇宜修"之美。实不尽然。不妨且看父亲所作《壶中天慢》之上片：

旁人笑我，说书生、无分小楼听雨。又说江南听雨好，楼在花深深处。我只摇头，凭阑却看，镇日风吹土。长杨垂穗，看他还似花否。

虽是处在"镇日风吹土"的北方，如白话的文字中竟隐隐含着丝丝江南水乡春日的潮润与明丽，再结以"长杨"之穗"还似花否"的讯问，颇具低眉含笑的婉约情味。这段文字，若非置于《壶中天慢》一调的上片，说它是一段晚明的小品美文亦无不可。

写到这里，对《味辛词》之以口语入词，我忍不住还要多说几句。如前已述及的以"烦恼"为主题词的四首《清平乐》皆用口语写成，假如静下心来读这一组词，便会感到词人好像就在你的对面，娓娓诉说，幽幽兴叹。于今我不避重复，将每词的第三句、第四句抽出，再依序排列：

镇日穷忙忙不了。那有工夫烦恼。
磨道驴儿来往绕。那有工夫烦恼。
听说疲牛还吃草。那有工夫烦恼。
近日忙多闲苦少。真没工夫烦恼。

四组八句排比而下，以散入骈。四个上句不但口语，并平日乡民闲话中“穷忙”“磨道驴儿”“牛吃草”都用入词中，对自己之日日奔忙做了诙谐而带着泥土气息的描述；四个下句，前三句相同，以反问逐层强化自己对烦恼的担荷，至最后一句，以直陈的感叹正面作结。反问句不是强势的来袭，只似声声轻轻的叹息；感叹句没有直贯而下的冲劲，却于平和中透出力度。散文笔法入于词中，现出了“圆融自然”的境界。

1928 年父亲作有《浣溪沙》（赤日当头热不支），描绘夏日的闷热。父亲 20 世纪 40 年代讲诗词，曾谈到这首词，他说，中国旧诗写夏的少，纵有也是天之舒长、人之安闲，要不然就是对不得安闲者的怜悯，而自己的《浣溪沙》乃描写前人不敢描写的夏之炎热。①仅从“敢写”炎夏酷热这一角度来说，父亲这首小词已是词史上不可多得之作。如今，再只说其中口语入词之两句：

已没半星儿雨意，更无一点子风丝。

如此写来，真如说话，唠出的是极平俗的言语；而在寻常的叙述中却又隐

① 见《传学——中国文学讲记》第二十六讲《宋词短讲》。

含着生动的心理刻画，把每个人对长夏闷热的感受与对“雨意”“风丝”的渴盼实实在在地、兜底地描写了出来。我想，父亲定是有意或无意地接受了类似旧时所见乡间小酒肆门前对联的熏染，他所见酒肆对联十六个字：

> 进得店来三杯醉也
> 出了门去一路歪邪

动词、数词、量词并虚字巧妙编织，较之景阳冈上“三碗不过冈”的霸气，更有行为细节与谐谑形象。酒肆对联夸张酒的醇厚，苦水词句实写暑天的酷热，同是大白话，俗言口语，人人道得；又同样对仗工稳，平仄调和，散文化、口语化臻达化境。

无论雅致的以文为词，还是平俗的白话入词，苦水词人写来看似随口信手、并不经意，实则正表现了《无病词》中所言“自开新境界，何必似《花间》”（《临江仙》［笔底回肠婉转］）以及本集中所言“觅句不寻常。一字一平章”（《朝中措·有索近作者赋此示之》），乃是苦水词人在词的语言表达上试图突破前人、力求贴近生活的一种尝试。这种尝试在1950年代晚年词作中有了更充分的展现。也有评论者以为顾随词作语言特别，有些长调有失粗疏，不如其小令婉美绰约。窃以为，这正是词人创作个性之表现。不同评赏之存在是正常的，正如词史上苏之以诗为词、辛之以文为词，向有褒贬两种见解。

“味辛”的创作时间虽与“无病”紧相衔接，但两种词集毕竟不相雷同，且有前者的根基，后者自然更上一层楼。对此，吴宓长文于结尾处条分缕析地做了精辟点评：

> （一）《无病词》中较多浪漫之感情，《味辛词》中较多上文所言现代人之心理。（二）《无病词》中较多个人之心情与柔靡之嗟叹，《味辛词》中较多国家之大事与雄壮之悲歌。（三）《味辛词》中《八声甘州》（哀济南）诸作，《无病词》中未见有其比者。（四）《无病词》中造句遣词，尚露痕迹（self-conscious），不如《味辛词》较为圆融自然。

吴宓先生此一番比较后，结之曰：“顾君自视其作词之成绩，当可欣然于心而有纯粹难名之乐。”有赞许，有激励，的是深知创作甘苦之言。

第四章

《荒原词》：浪漫情怀与现实人生的交织

一　因“荒原”之歌而订名

父亲不负恩师、同辈学人、热心读者的期望，第三种词集《荒原词》于1930年冬印行，收词八十一首，紧接“味辛”，起自1928年春，迄至1930年秋；后附《弃余词》十二首，收1924年秋至1928年春之旧作，乃编订前两种词集时所删之旧稿，故名“弃余”。

翻开《荒原词》，最先是一首耀人眼目、出人意表的“荒原”之歌《卜算子》：

> 荒草漫荒原，从没人经过。夜半谁将火种来，引起熊熊火。　烟纵烈风吹，焰舐长天破。一个流星一点光，点点从空堕。

亘古的草原，荒寞、寂寥；引来火种的英雄，神武、豪勇；冲破长天的烈焰，炽热、腾涌，使满天星斗起舞；自长空飘坠的点点流星，奇幻、炫美，给亘古的荒原以生命。一连串神话般的意象，构成了难以想象的时空之美、之壮、之奇，浓聚着寓托象征的底蕴。这是一首绝非“雄奇”“浪漫”“豪放”一类传统评语可以概括的独特词作——它既有博大而丰厚的意境，勇悍而强实的力度，又燃烧着不熄的生命之火，蕴蓄着邈远而幽邃的遐思，以及奇幻的情致，深杳的哲思。词中象征与寓托的底蕴，可能是具体的，也可能是朦胧的；可能是实际的，也可能是虚幻的，而总之是词人所憧憬、英雄所造就之理想的奇美境界，显现出的是博大而无尽的生命力。这样的词章，不仅在苦水词人的全部词作中再无第二首，恐怕翻遍历代词作也难见与其匹敌者。父亲辅仁大学 1941 级弟子阎振益曾著文表述自己读词后一番诗意的感受：“是绮丽，是壮美？是悲凉，还是理想之光？”“在迷离中感到词中点点智慧灵光在闪现，熊熊怒火在燃烧，蕴含着冲破黑暗的激愤，向往光明的憧憬。”①此首《卜算子》距今已有近百年，读来仍给人以全新的感受，拓展人的眼界，震撼人的心灵，鼓舞人的志意，也留给人无尽的思索和力与美的享受。父亲以此词置于词集之首位，或可说是以之为词集之“序曲”，代表着“荒原”一集根植于现实的浪漫情怀。以首二字为诗篇命名、以首篇为诗词集命名是历来诗人习用之法，或可说“荒原”集之订名当即以此。

《荒原词》以一首崇高而雄奇的《卜算子》为序曲，而概括全书内容的题辞却极其俊美而灵秀：

往事织成连夜梦，归云闪出满天星。

① 见闫振益《宗师芳千古 才多溉后生》，收入《顾随先生百年诞辰纪念文集》。

两句题辞出自集中1930年的一首《山花子》："竟日潇潇雨未停"，词人"独坐窗前"，声声细雨打在"檐端心上""不堪听"，此际，"此心阴合""总难晴"。两个俊美灵秀的句子嵌在"难晴"的愁云之中，宛如串在一条纤细暗淡丝带上的两颗夜明珠，益发显出晶莹耀目的光彩。细味之，两句词中，"梦"是往事、是生活，"星"是未来、是理想；一实一虚，实者写人事，言过往的岁月已连绵成永久的记忆，虚者绘夜空，以飘逝的流云、满天的繁星象喻着岁月的流驶，迎接我们的必有光明的愿景。这正是眼前实境与内心对美好人生之回顾与憧憬的交响；申言之，亦正是"荒原"一集"浪漫情怀与现实人生交织"的最婉约、最艺术的体现。

词集开卷一曲"荒原"之歌与扉页两句题辞，思想情志相溶相通，一崇高一优美，一壮丽一秀雅，交映生辉。

二　荒原烈火之感发

《卜算子》咏荒原，不是父亲一时兴起所构建的脱离人生的华丽壮伟的空际楼台，而是对植根于现实土壤的人生理想的超现实的表现。父亲没有到过大草原，他谱写荒原烈火，其取象取意，我以为首先当是古希腊神话中为人类取来火种的先觉者普罗米修斯，其次则是《尚书》中的"若火之燎于原"。无论是取自西方古代神话还是东方古代经典，词中的荒原烈焰显然是不息的生生之力的象征。那么，何来之灵感促发了词人取象取意于西方神话与东方经典?

《荒原词》开卷于1928年，然置于卷首的"荒原"之歌《卜算子》，其创作时间我以为当是在 1929 年 9 月父亲任教燕京大学之后。

那时父亲初到燕园，备讲登堂，辛苦而紧张。课余之暇，偶与同事一起去体育馆打一打乒乓球，更多的时候则是独自一人在校园内外散步以疏散身心。一日，他步出校园，“已是傍晚，西山落日，映平原衰草，荒凉萧瑟之气，直逼心头”①。又一日，他登上圆明园废墟，秋色正浓，面对旧时宫苑的残垣断壁，历代萧条之感弥漫心头，返寓后调寄“临江仙”谱出“游圆明园”二首。

第一首，先以“晚蝉声咽抱凉柯。长天飞雁去，人世奈秋何”之哀景烘托“眼看重阳又过，难教风日晴和”的氛围，句中之“秋”一字双关，既是自然之秋，又扩而广之喻现实社会之秋，均饱含着一怀无可奈何的落寞情意。下片进一步绘景抒怀：

> 落落眼中吾土，漫漫脚下荒坡。登临还见旧山河。秋高溪水瘦，人少夕阳多。

目所见之“吾土”，身所立之“荒坡”，无非“落落”“漫漫”的“旧山河”，秋空虽高，然溪水孱弱，人烟稀少，夕阳残照，一片人世无奈的秋色。眼前残破的现实，更记忆着昔日“旧山河”血泪斑斑的历史。

第二首层转深入，记此行游览之踪，绘沧海桑田之境，抒忧国伤世之怀：

① 见致卢伯屏函，1929.11.13。

散步闲扶短杖，正襟危坐高冈。一回眺望一牵肠。数间新草舍，几段旧宫墙。　　何处鸡声断续，无边夕照辉煌。乱山衰草下牛羊。教人争不恨，故国太荒凉。

“闲扶短杖”的“散步”本为休闲，何以突然变作“高冈”上恭敬严肃的“正襟危坐”？其转换的关捩正在“一回眺望一牵肠”七字。词人因眺望而牵肠的是昔时豪华的皇家宫苑，今日只残留着“几段旧宫墙”；繁华已成过眼烟云，消逝尽净，几间草舍虽是新建，却更反衬出今昔之巨变、现实之凄惶。“夕照辉煌”，自然依旧，“乱山衰草下牛羊”，人事全非：词人内心充满了对家国民族命运的忧伤，由此逼出全词结拍十字沉重的伤痛之语——“教人争不恨，故国太荒凉”！词章悲慨于故国的衰败荒凉，浸透着世事的沧桑巨变，寄托了满怀的忧患之思。此际词人心中定然涌出一个现实的命题——如何拯救这荒凉的故国？定是那“乱山衰草”的背景催动了词人的想象，唤起了词人的灵感，于是他脑中浮现出西方古代的英雄——为人类带来火种的先驱者普罗米修斯、中国古代的经典——《尚书》中的“若火之燎于原”，于是他酝酿出此首置于开卷、带有雄奇幻美之神话色彩的《卜算子》——一首理想与现实交织的绝美之作。

荒原烈火的主题，定是时时萦绕词人胸中不能去怀，不数日，他再次“散步圆明园废墟中”，一首《贺新郎》诞生了：

多少萧闲意。废园中、苇塘萧瑟，鸟声细碎。微雨轻风都过了，头上青天如洗。这些事、闲人料理。见说南山曾射虎，算灞陵未短英雄气。千载下，有谁继。（上片）

此时秋色更深，废园中“苇塘萧瑟，鸟声细碎”，依旧是一派荒凉残破。而此刻词人的词笔却出乎读者意表，一转而为“微雨轻风”之后“青天如洗”的惬意自然季候，与荒残的现实正成极大的反差。于此词笔再次出人意表地转出“这些事、闲人料理”的议论语，似乎人事、自然一切不关乎词人自己，词人如放下千斤担子般超脱于现实世界。果真如此么？否，否。既提出交与“闲人”，词人自是已将自己排除于“闲人”之外。果然，接下词笔三转而绘出汉代飞将军李广的英雄形象。词之上片写至李广戛然而止。上片六韵，一转、再转、三转，支离否？散碎否？一时似使人摸不着头脑。且慢下结论。词人既非“闲人”，又敬忆李广，自有一番深心。继续下片，词笔四转回到本题，返向自身。不同于《卜算子》有神勇之士引来火种，词人展开遐想，将自己幻化为“引火”之人，幻想“烧枯苇”的腾空烈焰燃尽眼前荒凉的旧山河，涅槃出一个“无边欢喜”的新境界：

> 我如引火烧枯苇。想霎时、飞烟万丈，烈红十里。众鸟纷纷飞散去，火舌直腾空际。制造得、无边欢喜。

是词人亲手“引火烧枯苇”，万丈飞烟，十里烈红，众鸟惊飞，火舌腾空，一派燃尽荒凉残破的壮伟、雄奇、绚烂。值得注意的是，词人并非膨胀自我，编神话，绘幻境，下片首句中一个“如”字力重千钧，词人在搞创作，填新词，他以浪漫的情怀、超现实的想象，来表现一个十分现实的主题——粉碎旧天地，创造新生活。这是词人拯救“太荒凉”之故国的崇高理想的浪漫表现。至于这“火”如何能真正烧起来，“无边欢喜”又该是怎样一个模式，词人当然是迷茫的——这是革命家与哲学家的课题，词人在词作中勾画出一幅理想的图景，已是难能可贵。

《贺新郎》“引火烧枯苇”的文字与《卜算子》的荒原烈火，同是浪漫主义的创作笔法，虽有着境界阔狭、力量重轻之别，但前后相应，息息相通，紧紧地绾合着，承接着。《贺新郎》几乎可以看作是《卜算子》的续篇，尽管前首展示着奇幻的神话境界，后者更多现实的意味。不妨回首此前1928年秋的一首《采桑子》（水边点点光明灭），父亲踏定现实，“细思三十年间事”，感受着“如此凄清”的人生，感觉到自己“一个流萤”般的微小无力，但还是要“自放微光暗处明”。我以为，“流萤”“微光”，或可说是后来《贺新郎》“引火烧枯苇”的缩微纤细版，其内蕴的情志同一无二。若再后延至词人的晚年，1956年一首《南乡子》（衰草遍山长），歌唱的是曾经“衰草遍山”“兔鹿狼成群”的“北大荒”，如今已是良田“万顷如云”，夕阳下“人语歌声”之“无边欢喜”的好地方。即使不说这是苦水词人“荒原烈火”的理想在新中国的词作中有了现实版，其内蕴的思想情意绵延相续，则是毋庸置疑的。

“荒原烈火”的话题说到这里，已是有些溢出题外之嫌。然而，对此首《贺新郎》，品味其中，仍觉意有未尽，《贺新郎》有四十字词序，不可小视：

> 秋来寄居西郊，时时散步圆明园废墟中。芦苇萧瑟，弥望皆是，傍晚有人持长矛立高冈上，意其逻者也。

此序可分前二十四字和后十六字两部分，前二十四字叙事绘景，记个人行踪、绘废墟之境，是为诱发词人创作灵感的引子；后十六字乃绘所见人间事象，更非闲笔，是诱发词人逸兴遄飞、奇幻想象的触媒——若无此事象，返寓后所赋之词可能是另一种面貌了——是守护村庄的乡民手中所持之长矛牵动词人思绪，飞到千年前的汉代，方引出词之上片英雄李广的形象：

见说南山曾射虎，算灞陵未短英雄气。千载下，有谁继。

古有射虎神勇、虽灞陵闲居而英气不灭的“飞将军”李广，驻守北疆，使敌人不敢南下；千载之后，若有继李将军者，圆明园必不至成一片废墟！怀古念今之中，饱含了多么深重的忧国之思。“千载下，有谁继”六个字，对历史是一声神往的赞颂，对现实是一声沉重的叹息。由赞颂、叹息自然过渡到下片烈火烧出“漫天欢喜”的幻象，热切呼唤现实的英雄与光明的前景。再回看前文未曾言及的词作最后两韵之绘景：

蓦地回头高冈上，烂红缨正被风吹起。枪矗在，斜阳里。

恰似长短句形式绘出的唐代边塞诗场景，火红的枪缨，飘展在猎猎风中，枪杆挺立于夕阳之下，回应并渲染着词序中十六字的直述，以更秾丽奇勇的实境为全词之抒情作结，其内蕴之意更是以诗笔写出的现实中中国百姓内心蓄积的勇力以及故国有望的前途。《贺新郎》全词，所唱正是“荒原”集中浪漫与昂扬的情调。

最后再回到上一节关于词集订名的话题上。私意大胆断说，以上四首圆明园之作，代表了一部《荒原词》的主旋律；而将《卜算子》一首提至1928年作品之前，以之为开卷且以“荒原”二字为集命名，不单是传统诗作诗集以首二字命名的惯用手法，它是神来之思，更是现实铸就。

三　摄入《荒原词》的自然景象

1929年秋，父亲入燕园执教，居住京郊海淀，远离都邑市井，反倒有了山野之游的条件。《荒原词》中的记游之作，除上述游圆明园者外，1929年秋季有词题者即有连续五首：《破阵子·南园看枫》一首、《破阵子·次日重游再赋》二首、《南乡子·游西山》二首。

这些词，留下了词人绘制“秋容”的佳句：

谁道秋容消瘦，霜林煞自红肥。（《破阵子·南园看枫》）

湖上重楼楼外柳，柳外群山碧四围。山山唯落晖。（《破阵子·次日重游再赋》其一）

那畔青山沉暮霭，者里红墙上夕晖。今生第几回。（《破阵子·次日重游再赋》其二）

四外苍苍天接地，茫然。几点霜枫在眼前。（《南乡子·游西山》其一）

这些词，摄下了词人流连于秋色的身影：

但使今朝能饱看，霜露沾衣不忍归。西风尽浪吹。（《破阵子·南园看枫》）

三十有三年。生活劳劳碌碌间。喜煞秋来风日美，萧闲。背了朝阳去上山。（《南乡子·游西山》其一）

难得是身闲。得到心闲益发难。忙里偷闲时一去，登山。莫谓凌风便上天。（《南乡子·游西山》其二）

秋色虽美，终难久驻，词人不能忘怀世事人生的孤独与寂寞：

昨日霜枫似锦，今朝败叶成堆。已自菊英同柳瘦，那更芦花作絮飞。临风双泪垂。（《破阵子·次日重游再赋》其二）

折得一枝枫叶子，正待思量寄与谁。满林叶乱飞。（《破阵子·南园看枫》）

山下是人间。山上青天未可攀。摘得一枚枫叶子，萧然。归去灯前独自看。（《南乡子·游西山》其二）

五首记游词与四首“圆明园”不同，没有那么厚重的沧桑感与超现实的景象，它延续着传统词作的情味，又包含着现代人的情思，是《荒原词》中的记游佳作，代表着苦水词作的多样风格。

五首记游之作外，《荒原词》中还有一些清新隽爽之作，把如画的自然风光摄入自己的小词，同样显示着苦水词人作为一个平凡人对人生的融入与珍惜：

“赤栏桥畔同携手，头上春星。脚下春英。隔水楼台上下灯。”（《采桑子》

上片）这是草色初青、华灯初放的春夜，词人站在古都北海公园五龙亭畔，对太液湖南岸漪澜堂的远观。寥寥二十二字，绘制出上有星空、下有绿荫、中有灯火楼台湖水，形、色、光调谐，且有词人自我形象于其中的北海公园三维立体夜景。有着同样游赏经历的人，定会油然再生亲临其境之感。

“黄华好似前年。折来插向窗间。窗外一株红树，教他与我同看。”（《清平乐》［故人好意］）这是“枫叶红时槲叶黄”（《沁园春》［踏遍郊原］）的秋日，词人在北平西山短期休养时对秋日黄华与红叶的近赏。词人暗用拟人手法，赋予红树以人的灵性，与他共享自然秋色，黄华、红树、词人，情感充盈流动，颇有李白“举杯邀明月，对影成三人”的情味。“好似前年”四字，则使眼前小景在时空境界上有了更大拓展。

“此地曾经小住，重来直似还家。紫泥新涨柳生芽。旧时春意思，浅水数声蛙。……疏疏落落两堤花。莫嫌花太瘦，只此已亏他。”（《临江仙·西沽看桃花》）旧时津门自然风光少胜处，仅西沽桃花堤尚有春色可寻，这是词人对难得春色的赏爱。十余年前词人读书天津①之时曾到西沽赏桃花，如今“重来”颇有“还家”的亲切之感；堤上的桃花虽是稀稀落落，但有了春泥温润、柳芽萌生、蛙声浅水的陪衬组合，在当年“无春可游”的津门已足慰嬉春赏春的游人。“莫嫌花太瘦，只此已亏他”，呼应着“还家”之感的两句体己话，多么亲切！当年西沽桃花有灵，定然感慰于词人的一番深情。

“享受宵来雨后凉。当窗支起小胡床。卧看风舞绿垂杨。”（《浣溪沙》上片）这是夏日返乡度假溽暑之中短暂消闲时的享受。词人的故乡本是穷

① 时父亲就读于天津北洋大学预科。

乡僻壤的村庄，而他仍能于“宵来雨后”的凉爽中，卧赏当风垂柳的袅娜舞姿，尽情接受大自然赐予的人生乐趣。

特别是初到燕园所吟的一首《好事近》，值得细细品赏：

灯火伴空斋，恰似故人亲切。无意开窗却见，好一天明月。　　欣然启户下阶行，满地古槐叶。脚底声声清脆，踏荒原积雪。

时在1929年11月13日，当晚“九时以后”，父亲“出户”“见满庭月色”，心中欢畅，随即入室“检谱填词”。[①]多少年前，初读此词，觉其为一首意趣盎然的即兴之作。多少年后，再读此词，细品其味，却忽然悟到它或是“荒原”集中重要作品之一。如今且不避啰唣，步步道来。

“好事近”一调，四十五字，上下两片，八句四韵。父亲的这首小词，以自己的步履为推扩词之进程的线索，由空斋独坐的小油灯下，到开窗见一天明月，再到启户下阶行于满地古槐叶上（以上均为实境），最后扩展到行于积雪的寥廓荒原（此为想象之幻境），现实中短暂的时间、有限的空间，借由视觉与听觉的感受，在词境中得到了极大的拓展，全词时间与空间的设计布置精妙而空灵。

父亲初到燕园时，校方安排的寓所尚未安装电灯，第一韵中，小斋里一盏荧荧如豆的油灯，没有使词人感到昏暗冷寂，反而引发了词人少年乡居生活的记忆。“恰似故人亲切”六字，一个明喻，不但拉近了词人与小灯的情感距离，且瞬间将时间上溯到十多年前，将空间横跨到千里外的故

① 事及引文见致卢伯屏函，1929.11.13。

乡。第二韵，开窗见一天明月，趣在“无意”二字为起首，“低头思故乡”“举头望明月”的诗意，若有似无地隐含其中，词人所处空间虽无位移，而所见之一天明月已将词境之空间向上扩展到无垠的夜空。第三韵之“启户下阶”冠以“欣然”二字，此情显然是被一天明月所引动，而妙在下阶后并未望向高空赏月，而是低头见“满地古槐叶”，谁想行于其上，意外的听觉感受引出了第四韵的天助神来之笔——“脚底声声清脆，踏荒原积雪”，明月当空高悬，是实见，是直绘；积雪遍布荒原，是虚幻，是想象。从写作手法上讲，这里是以一个暗喻将词境之空间扩展到旷远的荒原。高远寥廓，明暗虚实，词人是以怎样崇高的志意、博大的胸襟，才能咏出这样一首看似清隽娴雅、实为广博高远的小词？乍读似信口吟哦，毫不费力，苦水词人填词举重若轻的功力亦正显现于此。

最后，我还要强调一句，且莫被这首小词“蛊惑”[①]，而忽略了末句中的“荒原”二字，这可是“荒原”集中此二字的再次出现。词集开端一首“荒原烈火”与集中此首“荒原积雪”，属于两种绝然不同的幻想境界，但其所象喻的恰是人之生命的两种境界：豪迈高尚，勇于作为；静适安谧，享受人生。两种境界相反相成，二者相谐才是真正完整的人生。

当日，父亲在词成之后曾致书好友卢伯屏，尽叙吟成此调的心路感发；同时又说，对词的下片“甚满意，脚踏落叶，瑟瑟有声，因忆起冬日行积雪上之情形。非在静中，不能有此等笔墨也”[②]。此数语，恰恰言明“荒原烈火”与“荒原积雪”正是人生中并存的动与静两种境界。若从“好事近”

① 父亲20世纪40年代讲诗词时，曾提出不可为诗词之优美所蛊惑的说法。他所谓“蛊惑”，意即沉迷于诗词字句表面的美感，以致失去自我的理性思考。

② 事及引文见致卢伯屏函，1929.11.13。

这一词调而言，父亲此词之意态、情思、韵味，直逼南宋杨诚斋同调咏月名作——“月未到诚斋，先到万花川谷。不是诚斋无月，隔一庭修竹。如今才是十三夜，月色已如玉。未是清光奇绝，看十五十六。”——轻灵妙趣似并不逊于杨，然人生意蕴则略过之。

《荒原词》中还有一首绘月下荷塘的《临江仙》，较之上述诸作别是一种意态——由绘景而进入神话、游仙的境界，在全部苦水词中亦属罕见：

> 皓月光同水泄，银河澹与天长。眼前非复旧林塘。千陂荷叶露，四野藕花香。　　恍惚春宵幻梦，依稀翠羽明珰。见骑青鸟上穹苍。长眉山样碧，跣足白于霜。

这首词同是作于初到燕园课后郊游之时，不同的是此乃月下出游。如水流泄的月光将天地连成一气，与天同长的银河将天宇贯为一体，绘出广袤无垠的长空；带露的莲叶、馥郁的荷香，绘出纤柔婉美的荷塘；连贯于大景与细景之间的“眼前非复旧林塘”一句，想是京郊的荷塘使词人忆起数年前三载流连的泉城大明湖，词中又一次出现时间与空间的交互汇合。上片二十九字，已将夜景绘制完满，下片遂先以“恍惚”二字引入春宵的梦境，继以“依稀”二字引出“翠羽明珰”的仙人，再以神话故事中仙人骑青鸟上穹苍的形象引出煞拍二句，以四野之碧山比喻仙人之美貌，以遍地之月光托起仙人轻盈的步幅。神话游仙与实景融合为一体，从而完成了一首自然之景与神话融合、既有自然之爱又有空灵之美的独特写景小词。

当然，词集中也有对北地不尽如人意的自然环境之直书：

> 却笑昨宵祝祷，祈求今日晴明。不道朝来风已起，直到黄昏势未停。

长空摇万星。（《破阵子》上片）

过了花朝寒未退。不见春来，只见风沙起。乍觉棉裘生暖意，阳春原在风沙里。（《鹊踏枝》上片）

才能几日不春阴，狂风又是沙成阵。……长杨穗似不成花，看他也被风吹尽。（《踏莎行》［天气难凭］）

索索尘沙窗隙落。睡也怎生睡得。春来不信春来，花开不信花开。窗外绛桃一树，无言落满空阶。（《清平乐》［怕看风色］）

在风沙黄尘的笼罩中，词人心底呼唤的是一个天朗气清的世界。写到这里，不由得想到，1954年5月，父亲在“连日大风，不能出户”①的情况下所写的一首关于植树造林、改变生态环境的《临江仙》：

岂止飞花舞絮，更来撼屋摇窗。今朝不可更禁当：昏黄天雨土，暗淡日无光。　　看取稚芽嫩叶，遍栽沙碛山冈，十年蓊郁复青苍：罡风吹不动，屹立碧铜墙。②

苦水词中的苦水词人，原来在环境保护上竟是一位有着超前意识的公民。

① 引文见此词之词序。
② 词之文字、标点依原手稿。词下片所言或即今日“塞罕坝”。

四　“心花”之颂

通读“荒原”诸作，会发现词中多次出现“心花”之意象。这是“无病”“味辛”二集所不曾有。“心花”之意象，正是《荒原词》所展现的现实人生与浪漫情怀相结合的产物。

“心花”二字，最早见于“荒原”集中之第四首——《鹧鸪天》（说到天涯自可哀）。此词上片抒伤别之情与羁旅情怀，下片曰：

> 空怅望，漫疑猜。自家情绪自安排。拚将眼泪双双落，换取心花瓣瓣开。

现实生活不能尽如人意，“怅望”与“疑猜”都是空泛无定的，重要的是命运只有自己把定，甘愿滴滴清泪培育浇灌出“心花”之盛开。在这里，“心花”之绽放是搏击命运的结果。之后的一首《行香子·效樵歌体》将搏击命运、赢得心花盛开的过程以栽花为喻，写得十分具体而生动：

> 自辟心园。自种心田。自栽花，自耐新寒。一枝一叶，总觉鲜妍。

虽然“心花”二字不曾连接，但“栽花”之喻仍是对人生进取步伐极为艺术化的表现。词人于煞拍处对自我栽种出的“鲜妍”“心花”，提出“是仙山，是天国，是人间”之疑问，实是强调了人生进程中培植出的心花胜过仙山、天国，是人间最美好的成果。

“心花”的形象在词中，有时也会以一种浪漫的笔法表现出来，如《渔家傲》一词的上片：

> 梦里春光何澹宕。初阳清露花三两。林语低低风送浪。天乍亮，眼花消失心花放。

梦境中的澹宕春光、花间晨露，随着梦境离去而消失；而现实中的心花，绽放得比梦境还要美好。心花在词中，是不泯的人生理想、不灭的生命力的象喻。

心花，是词人生命的理想、生活的追求，然人生之路坎坷、挫折，理想未必定能实现，追求未必定能达成，“心未成花，先已自成丝”（《江神子》［去年此际两心知］），词人有着痛苦的切肤体验。这是否就意味着追求与进取已成东流之逝水遂而放弃、而沉沦？否，否。一首《贺新郎》（赋恨终何益）以乐观的心态诉说心曲：词人仍然奋进于人生之途，尽管已是“心上伤痕知多少，开落心花狼藉”，但“涓涓流溢”的“心血”，自能酿得花蜜长留人间，“试把君尝君应说，甚春蜂酿得花成蜜”，前行奋进的人生没有空过，因之，词人“唤天公、再燃灵焰，再添生力”，“同一笑，莫悲泣”，笑对人生，继续前行。

《荒原词》中的一首《采桑子》，更称得上是“心花”之颂：

> 如今拈得新词句，不要无聊。不要牢骚。不要伤春泪似潮。　心苗尚有根芽在，心血频浇。心火频烧。万朵红莲未是娇。

这首词，父亲用了旧日词人、旧时词作从未用过的语言与意象，在切实的人生自勉之基础上，以浪漫的情怀、幻想的情节咏出了一支人生的奋进之歌：上片三句一连三个“不要”排比而下，强有力地否定了“没有出息的软弱的人生”。心花是生命之花，只要它的根深植于心底，定能萌芽滋长，它需要的是心血的不停浇灌、心火的不息煅烧，如此方得开出那“万朵红莲”都无可比娇的艳艳心花。整首心花之颂，象喻着一种向上向前舍身求索、誓不放弃的人生志意。词作距今已九十余年，它所具有的鲜活生命力与时代感却自生生不息。数年之后，父亲谱写杂剧《祝英台》时，又用“心花”来象喻超越生死的爱情与生命的力量，这已超出了本书范围，容后相机再叙。

五 《荒原词》的情感主线

与“无病”“味辛”两集一样，忧患家国、担荷命运、希冀人生，是贯穿于《荒原词》的情感主线。

《荒原词》中直接叙写昏暗社会现实、忧患家国命运的词作，若单看数量，似是少于“味辛”一集。1928 年的一首《踏莎行》（万屋堆银），延续着“味辛”中此类词作的脉络。时父亲独处津沽任教，初冬雪夜，“深宵独自倚危阑”，所见只有“万屋堆银，孤灯比月”的冷寂，所闻却是“荒城何处还吹角”。“荒城”二字似是与大商埠天津甚不搭界，“吹角”更是与繁华都市的夜境不相谐和，然正是这“荒城”“吹角”四字，如画龙点睛，活活地烘染出北方大都市军阀混战、动荡纷乱的现状。词人身处此境遇，内心油然而生莫名的空虚——“底事空虚”，且深感前途之忧虑——“甚时幻灭”，绘见闻、抒感触，酿出“天南地北心分裂”一句因国事不宁而内心伤痛的沉重感叹，忧患家国之情跃然纸上！

不要嗔怪此类直接咏叹家国命运的词作在《荒原词》中仅此一见，在这方面，“荒原”一集有着与前集不同的抒情特点。

最能突出这一特点的作品，是一首四十二字的小令《浣溪沙》。这首小令加以词序并相关背景的链接，类如拍摄了一段微型纪录片，词人亲历现场，真实而具体地记录了1930年秋日冀鲁大地战乱中的社会状态。这一年的暑期，父亲返乡探亲，九月中旬自乡回京，“九月廿日到大营，本拟由大营乘汽车赴德州转津浦路北上”，“不意……到之日，正大兵换坊，往来如织。不但汽车不能通行，即骡车亦俱藏匿无踪。大营系一陆路码头，街上即有兵驻扎”，“津浦路已不通”。此时父亲任教的燕京大学已开课，他虽心急如焚却也无可奈何，只好退回距大营五里外之天地林村“舍亲家暂住”。[①]这段经历浓缩为小令《浣溪沙》，词序直记其事：“北上途中阻兵，寓天地林赋。”小词则写景寄情：

豆叶黄时豆荚肥。秋阳暖似梦初回。满林红枣自生辉。　远近村鸡齐唱午，碧空如水片云飞。可怜景物与心违。

金黄的豆，艳红的枣，碧蓝的天，秋阳暖人，村鸡鸣唱，一派美好温煦的农村之景。结拍一句“可怜景物与心违”，将一切美景一笔横扫，否则真让读者疑为一首类似稼轩农村词的作品；而词人满怀的忧患，亦由此情语倾吐尽净。以美景反衬伤情、以伤情收结美景，正是“以乐景写哀，

① 事及引文见致卢伯屏函，1930.9.26。

以哀景写乐，一倍增其哀乐”①。小令不失词的婉约之美、之韵，所记写的却是各路军阀征战造成的社会混乱，老百姓跬步难移的灾难现实。真要庆幸词人将创作背景书之于信函之中，赋予了小词“史”的价值。

无论现实是怎样地不如人意，但父亲仍然对人生抱着执着的信念，他乐观地高唱：

> 当日桃源，那般生活。算来毕竟从头错。乐园如不在人间，尘寰何处寻天国。　　平地楼台，万灯照耀。人生正自奔流着。市声如水泛春潮，茫茫淹没天边月。（《踏莎行》）

词人断然将人们向往的“不知有汉，无论魏晋”的“桃花源”判为“从头错”，他坚定地相信人世间不存在超脱于现实的桃花源，如有“乐园”，如有“天国”，它必“在人间”，必“在尘寰”，人生构建不成虚幻的楼阁，人生是楼台中灯火下实实在在的生活，即使它并不那么美妙，但它是“市声”，春潮般奔涌不息。这不是词人故作高论、震惊世俗，词中“算来毕竟”四字冠于“从头错”之前，有力地证明着这个结论是冷静思考的结果。空想美妙的生活徒劳无益，反会使人消沉落拓，正确的生活态度应当是沉入现实、担荷苦难、挣扎奋进。词人如是言，也如是行，他在“早晨也雾，黄昏也雾”“吟诗也苦，填词也苦”的无奈之中，“放下毛锥出去”，走出书斋，步入生活，“街头毕竟象人间，是谁说不容人住”（《鹊桥仙》[早晨也雾]），这正是具体化了前首《踏莎行》中的心志。在《鹧鸪天》（百

① 见王夫之《姜斋诗话》。

尺高楼万盏灯）中，词人更具体地把“市声”作为汲取创作灵感的源泉：“灯似月，月如星。最尘嚣处亦凄清。我来领取新诗意，踏步街头听市声。”这是对根植于生命与生活的苦水词所做的最为平俗的阐释。

脚踏实地，担荷苦难，使父亲对人生抱有一种积极进取的态度，即使“好梦难圆”“世事无端”，也不肯“把人间比梦间”，也要“双肩担起闲哀乐”（《采桑子》［双肩担起闲哀乐］）；即使“深宵独自倚危阑”，现实已将“此身判却似冰凉”，生命的热力“也教熨得阑干热”（《踏莎行》［万屋堆银］）……在这里，我以为有必要申明，上引诸作并非拙笔寻章摘句以取义，来拔高父亲的情思与创作，这些词创作于1928年末这同一时期，有着统一的感触、思致与情调。

这时，父亲对现实人生有了更切实的思考。他在1929年4月的信中对伯屏兄说：“我近来似乎发现了一个真理：……人永远是惋惜着过去，而不会利用现在的。……现在我想把眼前的生活，过得切实一点，丰富一点……为了以上的原故，填了下面的词。”①他是基于这种积极的人生态度与切实的人生追求，填了调寄“思佳客”（即“鹧鸪天”）的词，同信寄予伯屏：

说到人生剑已鸣。血花染得战袍腥。身经大小百余阵，羞说生前死后名。　　心未老，鬓犹青。尚堪鞍马事长征。秋空月落银河暗，认取明星是将星。

① 见致卢伯屏函，1929.4.8。

这是一首明效稼轩词风、实颂稼轩其人，且寓托自己理想、心志的词。一读此词上片，不由人不想及稼轩“醉里挑灯看剑”的《破阵子》，英雄词人辛稼轩的形象不呼自出。下片承上，怀古思今，颂扬稼轩至老不衰的报国心意，热切呼唤“将星”的涌现。细味之，词中实是寄托了词人自己不避苦难、把握现在、切实生活以及激励自身坚韧前行之意，在要眇婉约的词体之中贯注了坚实情感、“硬的思想”。父亲的好友卢季韶1984年在《关于羡季的词》①一文中，曾提出“将星”“是否可以理解为是他个人生活的标的或前途”之可贵见解。

这样的词作对年轻的弟子叶嘉莹的诗词风格和人生态度产生了重要影响：“……老师顾羡季先生，他自己的身体虽然衰弱多病，但在他的讲课中所教导我们的，则是一种强毅的担荷的精神。我当时背诵得最熟的就是他的一首《鹧鸪天》词：‘说到人生剑已鸣……。’此外如先生在其另一首《鹧鸪天》（说到天涯自可哀）中，也曾写有‘拚将眼泪双双落，换取心花瓣瓣开’的句子，还有在其《踏莎行》（万屋堆银）一词中，也曾写有‘此身拚作似冰凉，也教熨得阑干热’的句子。于是在先生的教导鼓励之下，我自己诗作也就一改前此的悲愁善感的诗风，而写出了‘人世已拚愁似海，逃禅不借隐为名。伐茅盖顶他年事，生计如斯总未更’的句子，表现了一种直面苦难不求逃避的坚毅的精神。”②

与这首《思佳客》同时谱就且一同寄致伯屏兄的，还有一首《小桃红》。父亲在寄奉时直言：“我近中的思想，是在那首《小桃红》里充分地表现出来。”且看词人如何表现：

① 收入《学者顾随》。
② 见叶嘉莹《多面折射的光影——叶嘉莹自选集·叶嘉莹作品集总序》。

不是豪情废。不是雄心退。月下花前，才抽欢绪，已流清泪。甚年来诅咒早心烦，也无心赞美？　　一种人间味。须在人间会：有限青春，葡桃酿注，珊瑚盏内。待举杯一吸莫留残，更推杯还睡。[①]

上片开头两句，以相同的否定之否定的句式将两个关键词——豪情与雄心——肯定地凸显出来，表明了自己的人生态度。其下两韵五句，乍读似有些费解，“欢绪”与“清泪”并举是喜还是悲？又为何“诅咒”“赞美”都已舍弃？这其实是父亲对过去情思总结的曲意表达：花前月下的欢绪与清泪、诅咒与赞美，只是小我悲欢的一时宣泄，无益于现实人生，不过是“惋惜着过去，不会利用现在”。因之下片开头两句，以议论句法直截显示：人间之味要在人间领会，即把握现在，脚踏实地地生活在现实的人生。接下一韵三句十二字，以象喻笔法，把有限的青春喻为珊瑚盏内的葡萄美酒。此时父亲年届而立，依旧是可贵的青春年华，此象喻之底蕴即把握现在、沉入现实的人生态度。末后一韵两句，似又有些费解。不过这不要紧，词人自己已有明晰的阐释，他在信中向伯屏兄做了倾诉：“我最得意的是后半阕；后半阕中我最得意的是‘待举杯一吸莫留残，更推杯还睡’两句。我的意思是说：好好地爱惜我们的生命，好好地生活下去，有如把一杯好酒，一气喝干，待到青春已去，生命已完，我们便老老实实地躺在地母亲的怀里休息，永远地，永远地。”[②]父亲这几句话，正是对词意层转深入的一番极富诗情的解说，在看似疏放近于

① 词之文字、标点依原信。
② 以上引文见致卢伯屏函，1929.4.8。

消沉的表象之下，传达的是把定现实的积极人生态度。词中的情意，近似父亲后来在辅仁大学讲六一词时对欧公某些词所做的肯定：“消极中有积极精神，悲观中有乐观态度。”①

父亲此时还有一首《小桃红》，正可一并欣赏品味：

> 烛焰摇摇灺，冬雪沉沉下。藐藐微躯，茫茫去路，悠悠长夜。问何时突兀眼前来，见万间广厦。　　说甚真和假，说甚冬和夏。花落花开，年华有尽，人生无价。待明晨早起上高楼，看江山如画。

烛焰微缈，冬雪沉压，自身藐藐，前路茫茫，长夜悠悠，以近乎景语的词句，写自身所处之现实境遇；何时眼前突见广厦万间，借用诗圣杜甫之句写不灭的理想。浪漫的情怀，高远的志意，面对人生、期盼人生、相信人生、歌颂人生。下片开端两个五字骈句，实是在说不须沉溺于眼前微小的利害得失；“花开花谢”是时间的必然流驶，“年华有尽，人生无价”是格言、是真理。煞拍一韵十三字，呼应着上片之结拍，以更为明朗、更为现实的态度，坚信着、追求着美好的将来。词中哲理蕴蓄颇深，耐人咀嚼，于中可获取一种开朗、进取的人生启迪。父亲清醒地意识到，人生理想的达成靠的是拼搏与奋进。他在一首《减字木兰花》中又说，“人间无路，他日伴君天上去。休恨天高，试把长虹架作桥”，浪漫的抒写表述着现实的主题：即使天路高远，架桥非易，便借取长虹，也能到达理想的彼岸。理想的境地，依旧是建立在现实的根基之上。

① 见《传学——中国文学讲记》第二十二讲《词之三宗》。

父亲曾对弟子说过，自己自学填词，以珠玉、六一为师。父亲词作组词甚少，“荒原”集中有作于1929年的组词《定风波》五首，明标词题曰“仿六一把酒花前之作”。与上述数首一样，同是表现人生情怀者，因之不可不稍稍领略一番。

六一居士欧阳修有组词《定风波》一调，其中四首皆以“把酒花前”为开端，乃赏春伤春进而伤时之作。其一有句“春到几人能烂赏。何况。无情风雨等闲多”，其二有句“红艳不能旬日看。宜算。须知开谢只相随”，其三有句“为问去年春甚处。虚度。莺声撩乱一场空”，其四有句“任是好花须落去。自古。红颜能得几时新”。于此可见，欧公之赏春伤春进而伤时不可谓不是含着消极悲观的情态。但欧公毕竟是欧公，苦水评价欧公词“消极中有积极精神，悲观中有乐观态度”绝非虚语。四首“把酒花前”之作，不时于消极悲观之中，委婉地、隐约地透出把握现实、珍惜光阴的积极态度：其一有句“好是金船浮玉浪。相向。十分深送一声歌”，其二有句“莫候饮阑花已尽。方信。无人堪与补残枝”，其三有句“今岁春来须爱惜。难得。须知花面不长红”，其四有句“暗想浮生何时好。唯有。清歌一曲倒金尊”，在看似饮酒看花的乐赏之中，所传达的深层寓意却是珍惜美好的现在、切莫虚度光阴的深意。苦水词人之所以“仿六一把酒花前之作”，定是有感于欧公这种热烈的、积极的、乐观的人生态度。

父亲1929年秋入燕京大学执教后，曾寓居学校安排的成府村一个小院落。据他在1933年又一组“仿欧公把酒花前”之《定风波》词序可知，当年父亲曾“艺菊满院”，因之赏到了与此前在公园花圃所赏韵味不同的盛放于村野院落的菊花：“万物逢秋摇落尽。争信。山前尚有傲霜枝”（其四）——他惊异于村野菊花傲霜的生命力；“住得尘寰三十载。堪怪。今秋秋意恁分明”（其五）——他惊异于村野菊花装点出了分外明快的秋色。

词句虽出于组词的第四、第五首，但我以为这当是触发词人创作灵感的原点。欧公原作是赏春花，苦水仿作是赏秋菊；欧公词每首以“把酒花前”为始，苦水词每首以“把酒东篱”为始，“春”易为“秋”是现时季候不同，“花前”易为“东篱”，既是以特定之景特指菊花形象，又融入了陶公的精神品格在内。苦水词既曰“仿六一”，即词句之取义，亦可见欧公词之痕迹。仅举二例以为证：如欧公词之其一曰“对花何吝醉颜酡”，苦水词于其一则曰“依样看花依样醉”，只是苦水没有欧公饮酒“金船浮玉浪”般的富贵气；欧公词之其四有“暗想浮生何时好。唯有。清歌一曲倒金尊”，苦水词于其四则有“悲今吊古总成痴。尝得酒中真意味。沉醉。樽前听我唱新词”，只是苦水较之欧公悲今吊古更深沉一些。于此亦可见，父亲之词虽曰仿作，却并非依样葫芦，屋下架屋。

今且着重体味欧公词与苦水词虽是一古一今，但其思致情韵确有相融相通之处。父亲的赏菊词中，尽管是“菊黄何似牡丹红”（其一），“十分秋比几分春”（其二），但“把酒东篱”之际，“依样看花依样醉。相对。花香沁入酒杯中”（其一），秋菊春花各具其美；且春花不免被春日风沙侵袭，而秋光中盛放且不委地的菊则开放得更为明净、爽适：“记得春花零落处。尘土。秋英未肯惹黄尘”（其二），“北地晴天尘不起。千里。一轮明月淡银河”（其三），清澈天宇、明月银河与菊花辉映天地间。父亲并非没有悲秋之伤，“今日花开明日落。萧索”（其一）、“寒雨一场霜霰至。蕉悴”（其三）、“明岁花如今岁好。人老”（其四），悼惜佳花感伤年华之情浓甚，但他清醒地意识到，人诚然不能阻止时序的变换推移，然亦不能为时序转换击垮压倒，“记得留春无好计。垂泪。秋来着意绕芳丛”（其一），“莫对佳花还坠泪。无味。空教花笑有情人”（其二），徒劳的伤痛反不如看花饮酒填词，“尝得酒中真意味。沉醉。

樽前听我唱新词”（其四），珍惜好花，把握现在，不沉溺于伤感，正是评欧公词时所言“消极中有积极，伤感中见热烈”①。正是这种热烈的人生态度，使父亲在对菊花的俊赏中，以开阔的眼界、畅朗的胸襟吟唱出组词的末章：

酒醒扶头曳杖行。依依残照上高城。住得尘寰三十载。堪怪。今秋秋意恁分明。　　自笑怜花无好计。惯会。山泉汲水供银瓶。采得黄花归去后。回首。四山无语只青青。

在狭小的空间里，将秋花以“银瓶”“山泉”引入自己的居室生活中，予平凡的日子以生气，且借此把一个小我融入“依依残照”“青青四山”之大自然广博的空间中，得以获取秋来生活的乐趣、人生前行的力量。在这一点上，父亲之仿六一词，其情致、境界与襟抱似又略高于六一一筹。五首《定风波》是赏菊之作，却未拘束于赏菊一题，对菊花的赏爱寄托的还是词人对生活、对人生的热爱与忠诚。

六　《荒原词》中的古都世相

一部《荒原词》中，切入社会人生最深、阐释人生哲理也最深的当属《木

① 见《传学——中国文学讲记》第二十二讲《词之三宗》。

兰花慢·赠煤黑子》。

旧日古都的老百姓，无论做饭还是取暖，都靠的是煤球炉子。每隔几条胡同，就会有一个院落是“煤铺”，煤铺里的工友用小驴车从城外把煤末拉进煤铺，摇成煤球，再送到各家各户。煤球关乎人们食、住两件大事，但运煤工、摇煤工、送煤工被人们呼作“煤黑子”，这个称呼即使不含鄙夷，至少也带着戏谑意味，总之是卑称不是尊称，是戏称不是爱称。父亲的这首题为“赠煤黑子”的《木兰花慢》，完全颠覆了世俗之见，为“煤黑子”唱出一首高尚的颂歌，从外表写到内心，从劳作写到品质：

> 策疲驴过市，貌黧黑，颜狰狞。倘月下相逢，真疑地狱，忽见幽灵。风生。黯尘扑面，者风尘、不算太无情。白尽星星双鬓，旁人只道青青。　　豪英。百炼苦修行。死去任无名。有衷心一颗，何曾灿烂，只会怦怦。堪憎。破衫裹住，似暗纱、笼罩夜深灯。我便为君倾倒，从今敢怨飘零。

在这首词里，父亲并未因赞颂的主旨而人为地美化“煤黑子”的形象，而是真实地再现了他们面目“黧黑”、容颜“狰狞”、身着“破衫”以及煤尘染黑白鬓的“地狱幽灵”形象，连他们驱赶的驴也是一头“疲驴”，此足见“煤黑子”身份的卑微。这描写是如实的，但绝非机械的、客观的，而是包含了词人深深的情感：“黧黑”“狰狞”的面目见出劳作的艰辛，煤尘染黑的白鬓载着岁月的苦难，身着的破衫显示生计的艰难。过片这深情由隐变显，于“换头”处毫不含糊地呼唤“煤黑子”为“豪英”，接着由衷地赞颂他们“百炼苦修”般的劳动，默默“无名”的终生奉献，不曾灿烂却怦怦跃动似深夜明灯般的一颗“衷心”。词人以“堪憎”二字冠于“破衫”二句之上，是在痛惜世人对“煤黑子”的高尚缺少尊敬与感恩。于是词人进一步由衷地“为君倾倒”，且深深地自省——“从今敢怨飘零”！透过这表层的一切，我们更可窥见词人内心更深层次的一份情思：“煤黑子”所代表的正是禅家之“我不入地狱谁入地狱”的救世精神和对人生的担荷精神，他们的高尚堪比为人类带来火种的普罗米修斯。因此，词人以地狱幽灵的形象形容“煤黑子”，就不单单是外貌的描写，更绝非特意用恐怖的手法渲染苦难，而确是对“煤黑子”精神品格之极高推崇——此中蓄涵了多么丰邃的情愫！这确乎是一首不同凡俗、超凡脱俗而又可以说是极凡极俗的绘世相之作。

周汝昌先生在纪念老师逝世三十周年纪念会上的报告论及老师“咏盲卜者”的《木兰花慢》所做的七八百字精彩点评，我以为同样适用于这首咏“煤黑子”。一部中国词史，找不到相同题材、相类境界的作品。

《荒原词》中还有一首以都市世相为主题的《贺新郎》，写旧都街头的驼队：

> 又是寒冬矣。也颇思、村醪取暖，市楼买醉。踽踽行来举头见，一队明驼迤逦。爱他有些儿画意。曲项高峰肉蹄软，想来从大漠风沙里。一步步，几千里。　　庞然卧息长街内。又木然、似眠似醒，非悲非喜。偶一摇头铎铃响，声落虚空无际。有谁识、此君心理。万里长城曾见否，问凋零破败今余几。驼不语，蹶然起。

咏驼之词当系咏物之类，然此首却并未以驼为一个纯粹的“物”，词中之驼不仅有生命，且有感觉、有灵性。这里有一个细枝末节不可忽略。驼是动物，依旧日第三者称谓用字，当是“牠”，而不是“他”，然父亲用第三人称之“他”，且尊之为“君”。在父亲看来，驼与人是平等的，“世法平等，无有高下”。他“曲项高峰肉蹄软”的形貌，“有些儿画意”，是美，是艺术；他一步步“来从大漠风沙”，见证了长城的今昔，背负着世事的沧桑；他看似“木然”，却有着“似眠似醒”“非悲非喜”的禅意；他“偶一摇头”震响的驼铃，上彻“无际”的“虚空”，奏鸣了空间的交响；词人叹息于世人不识“此君心理”，而深情地引驼为知己，向此君询问万里长城之沧桑巨变。驼是理解词人的，他于“卧息”之时“蹶然”而起，正是以震惊的姿态，将所感受到的历史变迁向词人做了无声的回答，他与词人之间有着无间隙的心理交流。一首咏驼词，以超迈无垠的境界把读者引入久远而又现实的时空，世相的亲切，时间的久远，空间的辽阔，哲理的思致，令人味之弥永。一首咏驼词，类似现代散文诗，溶涵了历史，扎根于现实，以驼的形象显现着坚忍弘毅、前行不息的生命之力。这可能正是父亲咏驼的深心所在吧。

这首《贺新郎》作于1929年岁末之古都。儿时在北平，我时见冬日古老的旧都长街上或行或卧的驼队；年长后，深爱这首词，每读此词，总是被词中那生动的画面所吸引，被那厚重的历史感、绵邈的苍茫意所震撼，感到一种内心的触动，一种生命的感发。写至此，又忆及父亲的恩师沈尹默先生1934年题弟子《苦水诗存》的诗，其中有“老驼秀发姿，稳踏千里地。颇与牛羊殊，无复水草意”四句。那时父亲还不满四十岁，老师何以要取“老驼”为喻？或许与弟子这首咏驼之词有些关联？由此我又曾想，父亲是否由于老师的称赞，而后取“驼”为书斋定名“倦驼庵”？至晚年，父亲更自号“驼庵”。“驼庵”一名，至今活在他的多种遗著中。

《味辛词》中有一首咏午夜盲卜者的《木兰花慢》，《荒原词》里有一首咏“煤黑子”的《木兰花慢》和咏驼的《贺新郎》，都是传统词作“未曾选取过的主题”，都表现了传统词作“从未表现过的情意”①。

父亲1940年代在辅仁大学的课堂上讲诗时曾说，“中国文字特别是在韵文中乃表现两种风致（姿态、境界、韵味）：（1）夷犹，（2）锤炼”，夷犹近于缥缈，而“锤炼之结果是坚实”；他又说，中国“诗的姿态，夷犹缥缈与坚实两种之外，还有氤氲”，“氤氲乃介于夷犹与坚实之间者，有夷犹之姿态而不甚缥缈，有锤炼之功夫而不甚坚实”。他认为夷犹缥缈非大天才、大诗人难以做到，而氤氲与坚实常人可以通过努力而完成。②上述三首长调，主题情意相近且都寓有深邃的人生哲理，但在“诗的姿态”上，咏驼、咏卜者，氤氲；咏煤黑子，坚实，氤氲、坚实两相映照，各臻化境。

七　《荒原词》中见师生情

父亲一生不曾离开学校，在学校里，他作学生、作老师，表现师生交往、师生情谊的词作在《荒原词》中有着可宝贵的历史记录。

作为学生，父亲尊重、爱戴自己的老师，特别是恩师沈尹默，自言“作诗与作字为默老烧香”。烧香本佛家语，乃“宗门嗣法弟子住山后为其法师烧香也”，其中含有深诚的对传法恩师的崇敬。《荒原词》中有一首题为“读

① 见叶嘉莹《顾随文集·代跋》。
② 见《传学——中国文学讲记》第十四讲《退之诗说》。

秋明词①赋”的《鹧鸪天》，这是一首论词之作，虽只五十五字，而用语清俊，含义深妙，描述精到，寓论于景，极具学术价值。这里我用了二十二个字的赞语，绝非晚辈人刻意的堆砌辞藻，试看全词，自可明了：

拨得心弦不住鸣。藕花池畔若为情。西山爽气朝来满，北国秋光雨后明。　　将缱绻，作晶莹。词中今见玉溪生。薄晴催得桃开了，听到新莺第几声。

上片首句以琴声形象地描述秋明词乃心语的奏鸣，次句绘夏阑秋始燕园之景，其意更在于以景承载秋明词内蕴之情意，以及弟子得与老师同校共教的师生深情。三句、四句看似纯景语，绘所见实景实境，然其动人处不仅在于巧妙地嵌入了“秋明”二字，更重要的是借景论词——朝来的西山爽气、雨后的北国秋光，喻写秋明词境高雅清新、隽爽明快的怡人之美。下片“换头”两个短句，其中“缱绻”“晶莹”本是并不相谐的两个词语，苦水以“将”“作”两个动词把它们连在一起，呈现秋明词缠绵的情思化作了明澈畅朗的词句，正见尹默先生词创作的修养已入化境，由此遂引出“词中今见玉溪生”的叙述。——这并非简单比拟，此语力重千钧：父亲讲唐诗，甚重玉溪生李义山，他提出诗歌有“力的文学”与“韵的文学”，以工部诗为“力的代表”，以义山诗为“韵的代表”，进而指出李义山之“韵的文学”其长尤在“人生之表现”，其诗“人生的色彩多”。②据此而言，“词

① 沈尹默自号秋明。1929年北京书局刊印《秋明集》上下两册，下册收1905年至1928年词作凡八十一首。

② 见《传学——中国文学讲记》第十七讲《李商隐诗梦的朦胧美》。

中今见玉溪生”这一比拟，其真意在标举词坛上之秋明一如诗史上之义山，其词乃是表现人生、具有“人生色彩”的“韵的文学”。——这是对秋明词所做的结论性的评价。词的结末一韵将大自然之境由秋光向前推进至早春，鲜丽的桃花与宛转的莺鸣，仍是以景喻写秋明词之为“韵的文学”、具“人生色彩”，拥有与大自然同在的生命力。

如此一首“读秋明词赋”，同样是具有韵之美与生命之力的论词佳章，于历代论诗、论词之作中，显示出苦水词特有的韵味与魅力。没有对秋明词甚深的理解，没有诚笃的师生情谊，是绝对谱不出这样情辞并美且兼具重要学术价值的作品的。读者且不可以“小”词视之，而滑口读过；亦不可仅玩味词作的文字之美，而忽略其学术价值。

父亲四十年的教书生涯，他与学生在一起，既是一个传道授业解惑的师者，又完全摒除了师道尊严的旧传统，是学生亲近而知己的朋友。《荒原词》中有一首《千秋岁》，正是这种全新的师生关系的见证：

> 独来独往。遣却闲纷攘。新意境，无惆怅。灯摇光满地，天远星如网。风已定，时时自觉心弦响。　不是人间象。犹作人间想。留不住，消还长。悠悠流水去，袅袅炊烟上。千万劫，碧天路杳人间广。

词作于1929年，时父亲任教天津女师。读过此词，不难味出其中苦水词人一贯的坚守人格、热爱生命、把握现实的人生态度。可若说师生情谊，似是全不搭界。其实，这词的背后有一段动人的师生交往的历史故事，这故事六十多年后方为人所知晓。

1990年，纪念父亲忌辰三十周年，早年弟子王振华已是年近八旬，久病卧床，多年不曾动笔写作，此时奋笔写下了长达四千言的纪念文章①，文中说，她当年在天津女师读书时，老师顶着军阀褚玉璞国文课只许教四书五经的训令，“教了我们三年鲁迅作品，以及鲁迅所倡导的北欧、东欧（当时还是‘弱小民族’，与我国当时国情相似）及日本的文学作品”，“顾随先生用鲁迅思想给我们指明了前路”，“启发了我们对社会的关注，教育我们人生之路该怎样走”。“对于学生作文”，除课堂之外，我们“课外随便写”“写了随时交”“老师随时改”，有一次“我写了一篇文章，先生取我的文意，代我填写了一首词”，那就是这首《千秋岁》。六十年过去了，王振华说，自己那篇“小文章”“早已全忘了，但先生代我写的这首词，到今天我仍记得很熟”。②当年父亲作为国文老师，在课堂讲授和课下交流指导中，通过中外文学作品，将自己对社会人生的感悟与体认传输给学生，这对一班十几岁的女孩子无疑是思志的开启、心灵的滋养。正是有了老师对弟子人生道路的引领，弟子方写出言志抒怀的散文；有了弟子的散文，老师方感发出据以谱成词章的激情，师生之间心犀相通，交流默契。那词中的都市夜景，词中的心路历程，尤其是词中对人生的感悟、珍惜、向往，没有这一段背景故事，绝不会有任何一位读者能想到，这竟是一首年龄相差近二十岁的师生“合”谱的词作！这其中饱含着为师者对弟子多么不凡的悉心护持，体现着为弟子者对老师多么深重的尊师情义，弟子得到词作后又会受到怎样的激励，今人已无法会得。如此义重千钧、

① 《纪念我的启蒙师顾随先生——宣传鲁迅的先行者》，收入《顾随先生百年诞辰纪念文集》。

② 王振华先生写纪念文章时，并未查书即将一首《千秋岁》全部写出。我为王先生抄稿时，核对《荒原词》，竟无一错字。

纯洁高尚的师生往还，若在中国教育史上即使不是唯一，但至少不会很多。如此一首《千秋岁》，阅遍历经“千秋岁”月的词史，恐怕也难再找到有类似背景的作品。

我不避琐屑之嫌，特引此作并历数其缘起，深衷正在于此。选定“千秋岁”一调，父亲当年未必有意，而今读来，连这词牌也是别具一番深意在其中。

八　别枝独秀的一首《三字令》

在《荒原词》中，思乡、怀人、感时、伤己等传统主题的作品，也占有一定的比重，但数量已远少于“无病”“味辛”二集，又兼其中传达的还是与前二集相同的现代人的情意，故不再多叙。

这里，我只想就父亲填词所用的一种词牌——“三字令”略书浅见。

一个词人总有自己习用、爱用的几种词牌，“三字令”并非父亲偏爱的词调，《荒原词》中一首《三字令》亦为全部苦水词中所仅见。此词别具韵味，因之我生造词语，称其为“别枝独秀”。

“三字令”，顾名思义，此调全由三字句组成，据词谱有四十八字、五十四字两格。词的语言特征本是“长短句”，而“三字令”没有了长短句参差交错的变化之美，若无笔力才情，写来定会有堆砌板滞之感。“荒原”集中的《三字令》选择四十八字一格，凭了此格用韵间隔安排的错落，反而于整饬中显示了独具的节奏之美：

愁塞北，忆江南。独凭阑。心上事，望中天。月朦胧，星闪烁，起炊烟。　　残雪在，四山巅。晚来寒。山下路，几人还。有谁知，前日梦，甚时圆。

词作妙处，全在用韵之节奏：两句一韵，一句一韵，两句一韵，三句一韵，又上下片同韵，读来别有一种深沉的顿挫叹息之感；加之所吟乃内心对社会的忧患情思（“愁”“忆”“独”），衬以幽静淡远的自然之景（“月”“星”“炊烟”“残雪”），辅以“山下路，几人还”“前日梦，甚时圆”这没有答案的问句，抒写出词人月下山前独自倚栏远眺的满腹心事；而其中嵌入的“有谁知”三字，更增添了许多感慨与喟叹之意味。总之，从词的思想内容说，传达的是人生的求索；从词的韵律说，更有长短句交错所不能吟出的韵味。我没有继承祖父、父亲朗诵的特长，但在课堂上为了介绍词之用韵形式，读了父亲这首《三字令》，想不到学生们都惊异于此作于整齐而短促的句式中，其节奏韵律（当然包括词之情意）竟能表现出如此这般动人的音乐美，教室里为这首词作响起了阵阵掌声。

或因句式过于简单整饬，词史上据《三字令》一调谱者甚少。五代欧阳炯作有一首，用四十八字一格，写伤春怨别。个人以为，此作下片之情意浓于上片，即看此下片：

人不在，燕空归。负佳期。香烬落，枕函欹。月分明，花澹薄，惹相思。

同样采用 2、1、2、3 的押韵格式，同样具有节奏上参差变化的韵味，但在内蕴的情意上，我以为欧词还是略逊苦水一筹。两宋之交的向子諲亦有一首，用五十四字一格。仅看其上片：

春尽日，雨余时。红簌簌，绿漪漪。花满地，水平池。烟光里，云影上，画船移。

两句一韵，一连三组，其后才接上一组三句一韵，且全为描写句，尽绘晚春美景，少了内蕴的情意不说，单这节奏韵律，既没有《三字经》的整饬坚实，又不具三字句儿歌的自然童趣，甚至缺少了词体的“要眇宜修”之美，读来只觉板滞单调，难以上口。

我想大胆地说一句，“三字令”之调式，或有些另类、别调的意味，对《荒原词》中的这首《三字令》，我之生造“别枝独秀”一语，即原于此；拙笔在《荒原词》一节特别引述此曲，亦原于此。

九　略说《荒原词》“附卷尾”的“六绝句”

《荒原词》定稿后，父亲写有《〈荒原词〉既定稿复题六绝句附卷尾》。在父亲自己编订的八种词集中，《荒原词》与《积木词》二种后各附绝句六首以论词，但《积木词》乃和“花间”之作，就自吟之七种词集说，此乃唯一以诗的形式作“跋”者。

“六绝句”多隐括前人诗句词句入词，首章与末章言创作初衷、创作体验，兼评自作，中间四首则是对宋词诸家的评赞。

首章开端之“吟成几首短长词，一字何曾捻断髭”，明白表示自己填词不同于古代苦吟诗人之“吟安一个字，捻断数茎须”（卢延让《苦吟》），是内心情意的自然吐露；因之“也信文章千古事，难言得失寸心知”，借用老杜诗句，谦言己作难当千古之任，得失优劣难以自评。末章进一步正面表示，自己的词作“我只自吟还自看”，强调作词仅为抒写自己的心声，并非为了广为传诵，这也正是同一时期写给友人信中所坦言者：“其实老顾填词，只要以词之形式，写内心的话，不管艺术化与否耳。”[①]结句“无能何况更无心”，回应此首前二句“太白惊才堪复古，少陵大力始开今”，以谦虚的态度再次强调自己填词既不能复古，更无心开今。

“六绝句”中间四首，首先赞誉稼轩这位“壮岁旌旗”的“人英”更是一位“词英”，且以“花间”与辛词对比，“始知稼轩是老兵”。称稼轩为词坛“老兵”，切实而有意趣。继之称颂晏欧之词“清丽复清狂”，以为清真（周邦彦）尚不得与晏欧并列“作雁行”；如自己一般的常人，面对历代诸词家，更不能无愧色地感叹“怅望千秋空自伤”，进而感伤“逝波谁与挽东流”。绝句中还化用张炎（玉田）《长亭怨·旧居有感》一词之景语，吟出“残叶一林风扫尽，天公不为庇寒蝉”，认为张炎等宋末遗民词中的戚怨哀伤乃时势使然，后人又“何必斤斤笑玉田”，以此对宋末词人词风表示同情与肯定。

六首短章可说是苦水词人继承元遗山“论诗绝句”的传统所作的精粹的论词之作。

《荒原词》是父亲与情逾兄长的挚友卢伯屏一起编订的，编订完成后，父亲请伯屏兄为集作序。伯屏先生是中学教师兼做教育行政，“他是一位

① 见致卢伯屏函，1928.4.12。

名副其实的忠厚长者”[1]，长于为文而不擅诗词，他凭着“友朋中知羡季宜莫余若者”而力书此序，序文中有几句极为精彩的话：“‘无病’如天际微阴，薄云未雨；‘味辛’如山雨欲来，万木号风；及夫‘荒原’，则雱飚之后，又有渐趋晴明之势。”以自然景象的变化，喻友人词风词格之特征与变化。序文中还论及羡季词对前人词的学习借鉴之境：“要其初，本无心于规规之摹拟，盖假词之形式而表现其胸中所欲言。当其下笔，不自知为填词，其心目中庸讵复有古人？唯其忘词，故词益工；唯其无古人，而后或与古人合也。”可说是深知友人填词深衷。一篇不足千字之序，全是“知羡季”之言。文采风流，的当贴切，正是一篇研究论文的主干思路，待有识者论而成之。

《荒原词》的题签，看墨迹，知是伯屏先生手笔，苍劲厚朴，字如其人。

① 见冯至《怀念羡季》。

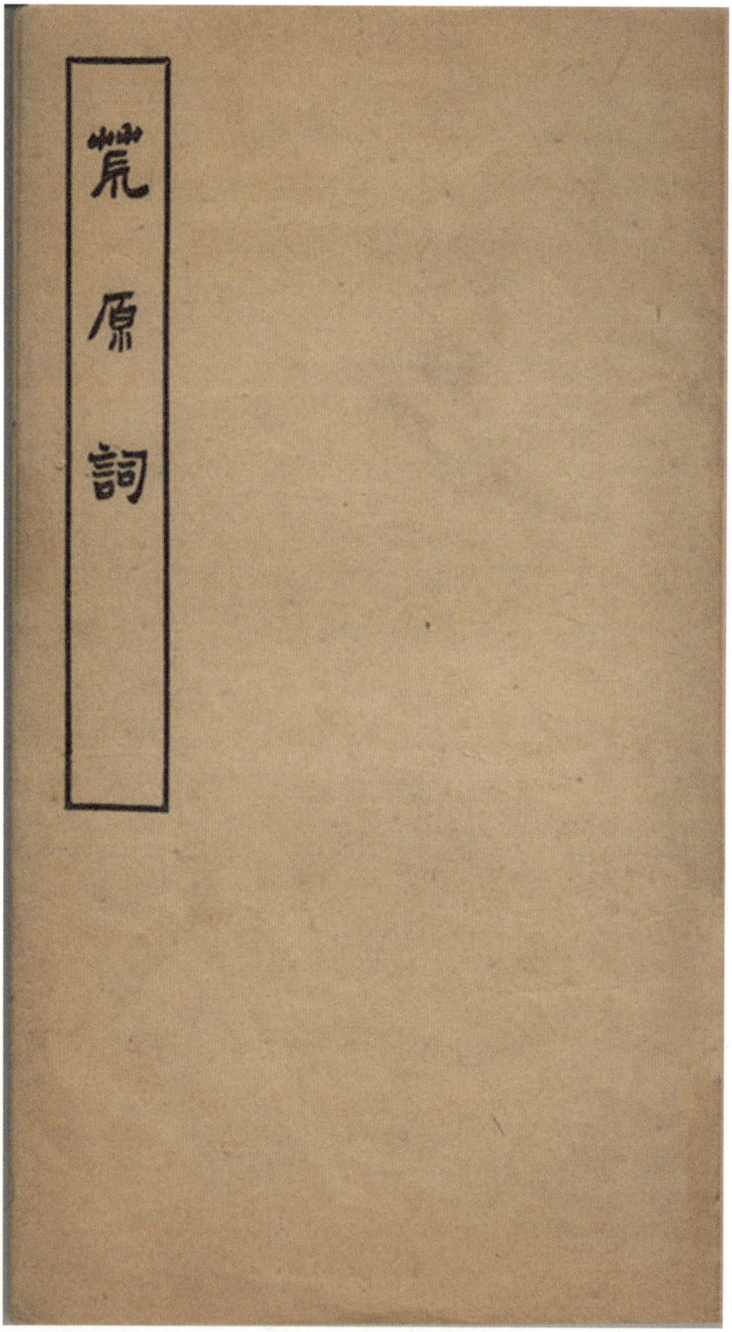
荒原詞

第五章

《留春词》：中年的人生感悟与深情的抗敌之歌

一　词集之编订与命名

《荒原词》结集之后，父亲韵文创作的兴致由词而转向于诗，自“十九年秋至二十二年夏”，整整三年之中仅有词四十四首。他在《留春词·自叙》中也曾说，“较之已往，荒疏多矣”。何以有此一变化？父亲作诗填词谱曲，一贯喜创新而厌陈旧。《荒原词》后，他感到“年华既长，世故益深，旧日之感慨已渐减少，希望半就幻灭”，生活中即使“偶有所触”，也已是旧日“曾言之”者，“不必着笔”；且随着年龄增长与世事变化，他又感到以词的形式“写我胸臆”，“我所欲言”者，“或非此形式所能表现”，“遂不能不遁入他途”——寻求新的形式，因此自1931年春遂“肆力为诗，摈词不作”。[①]在这里，我想或可套用王国维《人间词话》中就文体演变所说的那段经典的话，父亲是为词“既久，染指遂多”，恐自落“习

① 见《留春词·自叙》。

套”，“难于其中自出新意”，“故遁而作他体，以自解脱”。父亲所言“不能不遁入他途”与王氏之“遁而作他体”，连语句形式都颇为相近，想来，他定是受了王氏的启发，而我之借用或许也不致落入生搬硬套之类。

父亲1934年编订诗集《苦水诗存》时，在友人与读者多次讯问词之创作的情况下，遂将三年来仅有的四十四首词，加上此后之两首，结而为第四种词集——《留春词》，与《苦水诗存》印为合集。之所以将其置于“诗存”之后，我想当是以示轻重有别。诗集与词集编订后，全由老师周作人题签。

父亲此集何以名之为“留春”？“留春”一名，绝非旧日诗家墨客一番伤春惜春之后，遥对已逝的春光所发出的徒劳的挽留。他只是借用了旧时文人常用的一个语汇，而赋予其全新的寓意。“留春”结集时，父亲早过而立，将近不惑，他对已逝之青春岁月的回顾、体认、感悟、概念等一一留驻于词，是为“留春”之词。这里的“春”，不是自然界之春，而是人生的青春岁月；这里的“留”，不是挽留，而是留驻；“留春”，意味着将自己的青春岁月留驻于“千古事”的“文章”之中。再看词集扉页题辞“欢情已似花零落，诗思还同酒浅深”①，欢情零落，诗思犹存，诗思留驻春花，正与“留春”之意相合：过往的岁月虽如春花般凋零消逝，如酒般浓醇的诗思记述着过往岁月的印迹。

据父亲老友卢季韶记忆，父亲当年词集曾拟名“再青”；父亲致友人的书信中亦曾言及此名。“再青”二字，虽是借用放翁诗句之“双鬓向人无再青”，但我以为，集名之“再青”，意谓青春岁月在词中之再现，先

① 见《鹧鸪天》（九陌缁尘染素襟）。

之“再青”，后之“留春”，字面相异而蕴意相同。“再青”最终改为“留春”，以我推测，当是抗日战歌《满江红》（夜雪飞花）与《踏莎行》（百战归来）两“出”“重头戏”出场之后，“再青”已不能涵容词集之全部内容，而“留春”则兼涵了歌颂抗日春雷震响、呼唤抗敌春天到来之深意。

二　对人生的冷峻思考

对人生的吟叹，始终是贯串于父亲词作中的一条情感主线。细味“留春”一集，其中确有一些如他在《留春词·自叙》中所说“不如前此所作之有生气”。然较之前三种词集，所谓“少有生气”，并非消沉，而是对人生更多了一份深沉的咏叹、冷峻的态度与理性的思考。

《留春词》开卷第一首《浣溪沙》，当是1930年秋一次周五下午课后由燕京大学进城赴伯屏寓所途中之作：

> 一抹残阳一带山。城边撩乱起炊烟。北云黯黯接南天。　古道西风行客少，长林老树暮鸦还。始知萧索是萧闲。

前五句景语，均是途中所见，结篇一句情语，乃所见引发之所感。夕阳落山，炊烟凌乱，流云惨淡，行客稀少，暮鸦归巢，颇似元人马致远小令《天净沙·秋思》之境，然马氏小令结之以“断肠人在天涯”，不出小我之自身遭际的感受；苦水词结之以“始知萧索是萧闲”，则是溶涵了对世事人生的体验与感念。词之前五句在自然环境的描绘中暗含有人间生活的情味，结句中“萧索”二字是对前五句的概括，它涵有自然与人世两个方面。“萧索”是落寞，是凄凉，是冷寂，然而身处军阀混战、动荡不宁的社会现实，眼下毕竟尚无烽烟，未见杀戮，因之从现下的“萧索”之中，词人味出这是一份难得的“萧闲”。一首绘途中所见、以情结景的小词，结句七字看似平常，又似消极，然而难得的“萧闲”竟生于“萧索”之中，实是词人对社会人生深沉的感喟，而非仅只个人生活遭际的慨叹。现实是残酷的，时过一年，九·一八事变，大地的“萧索”逐渐被水深火热所替代，并“萧索”中之“萧闲”日渐消逝。四十二字的《浣溪沙》，实是参透世事、带着诗人敏感与浓重悲剧色调的人生咏叹。

词集第二首 1930 年秋所作《诉衷情·寄涧漪①》，其上片“戍楼夜静角声残。何处说新欢。旧欢也莫回首，回首更凄然”数语，隐隐透出了战乱痕迹以及不宁年月中友人们的风流云散。词人以冷静的态度面对“戍楼”“角声”中的动乱现实，面对人生中的悲欢聚散。紧随其后的《浣溪沙》（青女飞霜斗素娥），虽无词题，读过全词，实感似续“寄涧漪”者，进一步言“试把空虚装寂寞，更于矛盾觅调和。莫言此际奈愁何”，向友人倾诉对人生有了一番彻悟之后的理性观照、坦然自处。嗣后一首《清平乐》，上片“朝阳屋角。庭树金光抹。雨后长天真自得。万里青青一色”，绘出了雨后清晨晴空万里的怡人之景。词人是在“如梦浮生”里，用自然之景抒写对人生的热爱与美好的憧憬。至下片，外境与内心水乳般相溶，

① 父亲有友人冯涧漪，众友人以其名中“涧”字，呼其“水间先生”，父亲更依“涧漪”二字，戏称其为“水间奇犬”，有时再由“奇犬”戏转为“水间奇猫”，可见彼此之亲密无间。事见致卢伯屏函，1930.4.13。

上片外境的清纯景语托出下片内心的深醇情意：

可怜如梦浮生。新凉便觉怡情。风动花梢溥露，向人坠地无声。

雨后的“新凉”不仅爽适，更可“怡情”，句中“便觉”二字，可见“如梦浮生”是如此之“可怜”；微风拂动花梢，朝露无声飘落，纤细之景中深藏着老杜“雨露之所濡，甘苦齐结实”的深沉命意，大自然的雨露，濡养着词人的心田，滋养着词人的人生，给人以承受“可怜”“浮生”的力量。这首词正是以自然之景对《味辛词》中警句“越不爱人间，越觉人生好”的曲意表达。小词写得清爽精致，却不失为一首人生的颂歌。

同年秋日，中秋节后，词人于黄昏时分“上尽层楼”，他“举头见日”，却“不见长安”，借助《世说新语》中“日近长安远”的典故，透出对社会人世的隐忧；待到“四围夜幕，逼近阑干”之际，尽管天边“素蟾”“今宵”早“不似昨宵圆”，但词人依旧执着地满怀对生活的信念，“收尽双眸清泪，重寻月里河山。”他以象征的笔法表述着对人生不灭的憧憬与不懈的追求。这一切，词人写进了《木兰花慢》（问长安甚处）一首长调中。

1931年一首《好女儿》（地可埋忧），在寻思“埋忧”“销愁”、在“旧曾游地”也“莫再重游”的低徊情绪里，下片转而高唱：“一夜风吹云散，望西北、见高楼。老红尘、自有安身处，更不须重问、象牙塔里，十字街头。”兼用西方作品中“象牙塔”与禅宗语录中“十字街头”等今古语汇，表达对未来境遇不泯的企望与追求，以及对现实处境理性的“随遇而安”的态度。随后的一首《风衔杯·用〈珠玉词〉体》中之“试问平生、何处最劳神。心上事，眼中人”，“愁绿鬓，惜青春”，“爱向碧纱窗底、坐黄昏”，则是对庸常世俗人生的坦诚剖析。

1932年，父亲已在燕园执教四年，且在北平城里有了自已的家，他利用一个周末，赴津与友人晤对，次日晚间又匆匆返回。在“平津车上”[1]，他以一首《水调歌头》抒怀，其下片“人间世，问何处，不匆匆。风流云散，常事争便怨天公”，既感慨人间万事之无定，又悲叹知己聚散之无常，且终似是归入了一种旷达的处世心态；而煞拍之“四序自无语，双鬓已成翁”，则又带出岁月流逝的无奈与伤感。然无论旷达或无奈，同样都坦诚地表述了对现实人生的真实感受。

“荒原”一节已言及，1929年父亲曾有“仿欧公‘把酒花前’之作”的五首《定风波》咏菊，至1933年春末，因“今岁风雨无凭，春光有限，花事倏过，夏木阴阴，又是一番境界”，遂有感而“重拈此解再赋”《定风波》六首。[2]与前组《定风波》形式相似，后赋组词之前五首均以“把酒高楼”为开端，末首似是总结，以“举起金杯”为始。

其一之上片先言“小白长红能几日。狼藉。残花片片落庭莎”，绘“春光”之“有限”；至下阕情意渐转，“一瓣飞花春已减。君看。风飘万点奈愁何。却喜宵来风雨定。波静。溥溥珠露滚圆荷”，从杜甫的“一片花飞减却春，风飘万点正愁人”，一转而为对春归不作徒劳的伤叹，以开朗乐观的心态面对眼前“宵来风雨定”后初夏美好的大自然。

其二之上片坦言“对花可有不愁时。开了怕他零落尽。缘甚。未开却又怨春迟”，既写惜花之常情，又以惜花之情为象喻，揭开词人内心对人间万事的矛盾心理与担忧；下片化用王维“阴阴夏木啭黄鹂”之句，吟出“人静日长台榭好。啼鸟。阴阴正在最高枝”；结句“试看清影落清卮”，化入“如

① 此系词题。

② 引文见《定风波》词序。

此风光如此酒”之清境，心态又转为怡然面对。

其三之情感走势有别于前二首，先发以“把酒高楼欲问公。何妨新绿替残红”的放达之语，随即转言“岁岁春来春去了。人老。朱颜也自换衰翁”，“西下夕阳东逝水。谁会。人间万事太匆匆”，以春之遽来遽去，抒时不待人的忧虑，感伤之中隐含的是珍惜人生的深意。

其四之情感走势又与其一、其二相同，且上片伤春之情较前更为明显：“愁风愁雨三月尽。沉恨。花飞絮舞两销魂。”但下片情感之转折亦较前明快而清新，且直抒“夏浅胜残春”之积极的人生心态：“试向青青池畔路。闲步。芦芽荷叶一时新。小院梧桐今夜月。清绝。始知夏浅胜残春。”

词之第五首，虽仍以“把酒高楼”为始，保持着与前四首排比的态势，但词境却有了较大的推扩，伤春之情渐退渐隐，直面人生之情则由隐转显。其上片直言三十余年的人生“如梦悲欢凋落尽”“好将平淡换新奇”，颇有一些苏髯“回首向来萧瑟处”“也无风雨也无晴”的放达情味；“分明眼上是双眉”①，用禅语禅典，进一步深化放达情味。延此情怀，下片抒发对过往人生的总结与今后人生的期许：“随处为家堪送老。多少。杜鹃犹道不如归。一笑出门谁会得。寥廓。青天不碍白云飞。”暗用黄山谷“出门一笑大江横”之句，推出“寥廓”的“青天白云”之境，可见词人已能淡然地、随遇而安地面对离乡在外度过的漂泊生活。篇末景语作结，似已放下生活的重担，决心毅然地、乐观地面对充满希望的人生。

在第五首的基础之上，最后一首词境进一步推扩，词情进一步高扬，发端以“举起金杯”替代“把酒高楼”，然字句的变化尚是形式，重要的

①《碧岩录》第八则：“举翠岩夏末示众云：‘一夏以来，为兄弟说话，看翠岩眉毛在么？’保福云：‘作贼人心虚。’长庆云：‘生也。’云门云：‘关。’”

在于词人不是为销愁，而是“举起金杯放下愁”。若是“销愁”，则“愁更愁”矣；如今“放下愁”，则是真真正正、实实在在地放下了。何以见得？词人“举起金杯”后，“酒酣再上最高楼”，所见之景为“朝日一轮沧海上。浩荡。金光碧霭迈林丘”。此景本是词人数年前居青岛浴海观朝阳之所见，此刻却如实境般地涌现于词人眼前，壮美雄阔，光彩耀目，催人奋发。上片结束，词人豪迈潇洒的形象呼之欲出。然而这一番豪放又豪华的笔墨，在这词中只是一个铺垫，词人以之托出的是大禹治水的神勇形象和丰功伟业：“莫道满怀千古意。山水。茫茫何处觅神州。却看平原天尽处。神禹。凿山曾放水东流。”这里先用稼轩“何处望神州，满眼风光北固楼。千古兴亡多少事，悠悠。不尽长江滚滚流”（《南乡子》）之意，写悠远的历史时空；再用稼轩“我自思量禹”，颂大禹治水方得“人自居平土”之安宁的“悠悠万世功”（《生查子》）；词之结句“神禹。凿山曾放水东流”，写得何等飘逸自如、举重若轻，反更加重了“神禹”之神力神功。这一切，其深意仍在于称颂生命的伟大与人生的价值。这末首六十二字的《定风波》，写得笔酣墨饱，满宫满调，真乃苦水词中的力作。若从组词六首来看，则是层进层深、层进层远，于波浪起伏之中，将词作表现出来的心态和情意推向最高潮。

父亲20世纪40年代讲诗，曾以曲线图形将诗歌内容、情感、气势之高下起伏作过形象化的描绘，如下图所示。这里我想若能依他老人家之例，将这组《定风波》的情感进程以曲线表而出之，或可有助于对这组再仿欧公之作内心情意的把握。

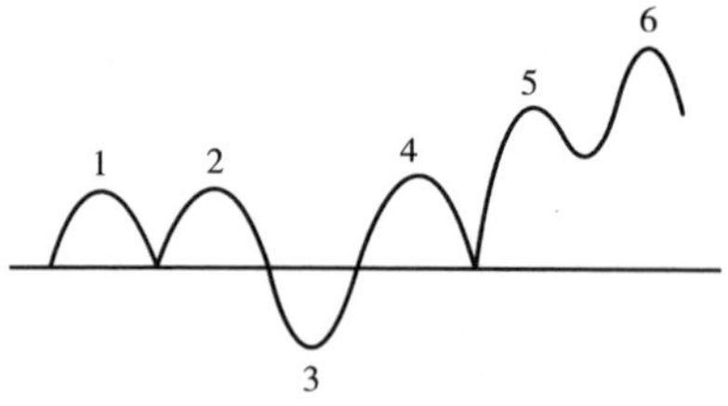

欧公四首“把酒花前”，虽是在吟咏春归，其实内蕴着深层的人生

命意，这是引发苦水词人两次仿作的根由。1933 年这六首重仿欧公之作，较之 1929 年仿欧之咏菊有了更多人生色彩：春归依旧是词作之主题，只是他更鲜明地将人生之命意寓于其中，坦然地面对春光的流逝，以此尽抒人生旅途中今胜于昨、新胜于旧的积极奋进心态。这是父亲一贯的珍爱生命、把握现在之人生信念的表现。

《留春词》中，堪称人生咏叹调的当属题为"立春日自西郊入城"的一首长调《水龙吟》：

> 正嫌郊外荒凉，车行又入牢笼内。黄昏时候，暮寒乍作，阴沉沉地。尘起如云，烟飞成雾，行人似水。更万家灯火，星星点点，都包在，昏黄里。　　林下荒坟栉比。九衢中、尘嚣未已。春来春去，花开花落，有谁理会。不道人生，者般艰苦，者般容易。算不须赞美，何容诅咒，是人间世。

词作于 1931 年，当时父亲刚刚卜居北平东四四条胡同，从词题可知，这是去燕京大学授课、课后乘燕大班车返寓途中的即兴之作。词之上阕，以"昏黄"之色为基调，写古都的立春日并无丝毫春意，显示着旧都的古老、凝重与苍凉，而"昏黄"中似水的行人、星星点点的灯火则昭示着人们生命的活力。在此基础上，下阕遂进入对社会人生的哲理思考，死与生、花开与花落、人生的艰苦与容易、对人世的赞美与诅咒，在这种种矛盾的对立之中，参悟着社会与人生的真谛。结尾的"人间世"三字，本《庄子》中篇名，表现清静无为、独善其身的生活态度。用在这里，固然隐含庄子的思想，但当更重"人间世"三字字面所表现的现实人生的意义——社会人生本就是矛盾对立而又统一，不存在绝对的好与坏、美与丑、赞与咒。

全词的景与情、事与理，借助传统的文体，通过现代的语言，传达出立足现实、又尊重老庄思想的人生理念。篇末连用两个“者般”[①]，使这首现代人的人生咏叹调增加了几分幽缈与别致。

作于次年的长调《永遇乐·西郊所见》，可说是这首《水调歌头》的姊妹篇。《永遇乐》从悠远博大处用心，而哲理与情致却颇为相近，只是表述得更为沉重、深邃、幽远。“暮霭浓时”“寒枝高举”“万籁沉沉”之中，先问“混沌开前，此时风景，莫也如此”；次“问山前、断碑起仆，伊谁留得名氏”；在“饥来觅食，困来高卧”的“落寞人间世”，再问“谁会人天意旨”。一连三问，是对世事人生的求索与探询，读来未免令人感到内心沉甸甸的，有几分悲凉，又似有几分彻悟。唯煞拍“试翘首、天边新月，素光如纸”数句，渲染着人生的美好、肃穆与希望，给人以向上、向前的启示。

三 家事亲情

亲情，人生情感中最为柔软、温馨的部分，《留春词》中有着一个中年人对亲情的渴望与珍惜。

在大家庭里，父亲有四重身份：为人子，为人夫，为人兄，为人父。作为儿子，1932 年有一首《浣溪沙·与屏兄夜话》：

① 者般，即这般。

二十余年定省稀。倚门常是数归期。剧怜游子芰荷衣。　　清泪眼中云漠漠，繁霜鬓上草离离。相看漫作小儿啼。

父亲自十余岁离家在外求学起，即疏于晨昏而定省的“为人子之礼”。他赋此《浣溪沙》时，妻女已在老父金墀公的悉心安排下来到北平一起生活，因之1932年春节父亲未得回乡省亲。他向情逾手足的伯屏兄倾诉着对老父的思念与疏于陪奉的愧疚。

回看十年前父亲创作的纪实小说《立水淹》，开篇即写暑假回到故乡，当晚一家人灯下絮话：

妹妹笑道：“……咱爹整天价想你。每天爹睡晌觉的时候，总同娘说：‘我正睡觉的时候，那傻小子回到家来，才有趣呢。’”……母亲笑着说：“可是的！你爹从来不这么着。自打去年起，才每逢寒暑假，总天天盼望着你赶快家来。”父亲也笑着说道：“人老了，大约都这样吧。……”我同妹妹都笑了。但我在灯火底下，看见父亲的胡子，又有几根白的了。

十年前小说中一段家人灯下的絮语，正是对“倚门常是数归期”一句最深层次的诠释，平常之语有着多么深切动人的往事承托。当年父亲金墀公的胡子已“又有几根白的了”，如今十年过去，父亲金墀公定是须发斑白、更现出了老相，何时才得在老人家面前，日日“为人子之礼”？这一切怎能不使做儿子的“清泪眼中云漠漠”，以至与同样疏于定省的伯屏二人“相看漫作小儿啼”！然而恰是在这一年的酷暑时日，祖父金墀公突发脑溢血撒手西去，这一首抒父子深情的小词，后人或可看作是苦水词人悼念先君子之作吧。

作为丈夫，1930年有一首回忆返乡生活的《声声慢·与荫旧话》。此时，父亲已年过而立，又是出现咯血症之后，因此，较之《无病词》几首“寄内”之作，这曲《声声慢》的思妻之情更为含蓄幽沉。上片“岁岁年年，春光总是雷同”之景语，实写不得与妻子“共度春来”，亦是“年年”“总是雷同”；而今岁因病体即“寻芳事”业已蹉跎，只剩“一帘芳草，几树青松”。春之既去，实际仍是暗写与妻子又是一年相别。更痛心的是，并几年前青岛赏樱设想“遗君二三花朵，佐晨妆”的浪漫情怀此际也已销尽，仅剩一怀伤春、伤己之哀情。上片明写景，实写情，于“与荫旧话”这一词题，还只是一番情感的铺垫，下片方扣住词题，忆前时相聚时光：

今夕不知何夕。似青春羁旅，归去衰翁。夜幕张开，窗影逐渐朦胧。年时有谁见我，爇沉檀、独坐虚空。灯未上，话黄昏、如在梦中。

所写虽实有之旧境、旧话，却皆用虚笔：《诗经》“今夕何夕”之句言相聚之美好，却于中间嵌入“不知”二字；“青春羁旅”之“归去”，却于前加一“似”、于后缀以“衰翁”，则既似叙旧日相聚，又似记今日冥想，恍兮，惚兮，忆旧兮，臆想兮，虚实难辨；“年时有谁见我”焚香独坐，反向落笔，正是暗写旧日同居之和乐、今日独处之空虚；即“夜幕张开”“窗影朦胧”，亦不知是旧时“共话”之日，还是今日独坐之时，如此则旧日夫妻黄昏絮语之温馨，亦全“如在梦中”。词人已完全进入迷离惝恍之境，真是此情已自成追忆，回味当时徒惘然！对比1924年、1925年之寄内词，不难进入苦水词人《声声慢》词境，“与荫旧话”这含着温馨情意的词题之下，谱出的是独处病中的中年词人思念眷恋妻子时那别有的一番悲切。

词集中紧随“与荫旧话”的《浣溪沙》，虽未标有词题，但度其词意，亦是一首思家念妻之作。首句“梦未成时酒半醒”，用语已是紧承前首末句之“如在梦中”；次句“为谁重赋短歌行”中之“谁”字，我以为并非特指某个人，此句当是病中词人的悲观之语，意为抱病之躯生命长短难定，又有何可言说。①第三句“会心难会浅深情”，看似费解，既会“心”，何以难会“情”？然知晓填词之具体背景，句意自明。父亲的咯血症发病于1929年岁末，燕京大学依西方校历不放寒假，因之1930年春节父亲并未返乡度岁，亦未敢于书信中贸然将病状告知老父，妻子当然更不知情。咯血症在当年几乎是不治之症，夫妻间虽是“会心”，但病魔突袭造成的精神压力，妻子如何“会”得？再设想妻子获知病情后，又将承受怎样的压力？这一番苦痛、矛盾化作了词中那句“会心难会浅深情”。词的下片前二句“香印烧残心样字，霜华减尽鬓边青”，显然化用了蒋捷“何日归家洗客袍。银字笙调。心字香烧。流光容易把人抛”（《一剪梅》）之词意，前句重绘“与荫旧话”情景，后句描写自身此时形容，煞拍一句“隔帘依约见春星”更是回应和延续着前首夜幕朦胧中窗下“与荫旧话”的词境。夫妻之情、团聚之盼，尽在此中。我想，若将这首小令《浣溪沙》看作是前首长调《声声慢》之余韵，似亦无不可。

作为兄长，1933年父亲接十八岁的幼弟六吉（顾宝谦）来平读书，农历除夕，父亲与六吉一同守岁，他们闲谈中一定叙及了尹默先生和宋人周晋仙“明日新年韵”的《浪淘沙》，一时兴起，兄弟二人亦用“明日新年韵”，各赋《浪淘沙》一首。父亲词作曰：

① [晋]崔豹《古今注·音乐》：“长歌，短歌，言人生寿命长短分定，不可妄求也。”

没得买山钱。何处高眠。吟诗也是咽残蝉。争似弟兄同一醉，玉浪金船。　　絮语小炉边。暂谢尘缘。窗前风月正凄然。可笑山妻还说向，明日新年。

青年时期的六吉幽默滑稽，擅做调侃，或是因了幼弟的影响，父亲这首词语气上竟也带有几分诙谐俳调的味道；而六吉的词作反倒有几分模仿长兄的词风："爱听高柳乱鸣蝉。万里青天连碧海，稳泛轻船"，"临风独立更茫然。万事消沉君莫问，明日新年"。兄弟二人共度除夕的那份惬意，跃然纸上，活现眼前。可贵的是，父亲一生这唯一一次与胞弟饮酒度岁，他并没有冷落了妻子。何以知之？君不见词人煞拍有言："可笑山妻还说向[①]，明日新年。"妻子的一句闲谈，被词人信手拈来，天衣无缝地编织进词作中。可见这一次除夕夜饮，絮语炉边，实是一次兄弟、夫妻、长嫂幼弟的家庭小聚——词的收尾正是父亲后来在讲授诗词创作时所推崇的"言有尽而韵无穷"。编订《留春词》时，父亲将六吉弟的那首附于己作之后，收入集中，可见父亲对幼弟的护持。兄弟二人的两首小词若比并而读，更见手足情深。回看此前十年，1923 年的盛夏，父亲假期返乡，天降大雨，运河决堤，村庄被大水围住，祖父金墀公亲驾小木船，载长子随、幼子谦"容与中流"，兄弟二人曾联句纪之：

乘船游野外（谦）
乐事叙天伦（随）
浪击船板响（谦）

① 向，词中常用语助词，无实际意义。

风送碧波粼（随）[1]

当时六吉尚不满十周岁，而如今已是在北平读书的高中生，兄弟亲情将相隔十年的“叙天伦”之联句与同赋“明日新年”之词章，熨帖地连接在了一起。

作为父亲，1932年农历三月十七有《鹧鸪天》一首，为“燕女弥月”而赋：

一片生机未可当。试看东海浴朝阳。清眸点水澄潭影，笑靥生花散乳香。　尘满面，鬓盈霜。生身谁不有爷娘。可怜往事思量遍，不记当初似汝长。

词的开端两句以喷薄而出的东海朝阳喻女儿的一片生机，三句描绘女儿明澈的目光，四句描绘女儿稚嫩欢笑的面庞。过片换头，笔锋亦转，两个短句借东坡词句“尘满面，鬓如霜”，以略带夸张的修辞，描绘自己人届中年的形容，接下来的一个长句向思念双亲过渡；最末两个长句笔锋再转，叹息自己不能在记忆中葆有襁褓中受到父母怜爱的悲伤。[2]这首五十五个字的词作，是此前三种词集所不曾见到的、也是父亲一生中唯一的一首浓聚着一个中年人对下对上厚重亲情的词作。

① 见致卢伯屏函，1923.8.4。清河县旧时常遭运河水灾，时年长者多能驾船。
② 父亲的生母早亡，其时老父金墀公尚健在。

四　学禅境界

父亲一生对禅学有甚深研究。他幼年、少年读书，偶见有关禅家笑话、偈语，即对之产生兴趣，而正式研读佛书则是在1929年入燕京大学执教之后，特别是1932年夏，我的祖父金墀公突发脑溢血辞世，父亲“痛遭先严大故”，“真觉如天翻地覆”，“身心衰弱”，思学禅以“渡此无可奈何之关头”，“稍睹光明”。①禅理是深奥的，父亲学禅，体验过获得新知的喜悦，也经历过苦无入处的困惑。他把这些写进了1932年、1933年的两首词中，使后人有幸于词中得睹学禅初始时的情况。

1930—1933年是父亲开始研读佛典之时，1931年底，一首《八声甘州》以禅语绘禅境，开端一韵即以佛典入词：

白夫渠一叶一婴儿，一花一如来。

“夫渠”，即芙蕖，莲花，如来佛陀名号；又据《妙法莲华经》记述，在阿弥陀所管辖的西方净土，人都居住在莲花中，平时在世上行尽善事，净土即在池中为之生出一朵莲花。词之首韵，展现给读者的是一片纯美善良的理想境地。随即词中又铺示出“正夜钟响澈，云随声远，天宇晴开”的肃穆畅朗境界，寄托着词人大同世界的美好理想。进入下片，则绘景式地描述出词人初学禅理的经过与体悟：

① 见《禅与诗》讲演记录整理稿，收入十卷本《顾随全集》卷三。

三十余年行脚，剩半头白发，满面黄埃。尽沿门托钵，踏破几芒鞋。走平沙、绿洲何处，只依稀、空际现楼台。算今朝、到灵山①了，莫再空回。

“行脚”“托钵”均佛教语汇，言僧人“脚行天下”托钵求施与“求法证悟”的行为，用在词中，其表层含义借指自身前半生离乡求职谋生的经历，实则隐含着寻求“正道”的深层寓意；“走平沙”得以“依稀”于“空际”见“楼台”，则是化用了唐太宗《三藏圣教序》中玄奘西行求取真经之路——“往游西域”“积雪晨飞”“惊沙夕起”“万里山川”“询求正道”——言自身对禅学禅理的苦心追求；结句“算今朝、到灵山了，莫再空回”，借佛典以言终于发现了“真经”之所在，决心深入进去，绝不“空回”。一首《八声甘州》，形象地表现出词人在学禅的道路上，已进入了王国维所说成大事业大学问的第一境界“昨夜西风凋碧树。独上高楼，望尽天涯路”②——有了明确的理想路径与目标。

父亲学禅进入“第一境”后，行进得相当艰苦，经历了王氏所谓“衣带渐宽终不悔，为伊消得人憔悴”的第二境。1933 年初冬所填《临江仙》正书此境，其词题即曰：“连日阅禅宗语录，迥无入处。”直言不得身入禅境的苦闷。其词曰：

春去已成首夏，秋深又到初冬。悠悠飞鸟度长空。却来杨柳岸，

① 灵山，释迦牟尼传道之所。
② 见王国维《人间词话》。

高唱大江东。　　万事从教草草，此生切莫匆匆。共谁狭路好相逢。拈花知佛意，一笑见宗风。

自春徂夏，自秋及冬，时光流逝如长空飞鸟，年来学禅仍是“迥无入处”，直如“却来杨柳岸，高唱大江东”[①]一般不谐。但词人的灵感、学人的进取使父亲绝不肯放下对禅理的追求。何以见得？词人所“高唱”之“大江东”，又是元曲《单刀会》中关云长单刀赴会、驾舟中流时所唱之曲。此处“大江东”，一典双用，学禅虽“迥无入处”，但词人内心充盈着前行的勇气与力量，任凭世间“万事”带来忧劳，“此生切莫匆匆”，即使再难行的“狭路”，也要深入探寻，全身心地坚信着、期盼着、追求着进入“拈花知佛意，一笑见宗风”[②]的顿悟境地。这首词，形象丰满、生动可感地记述了学禅路上所历的困窘体验以及坚信“相逢”真理、坚毅前行、决不放弃的信念与定力。此后，父亲经过“第二境”的艰难进取，终得登堂入室，而在禅学研究上成就了一番事业。

这两首词，对于研究“禅学家”顾随的学禅经历，不无参考价值。

① 杨柳岸，柳永婉约之词《雨霖铃》中“晓风残月”的告别之地；大江东，东坡《念奴娇》中“浪淘尽千古”的壮阔之境。

②《大梵天王问佛决疑经·拈华品》:“尔时如来，坐此宝座，受此莲华，无说无言，但拈莲华。入大会中，八万四千人天时大众，皆止默然。于时长老摩诃迦叶，见佛拈华示众佛事，即今廓然，破颜微笑。佛即告言：‘是也。我有正法眼藏、涅盘妙心、实相无相、微妙法门，不立文字，教外别传，总持任持，凡夫成佛，第一义谛。今方付属摩诃迦叶。’”

五　抗日战歌

在《留春词》中，与人生咏叹、亲情叙写、学禅体悟完全不同的，是两首高昂的抗敌救国之曲。

1931年，发生了震惊中外的九·一八事变，东北的大好河山沦丧敌手，阴霾晦暗的抗战形势，沉重地压抑着每一个中国人的心。1933年3月11日，二十九军大刀队在喜峰口雪夜砍杀日本官兵的“长城抗战”，犹如冲破酷寒的一缕春风，暖入了每一个中国人的心，一曲《大刀进行曲》传唱至今。谁能想到，此际，有一位词人，正以“词”这种最为婉约的韵文形式亢奋激昂地歌唱着“大刀向鬼子们头上砍去”的著名战役：

> 夜雪飞花，更映衬、宝刀如雪。看今夕、健儿身手，立功奇绝。星斗无光天欲泣，旌旗乍卷风吹裂。只衔枚、袭近敌营时，心先爇。　　鸣画角，声清越。扬白刃，光明灭。冒枪林弹雨，裹创浴血。保我版图方寸土，是谁青史千秋业。算英雄死去也无名，肠如铁。（《满江红》）

“夜雪飞花，更映衬、宝刀如雪”，词中仅有的写景句，已有了“宝刀”出现，铺设了冰天雪地间杀敌报国的背景，近乎唐代岑参边塞诗中境界；由“夜雪”“宝刀”自然引出“看今夕”二句，点明这是一次“健儿”“立功”的实战；“星斗”“旌旗”二句绘出惊天地泣鬼神的战斗环境；“衔枚”，借用古代战场战斗的紧张气氛，如此之“袭近敌营”、心潮澎湃是战斗胜利的预示；下片“鸣画角”以下四个三字短句，声光交迸，顿挫有力，既现杀敌战场的现实境界，更现战斗者的精神境界。以下三韵数句，是对“保我版图”却不图青史留名的高尚之情怀以及彪炳“千秋”之胜业的赞颂，最后的“肠如铁”三字，一字一顿，力重千钧，收束全词。

这首词尽管没有词题，但“夜”“夕”“星斗”明确标出此次战斗时间是在夜间；“雪”字两次出现，明确绘出雪中作战的环境特点；“宝刀”“白刃”重复出现，更明确指出此次战斗所用的武器为无声的刀；“保我版图”四字乃点睛之笔，指明所抗之敌乃外侮——这一切分明是在写二十九军大刀队雪夜砍杀日本鬼子的长城抗战。词作用景、用物来指事抒情，写精神境界，这不只是一个创作者的匠心，更是一个爱国者的苦心。

父亲于词，最崇敬最喜爱者乃稼轩，但这首《满江红》实非追慕稼轩爱国词的泛泛之作，它有鲜明的时代印迹，有确指的战役描颂，于中熔铸着深沉的爱国情志，犀利的战斗力量。在下学浅，不知《全宋词》中可有以一首词专写一次著名战役战场情景之作否？岳飞有著名的壮词《满江红》，抒战斗精神与爱国情怀，父亲此作选用“满江红”一调，绝非偶然，寓有思想情志上的承续与贯通之深意。①

紧随《满江红》之后，又有一曲《踏莎行·为老兵送人出关杀敌赋》，由于有了词题，抗日的主旨更为显明；由于是“老兵”口吻，较之前首少了几分豪壮与浪漫的气息，多了一些平民的质朴情味。近来忽然想到，词题中的“为”字，亦似颇可寻味，如读作去声，则是代老兵送人出关；如若读平声，则是我作为一名老兵而送人出关，或许二者都有，或许当时父亲并没有想这么多，但总之是托老兵之口传自己心曲：

① 父亲数百首词作，“满江红”一调仅用过两次。

百战归来，半身瘫废。此身自分常无谓。晚来独看鸟投林，宵深相伴灯成穗。　　笳鼓悲凉，河山破碎。阵前嘶马摇征辔。为君重爇少年心，为君重下青春泪。

上阕先写“百战归来”已是“半身瘫废”的老兵，他心如枯木死灰，只在“独看鸟投林”“常伴灯成穗”的孤单冷寂中打发“无谓”的岁月，似乎他真的已是个心死之人。但下阕笔锋陡转，日寇的铁蹄使“河山破碎”，抗敌的战场“笳鼓悲凉”，把我们突然带进悲惨的现实，其后词笔随即转入高亢昂奋的抗日战场——“阵前嘶马摇征辔”；此时此刻，老兵突然走出了他那无聊的岁月，为“出关杀敌”的同志“重爇少年心”“重下青春泪”，两个“重”字，重笔点醒是民族的危亡再次焕发出老兵青春少年的意气。“老兵”的形象，代表了国难当头本已消极沉默的一代中国人精神面貌的巨变。

鼓吹抗日救国的《满江红》与《踏莎行》，虽然仅只两首，但却构成了一部《留春词》的最强音。父亲用词这种传统的、以婉美为其主体风格的韵文形式，谱写了黄钟大吕、铿鞫镗鞳的抗日奏鸣曲，传达出九・一八事变以后全国人民强烈的爱国情志，直逼当时日趋严重的民族矛盾，表现了鲜明的时代精神。

关于这两首词，在我的记忆中还存留着一段儿时旧事。那是在我五六岁时的一年冬天，一天晚饭后，我见全家人围在饭桌旁，从一本本薄薄的线装书里，撕掉其中的两张。我不知道撕掉的是什么，更不知道为什么要撕，家里那么多的书，都是整整齐齐的，连我平时看的小画书都不卷不破，今天这是怎么了？我童稚的心里感觉到事情非同寻常。大人们一句话都不说地撕着书，全然不是平日晚饭后和谐温暖的气氛。直到我稍稍长大，已能自己从书架上找书看的时候，才偶然发现那被撕的书是《苦水诗存》——

当时尚未留意撕掉的是后面的《留春词》；至于知道为什么必须撕，更是在多年以后偶然读到一本不缺页的《留春词》，始知当年被撕掉的第九、十两页上，有两首关乎抗日的作品——《满江红》（夜雪飞花）与《踏莎行·为老兵送人出关杀敌赋》。这回我全明白了，撕书的那一晚当是1941年12月8日之后，当时太平洋战争爆发，燕京大学旋即被日寇封闭，日伪统治者加紧了对中国百姓的压制，父亲是燕京大学的专任教员，为防备日伪特务的搜查，不得不撕去《留春词》中的抗日战歌！

两首明朗、昂扬、雄壮的抗战词，在《留春词》中并非孤立地存在，另有幽隐、沉重、低徊的词作与之暗相呼应。

1933年初夏，父亲填写了一首"用清真韵"的《西河》。周邦彦一首《西河·金陵怀古》古今传颂，但父亲于词并不重周邦彦，这在《荒原词》后的"六绝句"中已有明言，而他在课堂上也不曾专讲清真词。"西河"一调在全部苦水词中，亦只出现过两次，他此际谱《西河》特明示"用清真韵"，我以为用意只在点明此作乃仿清真《西河》的怀古之曲。自古以来，怀古之用心、用意皆在伤今，《留春词》中这首《西河》，虽用清真原韵，却并非如周氏原作空泛地慨叹今夕盛衰之变，而是有着特殊的时代命意。词之开篇"燕赵地"三字赫然在目，不言自明，词乃"燕赵怀古"之作也。时当1933年初，燕赵之地究竟发生了什么大事，引得词人发思古幽情？翻开现代史，1933年开年，日军侵占了山海关，两个月后，进占承德，热河省沦陷，又月余，日军再占北戴河、昌黎等地，至五月，日军大举进攻冀东地区，对北平已形成了三面包围之势，燕赵地已是危如累卵。于是有了这首"三叠"的怀古伤今之作：

燕赵地。悲歌慷慨犹记。雄师故国已千年，梦酣未起。眼中落落竟谁豪，风云撩乱天际。　　算天险，难仗倚。横江铁索谁系。茫茫万里古长城，只余坏垒。凭阑极目送斜阳，滔滔东去流水。　　旧京短巷更闹市。见呼朋、归去乡里。试问只今何世。甚仓皇、落魄无言相对。萧索黄天红尘里。

前两段多用典故，将现实的危机隐置于典故背后，昔日燕赵之地的慷慨悲歌至今只存于记忆，曾经拥有强大军队的千年古国在沉睡，“万里长城”“横江铁索”早已是不能“仗倚”的天险，只余“风云缭乱”中的“坏垒”。末段转入旧京的“短巷”“闹市”，直感到“仓皇”“落魄”，更加“红尘”笼罩在“萧索黄天”之下——象喻着大灾大难的即将降临。苦水词人以他诗人的爱国之心、锐敏之感，预想到大灾难之将至，谱写了这一支忧时伤国的《西河》。

在《留春词》的卷末，又有一首“题冯问田先生《紫箫声馆诗集》[①]”的《青玉案》和一首“再题”的《鹧鸪天》。父亲与冯问田先生虽“同是燕南赵北人”，但仅“相逢一面”，而读过《紫箫声馆诗集》后，“玉溪风格，剑南情绪”“凌江海”“泣鬼神”[②]——集中抗日的主旋律，使他大受感动，因之思绪随着冯氏诗章飞向了“三千里外”已沦于敌手的东北三省：

苍天已醉河山裂。几度才人费心血。读罢新诗悲欲绝。三千里外，

① 冯文洵（1880—1934），字问田，祖籍天津，生于涿州，城南诗社主要成员，有《丙寅天津竹枝词》。其《紫箫声馆诗集》笔者至今未见。

② 引文见此《鹧鸪天》与《青玉案》。玉溪，晚唐诗人李商隐号玉溪生；剑南，南宋诗人陆游有《剑南诗稿》。

乌龙江上，只剩荒寒月。（《青玉案》下片）

冯问田先生或曾亲历九·一八巨变，《紫箫声馆诗集》中定有痛惜河山变色之作，定有痛伤黎民涂炭之篇，因而苦水词人“读罢新诗悲欲绝”，国土沦丧，山河破碎，苍天无力祐护，白山黑水之上，连亘古不变之朗月也失去光彩，仅余“荒寒”之色。结篇十三个字的景语，象喻着东北三省大好河山之黯然变色，道尽了人事全非的悲惨现实。

《西河》《青玉案》与上述《满江红》《踏莎行》所咏题材不同、所用笔致不同，然深蕴的思想、情感一也。四首词风格有阳刚阴柔之别，情韵有雄壮凄楚之异，但同是紧扣时代脉搏的抗敌词章。只是因了风格之不同与词题之含蓄，《西河》与《青玉案》当年方未遭被撕弃之灾。

总观父亲的全部词作，我以为“留春”中的这四首紧贴社会现实的词，标志着他一生前期词作的结束，也成为此后北平沦陷期间“霰集”“濡露”二集的先导。

尽管1939年父亲在燕京大学那次题为“偶然”的谈话中说，近年“发现词的容量太小，果能容软的感情，不能容硬的思想”，词只能是一种“感兴之作”。但他终竟是一个根植于现实、根植于人生的词人，他不能只“按律填词”“见花开写花开”“见叶落写叶落”，他还是在词的“小容量”中，既容进了“软的感情”，又容进了“硬的思想”。大抵可以如此说：父亲的这一类词作是以看似“软的感情”传达着“硬的思想”。

第六章

《霰集词》：坚贞的操守　爱国的心志（上）

一　词集之创作、命名与印制

1933年秋《留春词》结集时，父亲在词集“自叙”的结尾处曾有“后此即再有作，亦断断乎不为小词矣”的话，这是因为他决意将自己的韵文创作转向剧曲一途——仅在1936年新年前后，有和晚唐五代词人之《积木词》，但“此和也，非作也”①——待到他再次将创作之笔移向于词，已是身处沦陷之北平的时候了。

1937年七七事变后，父亲困居北平，他坚贞自守，无时无刻不在关心着国家民族的命运、盼望着光复故土，于是他又开始填词了，至1941年12月初太平洋战争爆发，燕京大学被日寇强行封闭，四五年间有词作六十六首。他把全部的苦闷与期望、坚贞的心意与操守都注入这些词作之中。这一番深杳凄伤的情意，父亲在1943年为《濡露词》所写的小记中

① 见《积木词·自序》。

曾有述说，只是迫于当时形势，表述得极为幽隐曲折：

曩者自序《留春词》，曾有“断断乎不为小词”之言，盖其时立志将专力于剧曲之创作也。其结果则为《苦水作剧》三种。然自是而后，身心交病，俯仰浮沉，了无生趣，构思命笔，几俱不能。而词也者，吾少之所习而嗜焉者也。憩息偃卧之余，痛苦忧患之际，定力既弛，结习为祟，遂不能自禁而弗为……

这段话虽是嗣后书于《濡露词》的“小记”中，但《苦水作剧》结集于1936年岁末，所谓“自是而后”，实指1937年七七事变之后，即包括了《霰集词》创作的心志情意在内；至于“自是而后”何以“身心交病”，何以“了无生趣”，何以“痛苦忧患”，自是当时所不能明言，而当时及后世的读者都能了然于心的。

七七事变至燕京大学被封闭期间的词作六十六首，父亲编订为《霰集词》上下卷，于1941年底印行。

《霰集词》的形制不同于父亲此前之诗词剧曲集，平装小三十二开报纸本，不设乌丝阑，封面也只是较内页略厚一点的白纸，印有三个较内文略大的“霰集词”三个铅字。这固然是限于当时的经济条件，不得不“因陋就简”[①]，但其中定然还有更深一层的用意——国土沦丧，民生涂炭，以简朴的装帧志家国民族一段苦难的历史。父亲早年曾说过：“侥幸我总算把每一个时期的情绪与思想，都用了各种不同的文体写了下来。每一翻

① 见冯至《怀念羡季》，收入《顾随先生百年诞辰纪念文集》。

阅，便觉得我无论在过去的哪个时期都‘算’底底确确地生活着。”[①]此际，身处1941年岁末的北平，印行《霰集词》正是以“少之所习而嗜焉者”的词，记录下一段艰难岁月中的凄苦生活与心境。

词集何以名为“霰集”？“霰集”乃父亲表字“羡季”二字的谐音，“霰集词”即“羡季词”也，以谐音而取名，此其最表层、最易为读者所想及的用意。关于词集的定名，我还曾想过，父亲一向喜爱自然景象中的霰，星星簌簌，集而成景，父亲将1937年至1941年的词作汇而为册，如霰之集，这可能是“霰集”一名的缘由之二。且父亲二十余岁在山东时，曾设计、筹划将友人们的作品汇编为合集，定名为“集霰”，可为佐证。甚至我还曾往更深处思索过，霰之洁白晶莹，纤尘不染，具有以物喻人之高洁坚贞的寓意，这或是生活于沦陷区，父亲为词集命名之更深层的取义。待到2011年，得到父亲辅仁大学弟子刘在昭的听课笔记，原来1945年抗战胜利后他老人家对此集名曾自有追述：

> 北平沦陷时期的一九四一年，余印行词集《霰集词》。……《诗经》有句云：“相彼雨雪，先集维霰。”（《小雅·頍弁》）《易经》有句“履霜，坚冰至”（《坤》）与《诗经》二句意同。余当日因汉口被日军占领，惧有他变，因名词集曰“霰集”，意即取《诗经》也。[②]

这是词集定名“霰集”的深衷，其中寓有词人一番凄苦的忧国命意。

---

① 见致卢伯屏函，1928.9.14。

② 见《中国经典原境界》第六讲《课前闲叙》。“相彼雨雪，先集维霰”，《中国经典原境界》中出处作《小雅·鸳鸯》，误。

《霰集词》与此后之《濡露词》，作于中国人民抗日战争时期，因而，词作有着与前此诸作不同的面貌：

其一，所为词几乎全处于愁情的笼罩之中（两集中各有一首是例外），且无传统词作中小我之闲愁，全是具有时代命意的家国之愁；

其二，全部词作贯穿着幽婉却又坚定的情意，再难觅得往时词作慷慨愤激之情与飞扬健举之气，更多的是以比兴喻托来抒怀，甚或时用前人诗词和典故把情意抒发得更为幽隐深沉；

其三，几乎全部是情致深婉的令词，仅有一首长调。

这些正是特定年代特定境遇中，苦水词作在内容、情意以至艺术表现诸方面产生之必然变化。

二　时代灾难的记录

《霰集词》首先记录了国家民族蒙受的巨大灾难。

词集的开卷是沦陷后的第一组作品——《南乡子》四首。“理尽九回肠。漫写瑶笺寄远方”（其一），“散发袒银裳，眇眇予怀水一方”（其二），在看似怀念远人的情调中，深寄着的是“天路正同人世险，苍茫。一带寒云断雁行”（其一）、“白雁数声飞过也，凄惶。重露沾衣半是霜”（其二）的内心忧惧，以及人世灾难带来的时代忧伤。

至第三首，则以所写哀景绘出侵略者造成的世势之艰危昏暗：

风雨正凄凄。何处胶胶午夜鸡。①远梦初回残烛灺，堪疑。犹见春幡压鬓低。②　　高阁与云齐。那更林鸦不住啼。从此长空晴日影，无期。天北天南滑滑泥。

风雨凄凄的长夜，不当鸡鸣而鸡鸣胶胶，与南下故人相聚之梦已断，残烛已燃成灰烬，而梦境中美人头上象征春归的袅袅春幡，似是依旧残存于心底眼前。上片用《诗经》《庄子》、辛词表现夜境与实境的巨大反差，这正是现实悲剧之所生。至下片，情与辞均表现得更为凄苦而刻入。象征汉宫威仪的高阁，已被层云遮蔽，哪里还能再忍受不祥之鸟乌鸦的不停啼叫！景中象喻的是灾祸降临、危机四伏的乱世。结篇三句虽仍近景语，但寓意甚为鲜明："从此长空晴日影，无期"二句，从眼下再向将来望去，以天象言从此再无晴日；"无期"，用字极为平常，却诉出了内心难以承受的绝望之苦，于是末句由观天象转向绘地舆——"天北天南滑滑泥"。依词谱，"滑滑泥"三字平仄为"仄仄平"，则"滑滑"应读作"gǔ gǔ"。父亲在1945年后曾言及此词，说"泥滑滑"是鸟鸣声，乃"行不得"之意。③于此，他借字词的两个读音、两种含义，双关泥泞难行、上下四方举步维艰、"行不得"的险棘阻碍，这正是民族大灾难降临之日的真实写照。

---

① "风雨"二句，用《诗经·风雨》"风雨凄凄，鸡鸣胶胶"。"胶胶"，又用《庄子》"胶胶扰扰"，动荡不安貌。

② "犹见"句，用辛弃疾《汉宫春》："春已归来，看美人头上袅袅春幡。"春幡，即春旗。旧俗立春日挂春幡于树梢，或用缯绢剪成小幡插于鬓。

③ 见《传学——中国文学讲记》第六讲《〈文赋〉要义》、第二十一讲《真实诗人陆放翁》。

第四首叙写"独自过红桥"所见所感之萧条秋色，用语含蓄，寄慨遥深。上片"朱夏青春影俱消。一阵金风来四野，寒条。落尽空林叶乱飘"，"朱夏青春影俱销"，表面写炎夏已过去，实是隐喻华夏大地的生力与尊严已是消逝得踪影全无；"金风"本是对秋风的美称，而此时的秋风带来的是"寒条""空林"，则此"金"字自带有强势的肃杀之气。上片几句景语乃以季节之更替象喻外敌入侵造成的灾难，下片"秋魂不可招""南天人不见"则更是对灾难笼罩下之故国故土的深重忧思。结句"长宵。谁向深宫斗舞腰"，稍显费解，私意以为，此处或并非直用"楚王好细腰"之典，而是暗用晚唐许浑诗句"细腰争舞君王醉，白日秦兵天下来"（《楚宫怨》），喻指当局面对敌寇侵凌而救国无策。1937年沦陷之初，词人已有此痛彻肝肠的感触，不仅是源自词人的敏感，更是基于忧国忧民的赤诚。同年的"长安万户深宵里，露冷风高俱闭关"（《鹧鸪天》[四十光阴下水船]），"已教雾锁江边树，那更云低剑外山"（《鹧鸪天》[落日秋风蜀道难]）；1938年的"人间一例付苍苍，凭教夜色冥冥裹"（《踏莎行》[落日云埋]）；1939年的"残月无声沉远岫，飞霜如雪打枯枝"（《浣溪沙》[又是人间落叶时]），"暮霭无边粘乱草，寒风只解舞回波"（《浣溪沙》[凉雨多时病已多]）……均是以自然境象的凄迷阴冷，象喻祖国大地蒙受的深重灾难。

1938年的《灼灼花》，用"赋"的手法，以常语铺写叙述，却是对苦难现实与内心情志的直接表现：

日落苍茫里。夜色冥冥起。天外疏星，枝头宿鸟，楼前流水。便天公着意酿荒寒，甚荒寒如此。　多少伤心事。放眼愁无际。一度登高，一回念远，一番垂泪。算人民城郭已全非，[①]只江山信美。

上片重在写景，日落苍茫，夜色冥冥，疏星、宿鸟、流水，自然之景不仅只为象喻，更直接引发出对苍天的责问：即使老天着意在人间酿制荒寒，为何“荒寒”到如此地步！责问上天，实是对残酷现实景况的控诉。于是下片直述现实境遇无非“伤心事”，唯余“愁无际”，“登高”只有“念远”，“念远”只能“垂泪”，城郭易主，人民“南冠”，已是面貌全非。通篇弥漫的是难以言表的内心沉痛，唯结句之“只江山信美”流露出对故国之深爱与胜利之热望，又见词人并未沉沦于无边的苦痛绝望之中。

1937年底，南京被日军攻占，三十万同胞惨遭杀害。令人想不到的是，苦水词人一首看似怀古的《临江仙》，实为对南京大屠杀所做的历史记述：

千古六朝文物，大江日夜东流。秣陵城畔又深秋。云迷高下树，雨打去来舟。　　忆写瑶笺寄恨，更书花叶传愁。篆香消尽事全休。月明还簌簌，风起正飕飕。

2009年，甥曹宪根据词的创作时间与外祖父从未去过南京，却于此际咏六朝古都秣陵，已想到这首词是为南京大屠杀而发，但由于没有有力的旁证资料，而未敢遽下断语。2011年获得刘在昭先生早年的听课笔记，于中发现了父亲的一段自述，他老人家在说过“霰集”的命名后，便谈到这首《临江仙》乃是“南京被日军侵占后之作”，“‘云迷高下树’，无光明；

① “算人民”句，化用《搜神后记》丁令威事。丁令威化鹤归来徘徊空中，叹“城郭如是人民非”。此典在《霰集词》六十六首中凡七见。

‘雨打去来舟’，落花流水”。[1]这时词人内心只感到“篆香消尽事全休”，唯有以一纸“瑶笺寄恨”，以一片“花叶传愁”，寄托对遇难同胞的哀悼，对侵略暴行的控诉；这时“月明还簌簌，风起正飕飕”，亘古的明月在为侵略者制造的人间惨剧而颤抖，骤起的寒风也为国土沦丧、民族大恨而呼号。

南京失陷，使父亲预感到国势必然更趋急转直下，前途必然更为渺渺茫茫。限于词的形式，更限于当时的处境，对于家国民族的危难，他只能是象征地、概括地、曲折地、隐喻地表现。这时，较之 1933 年“哀济南”的三首《八声甘州》，他连“哀南京”这样的标题都不能明写了。

三 “不戴南冠亦楚囚”

面对苦难中的祖国，父亲困于家累，不得与师友弟子一起共赴国难，只能滞留于沦陷的北平，内心承受着极大的痛苦与煎熬。1937 年立秋之日，实即七七事变后一月，父亲作七律《立秋口号》，尾联曰：“数间老屋西风里，不戴南冠亦楚囚[2]。”

《霰集词》开卷紧随《南乡子》的《浣溪沙》三首，尽叙此情：“上尽层楼意惘然。身寒已自太无端。木棉裘暖奈心寒”（其一上片）——以季节之寒暖言无法疗治的内心伤痛；“秋水半塘波滟滟，斜阳满地草芊芊。

① 见《中国经典原境界》第六讲《课前闲叙》。

② 楚囚，囚徒，暗念不屈服、怀故国之意。典出《左转·成公九年》。

韶光虽好不堪看”（其一下片）——美好的秋光无补于人世的疮痍与内心的苦涩。他处在无止无歇的悲愁之中：“借酒消愁愁更愁。清愁无奈况沉忧。伤春才罢又悲秋。”（其二上片）他感到生命已先于躯体而终结：“风雨无端妨好睡，江山信美莫登楼。此身未了此生休。”（其二下片）他甚至感到自然界的飞鸟也与人一样失去了家园——“远梦归来人落落，西风吹去柳斜斜。巢林海燕已无家”（其三下片）；无尽的悲苦使他对不谙世事的小女儿的欢声笑语也产生了烦躁——“病来止酒剩煎茶。剧怜儿女太喧哗”（其三上片）。父亲也曾因一怀苦楚而迁怒于大自然的无情，一个失眠之夜，仰望晴空之星，他吟出“不知人世改，仍作旧时明”（《临江仙》［飘忽断云来去］）之怨语。

1938年初，父亲谱写了一首以幻想之事象构成的“很象征化的作品”《临江仙》，“整首词好似在说一个故事，一个事件，整个故事是象征，还不是说一个语汇的象征而已”：

> 记向春宵熔蜡，精心肖作伊人。灯前流盼欲相亲。玉肌凉有韵，宝靥笑生痕。　　不奈朱明烈日，炎炎销尽真真。也思重试貌前身。几番终不似，放手泪沾巾。

叶嘉莹先生在对整首词做了字字句句的解析之后，总结说：“整个这首词全以形象喻写这么一种对于理想的追求及幻灭的悲哀。这是一种很现代化的感情，也是一种用了很现代化的手段、写法来写的一篇作品。”①

① 以上引文见叶嘉莹《苦水先生作词赏析举隅》，收入《顾随先生百年诞辰纪念文集》。

这首词可说是象喻性的述志之作。1941 年春，燕京大学学生王辅世在课堂上听顾随老师讲了自己这首词，半个世纪后，他仍清晰地记得老师当时的讲述，“顾先生作这首《临江仙》时，把自己比作一个捏蜡人的”，“顾先生说他在七七事变以前写了许多首诗词。那时文思敏捷，得心应手，信手写来，都成佳作。七七事变以后，大半个中国在很短的时间内被日本帝国主义占领。他在沦陷的北平，亲眼看到凶残的日寇镇压中国人民，无耻汉奸助纣为虐欺侮自己的同胞，所以他的心情悒郁，文思锐减，再也写不出好的诗词来了。顾先生这首《临江仙》正是说明他的情况。”[①]若从刻入的象喻意义来说，词人是以蜡人象喻一个美好的事物、一种美妙的理想，但它现在已被无情地毁掉了，再也无法重现，留给人的只有无尽的愁思与泪水。其实，这里还有更深一层的寓意，“朱明烈日”本是炎夏的太阳，词中巧妙地以“炎夏”双关 7 月 7 日打着“太阳旗”入侵古都的侵略者，它摧毁了人世间的一切美好，留下的只剩残破的现实，这是词人在苦痛中以曲笔向灾难制造者发出的抗争。王辅世文中还说，“他用朱明烈日影射日本帝国主义”，“敢在课堂里表述自己的爱国热忱，不畏日寇迫害，真是令人钦敬。”

1939 年深秋，已抵昆明澂江的燕大同事、好友陆侃如辗转来函，嘱羡季“作南游”（即赴大后方），父亲赋《鹧鸪天》一阕代柬作答[②]：

苦住谁言岁月迟。九城又到雪飞时。凄凉开府吟哀赋，憔悴安仁

① 见王辅世《忆爱国诗人顾随的两件小事》，收入《顾随先生百年诞辰纪念文集》。

② 《鹧鸪天》有词题曰：“侃如自澂江来函，嘱作南游。赋此答之。”顾陆二人于 20 世纪 30 年代同时任教于燕京大学国文系，并曾对陆著《南戏拾遗》展开讨论。

叹鬓丝。　　愁易了，恨难支。灯前枉是说相思。故人问我南游意，露重霜寒有雁知。

词以伤离家去国、故土沦丧而书《哀江南赋》的庾信与叹“三十有二始见二毛”而书《秋兴赋》的潘岳自况，首句发端“苦住”二字，与词题中的“嘱作南游”暗相应和，次句发端“九城”二字，暗点旧日同校共研之地。二人同是研究古代诗词的学者，故词中直用庾信、潘岳之典，直抒“苦住”“九城”的“凄凉”“憔悴”。上片二十八字，包含了多少身不由己的无奈与故友睽别的隐痛。下片换头处“愁易了，恨难支”，言短意重——家国之恨重于小我之愁，小我之愁易了，家国之恨则难以承受。词人对家国虽怀浓重的“相思”，却不得身赴国难，满腔苦衷、一片归心只有托付于“露重霜寒”中南归的大雁，传情寄意。一首答友词，尽道不得南下、身同楚囚的苦楚与凄惶。

1940年，六吉自故乡书来，父亲赋《南乡子·寄家六吉弟》。上片先写自然界的晦暗之景——卷地风沙、寒空鸦噪，这既是大环境的象喻，又是全词氛围的铺垫；继之以向胞弟诉说自己困坐愁城之况——唯“无意趣”“两鬓华”而已。下片言：

兄弟隔天涯。乱后争知尚有家。一纸书来无计说，桑麻。那有青门可种瓜。

首句看似夸张，实言战乱之中举步维艰，相隔数百里即如天涯。“乱后”一句，明言战乱，直指敌寇入侵，国土沦丧，正是亡国之民“何以为家”的“楚囚”之叹。继之反用渊明《归园田居》“相见无杂言，但道桑麻长”

和秦汉之际东陵侯召平隐居青门种瓜为生的两个典故，言战乱之中农事无保并隐居亦成奢想的“楚囚”之境。沦陷时期，一首传兄弟亲情的词代柬，饱含的依旧是身同楚囚的家国之痛。

四　对故国故土的思念

对国家民族命运的关怀，在苦水词中本是一脉相延的，身处沦陷了的北平，这种情感便蒙上了一层浓重的悲剧色彩，化作了对故国故土的思念。

1937 年七七事变之初《南乡子》四首中之“理尽九回肠。漫写瑶笺寄远方”（其一）、“散发袒银裳。眇眇予怀水一方”（其二），用“回肠”（喻极悲）“散发”（喻隐居）等含有典故的隐喻，用“瑶笺”“银裳”等纯美的物什，用前人的诗句①，借怀人以抒思念故国之情。

1938 年《灼灼花》（不是昏昏睡）中“南望中原，青山一发，江湖满地”，《临江仙》（去岁衰于前岁）中“极目江湖满地，遥天一发青山”，父亲自言均是借用东坡之“青山一发是中原”，变东坡之北望为南望，“叙故土收复无望之慨”。②近年辑得《霰集词》结集后 1942 年的一首佚词《临江仙》，同是用了“青山一发是中原”的意象：

上得层楼穷远目，中原一发青山。当年信誓要贞坚。千秋明汉月，

① 仅“眇眇予怀”句，即用了《诗经·蒹葭》与苏轼《赤壁赋》。
② 见《中国经典原境界》第六讲《课前闲叙》。

百二屹秦关。　　梦里神游无不可，镜中改尽朱颜。安心未借野狐禅。此身犹好在，争敢怨华颠。

上片先抒思念故国之情、满怀坚贞之意，再于“千秋汉月”“百二秦关”两典之间，嵌入“明”“屹”两动词，极写故国蒙难而生力长存、沉雄不减。下片“梦里神游”故国，“镜中”自己已是“改尽朱颜”，化用坡公《念奴娇·赤壁怀古》句意，抒思念故国之苦情；唯结篇二句承朱颜改尽之意，以“此身”“好在”，不“怨华颠”收束全词，不落坡公“人生如梦”的喟叹。

1939年父亲作有《清平乐》（屏山六扇），其下片言：“相思老尽丹枫。遥山犹记眉峰。布被中宵风起，深秋寒似深冬。”以丹枫之赤诚喻内心故国之思的坚贞，以山岳之俊秀抒祖国大好河山的眷念，词中对蒙难祖国之思念，较之稼轩不忘收复失地的“布被秋宵梦觉，眼前万里江山”，少了豪壮激情，更为深婉凄凉。

1940年《鹧鸪天》上片在“城外遥山”“杳冥”、“湖波冷欲生冰”、城内“哀弦不忍听”的境况之中，下片直言“添恨绪，减诗情。江南昨夜梦中行。一番雨打风吹后，尚有高枝下落英”；《御街行》上片言“相思便似丹枫树。烘残日，笼朝雾。一山明泛赤城霞，一抹微阳初度。此心耿耿，予怀渺渺，魂绕天涯路”——故国，那是词人须臾不曾忘怀的梦绕魂牵之地。她虽经侵略者雨打风吹般的侵凌，但庄严依旧，生命力犹存；对敌人的仇恨，对祖国的相思，如“丹枫”般炽烈，在残阳的凄冷、朝雾的昏蒙中不会褪色。——这就是词人对故国的一片赤诚热爱与眷念。《御街行》开篇之“相思”二字将故国之情表现得极为幽婉而深切。

借隐语、借象喻、借景物、借典故、借前人诗句，这些抒情手段是父亲沦陷时期词篇的创作特点。

对故国的思念，有时也寓含在思念南去挚友卢氏兄弟的词章中。父亲1938年《浣溪沙》（袅袅秋风到敝庐）之“何限凭高怀远意，几行和泪寄愁书。衡阳今岁雁归无”，是在“袅袅秋风”“溥溥零露”“篱畔豆花”的古都小院写给南下屏兄季弟的，以鸿雁传书与衡阳回雁之典，寄寓更为广博的“凭高怀远”的家国之念。同年《江神子》（苍空昨夜梦骖鸾）下片“醒来枕畔泪斑斑。半窗闲。月弯环。南去征人，犹在旅途间。渡过湘江行更远，千里路，万重山”，在对卢氏兄弟的牵挂中也寄寓着更深切的家国命运之关切。这首《江神子》的词序特言，此词是在“为学词诸子说稼轩‘宝钗飞凤’一首”之后，用稼轩原韵谱成。何以为学子说稼轩？何以用其原韵？不要忘记稼轩原词煞拍六字是“何日去，定天山！”说其词、用其韵，是借以表达自己内心深处家国何日得以光复之切望。抗战胜利后，父亲在辅仁大学课堂上谈及此词，曾说这首也是南京被日军侵占后之作，“亦是感慨之词”“亦是对收复沦陷区失地的渴望”。①至1939年秋季，父亲与卢氏昆仲别离已是三个年头，《临江仙》（岁月如流才几日）直抒“三载别来音问简，相思牵尽柔肠”，而另一首《蝶恋花》则开篇即直言：“当日别离犹觉易。一别三年，谙尽愁滋味。”内心的悲凉更加难以承受。

回看1938年的一首《虞美人》，带着叙事的味道，是送别、盼归之作：

去年祖饯咸阳道。斜日明衰草。今年相送大江边。霜打一林枫叶、晓来寒。　　深情争供年年别。泪尽肠千结。明春合遣燕双飞。夹路万花如锦、伴君归。

---

① 见《中国经典原境界》第六讲《课前闲叙》。

上片送别，前二句实写去年深秋黄昏古都京郊送别，斜日衰草，伤如之何；后二句言卢氏兄弟渡江南下，已是霜打枫叶的次年深秋，词人滞留旧京，所谓"相送大江边"，只是遥遥"神"送。下片前二句续写无可排解的别情，后二句情辞陡然高扬，设想再一个明年，失地光复，友人荣归，"夹路万花如锦"的场面，带着热烈的浪漫情调，预想抗敌胜利的光辉前景。

1940年，题为"戏仿曲中短柱体"的《醉太平》二首，是在格律上有所创新、韵律上别具情味的抒故国之情的词作，不可不读。且看其一：

云寒雾寒。花残月残。数声雁起遥滩。过千山万山。　　闲眠醉眠。愁端恨端。谁知何日樽前。说人间梦间。

所谓短柱体，是曲的一种押韵方式，即不仅句尾用韵，一句中亦可有两三处押韵，形成声韵与节奏上意外的"和声"之美。苦水词人《醉太平》二首既明标"戏仿"，就不是在词作中全部照搬曲之"短柱体"的押韵格式。所借鉴者，是句中有韵字；所创新处，是句中韵字乃重用——使四个四字短句成为四组八个排比而下的两字句，两个五字短句成为由一个领字领起的两组四个排比而下的两字句。这实是苦水词人吸收曲的格律特点、在词之格律形式上的一种创造。

这首《醉太平》，上片景语，以凄伤之景衬托南去大雁的远飞，实抒友人南渡的伤别之情、牵挂之意。下片情语，以自身愁闷之状尽诉伤离之苦、盼聚之思。全词的深层情意仍是对故国故土的思念。由于情意的深重凄伤、戏仿的押韵特点，浓缩而成的这首忧思之作，直似词人满腹心事的击节而叹，别具一番沉重的有言难宣的深情。

五　痛悼伯屏

“万花如锦”的回归盛况没有盼到，1939年深秋，父亲突然得到的是伯屏兄病逝于南下途中的噩耗。父亲与屏兄廿年相交、情逾骨肉的手足深情，是他青年中年时期一段极其珍贵而精彩的人生经历，拙笔于《顾随往事》一书已多有述，且致屏兄的五百余通信函已收入十卷本《顾随全集》，并即将影印单行。这里着重记写词集中悼念屏兄的多首词作。

痛悼伯屏之作一连十四首，占了词集近五分之一的篇幅，这绝不是常时小我的手足间的死别之情，这是敌寇入侵造成的生离而导致的死别，手足情紧联着家国恨。

七七事变后，半百之年的伯屏先生安置家小于故乡，与胞弟季韶南下。1939年入秋，已至大后方的“季韶书来，言屏兄死矣”[①]！伯屏先生虽年长父亲八九岁，但一向体格尚健，只是路程劳顿，偶感风寒，庸医误治，而致殒命西川，连一句遗言也没有留下。痛失兄长、知己，是中华民族大悲剧中一个微似锱铢的细节，但也是全民救亡交响中的一个小小音符。

父亲于词中倾吐噩耗传来的深悲：

樽前流涕唯灯见，梦里逢人亦泪垂。(《思佳客》[一局残棋化劫灰])

把酒灯前只自哀。共谁检点瘦形骸。（《定风波·再悼伯屏》六首其五）

---

① 见《少年游》词题。

灯影摇摇落短窗。醉中自理九回肠。（《定风波·再悼伯屏》六首其六）

——手足情断，家国恨深，伤如之何！

词中追忆前时生离的伤痛：

山北向，雁南飞。临分曾嘱伴春回。（《鹧鸪天》[日日樽前赋式微]）

一别三年书恨少。常道。花开明岁一樽同。（《定风波·再悼伯屏》六首其三）

衮衮山川犹在眼。长叹。何年化鹤始归来。（《定风波·再悼伯屏》六首其五）

——有了国土的光复，才有手足的重逢，伤别中寄寓着的是抗敌胜利的渴望。

词中痛惜今日死别的酸楚：

不道生离，竟成长往，犹自盼归来。
剑阁云寒，锦江波冷，真个隔天涯。（《少年游》[楼头风急雁声哀]）

肠已断，首重回。旧游新约事全非。（《思佳客》[一局残棋化劫灰]）

今日死生离别处。酸楚。寒风衰柳舞回波。（《定风波·再悼伯屏》

六首其一）

——国难中的生离导致死别，人天俱伤。

词中犹记旧日曾有的欢聚：

记得相逢情不尽。双鬓。青青恰称醉颜酡。（《定风波·再悼伯屏》六首其一）

听雨联床曾笑语。眉舞。便回凉夜作春温。（《定风波·再悼伯屏》六首其二）

——入侵者的铁骑踏碎了友情的温馨，昔日友情愈浓，今日国仇愈重。

另一首《思佳客》中，父亲更是痛彻肝肠，直诉肺腑：

真把人间比梦间。子云亭下叶初丹。炷香纵使连三界，奠酒何曾至九泉。　　辞北国，入西川。殷勤犹自寄诗篇。便教来世为兄弟，话到今生已惘然。（伯屏暂厝子云亭侧）

特定历史时期产生的悼念亡友的词作，唯真情、深情方能咏出如此催人泪下的词章。

十四首悼念之词中，有六首“连章”的《定风波·再悼伯屏》，前五首均以“把酒灯前”发端，末首以“灯影摇摇落短窗”起句，为六首之总结。“把酒灯前”之六首悼亡，在形式上仍仿欧公“把酒花前”之作，然与旧日同为仿作的《荒原词》“把酒东篱”之赏菊、《留春词》“把酒高楼”

之送春，情调迥异，深浸着沉重的死生离别之痛。虽用“六一词”之形式，却再无可能承袭欧公“伤感是热烈”“悲观中有乐观态度”的情致。这也许就是父亲于词题不再标示“仿六一……”的原因。

为了节省篇幅，我姑且“断章取义”，仅依次罗列六首连章悼念之次句及末句，以见苦水情意。先看次句：

悲欢争奈此身何。

人间何事不酸辛。

水流何事各西东。

此生何日解双眉。

共谁检点瘦形骸。

醉中自理九回肠。

以次句为例，虽非所谓“随机”，但也并非深思后的选择，只是读词时即觉感情分量沉重，且适宜单句引出。及至六句罗列而出，方突然发现，前五首次句皆问句，且是明知发问而绝无应答、却执着地不能不问的问句，从不同的角度将悼念之苦做了层层深进的抒发；末首之次句“自理九回肠”，词人清醒地意识到这就是无可应答的答案，恰是前五首之总结，只有将不可解的死别之伤痛沉甸甸地积存于自己的肺腑，这就是时代灾难酿成的悲剧。再看末句：

酸楚，寒风衰柳舞回波。

无际，长空漠漠结寒云。

如梦，独挥清泪对西风。

矮屋，窗前夜雪正霏霏。

今后，一樽绿酒为谁开。

慷慨，凭将清泪洒江阳。①

前五首末句从自然界的凄寂渐渐地托起词人自身承受的悲伤，至末首末句承上五首，人与自然相融，以阔大的自然之境承托词人难以承受的“慷慨”忧思。

六首《定风波》悼念亡友之情如瀑布般直泻而下，冯至老伯在五十年后《怀念羡季》一文中谈及羡季对屏兄的悼念：“一再填词哀悼，又提到‘便教来世为兄弟，话到今生已惘然’，尤其是六首《定风波》，作者心潮起伏，

① 以上词句原无标点，二字句之韵字为便于理解词意而均标为“，”，未依用韵处标“。”之常例。末首末句中“慷慨”二字，暗用曹操《短歌行》“慨当以慷，忧思难忘”句意。

好像永远不得安宁，感叹‘廿载交游今已矣。来世，来生飘渺更难期’。”

悼伯屏兄之作是《霰集词》中重要的、有机的组成部分。血泪交迸的悼念亡兄之词，隐含着沉重的时代悲情。

六　坚贞的操守与信念

父亲没有被内心深重的痛苦和思念压倒，坚贞的操守与胜利的信念支撑他苦度八年沦陷的岁月。操守与信念在词集中也是以曲折幽微的形式表现出来。

苦水词人对国家民族坚贞的节操，有时借了禅语来表现：

> 逃绊锁，耐饥寒。黄昏独自掩禅关。袈裟犹是京尘染，一卷华严带泪看。（《鹧鸪天》［落日秋风蜀道难］）

看似在写遁隐佛门、远离世事，然而忍饥耐寒禅门自掩，不受世事羁束，正是宣布自己身处沦陷区而绝不肯同流合污的高洁持守；身披的旧时僧衣乃旧京烟尘所染，手捧的华严经卷带泪而读，借物明志，以对民族传统文化的忠贞表现对故国故土的忠贞，坚持操守的情意在词中流露得极为鲜明。

苦水词人有时又是用了屈原香草美人的比兴寄托手法：

> 严妆和泪无人见，强理旧眉残。纵翻新谱，不描新月，不画春山。（《眼儿媚》［山光薄暮欲沉烟］）

字面近似“花间”词写女子梳妆，细味之，“严妆和泪无人见”一句，却是凝合了冯正中的“和泪试严妆”（《菩萨蛮》［娇鬟堆枕钗横凤］）与王静安的“且自簪花坐赏镜中人”（《虞美人》［碧苔深锁长门路）。冯正中句本就是写女子严妆以待远人之归；王静安句，父亲曾说这是《淮南子》中“兰生幽谷，不为莫服而不芳”之高洁持守的体现。①明乎此，苦水词中所寓托的深意则是极其鲜明、极耐寻味的。和泪着严妆，眉画旧时样，不照新谱描画时兴的新月眉、春山眉，延续着古老的诗词抒情言志传统，正是坚持操守、不改初衷、绝不事敌的心意的象喻。

即使是在悼念伯屏兄的词中，父亲依旧“事死如事生”，向屏兄倾吐着自己的心志。七七事变之后，日伪控制北大，父亲不再接受聘任。1939年老师周作人任职伪北大后，父亲不因师生之情而弃民族大义，依旧不肯去任课。这时，悼念伯屏的《鹧鸪天》上片向亡兄述怀明志：

> 莫莫休休意自甘。穷愁早与病相兼。谁同犀首无何饮，也似嵇生七不堪。

首言自身虽穷愁兼病，但甘苦自守，坦然面对；继之先反用战国时犀首公孙衍之因“无事”而饮酒、再正用曹魏末年嵇康以“七不堪”拒绝为司马氏服务两个典故，向亡友表示自己绝不随流从众、接受敌伪大学之聘任，以之告慰魂归天国的故友亡灵。

尽管如此，作为一个忠诚的祖国赤子，父亲时时责怪自己不能亲身投

① 见《传学——中国文学讲记》第二十八讲《王静安讲论》。

入救亡洪流。近年所获1942年的一首佚词中有句：

　　卅年学得屠龙技，惭愧旌旗拥万夫。（《鹧鸪天·梨树花开有作》）

沉重地愧叹半生多读诗书，民族危亡之秋，却只是学得了屠龙之技，无可用之，不能如词人稼轩"壮岁旌旗拥万夫"之投笔从戎。父亲在同时期创作有《馋秀才》杂剧，其中借馋秀才之口唱出了一支《滚绣球》："我若是拿得动刀，我若是抡得动枪，到得那两军阵上，我也去入伍吃粮。恨老天，愿彼苍，不给我力量，只生来负与清狂。……空孤负一貌堂堂。"正是对《鹧鸪天》中词句最为浅近直露的注脚。

父亲对抗日战争胜利的企盼与坚信，在词作中多是借用典故以曲折幽隐的形式表露出来。1938年《临江仙》（去岁衰于前岁），词中"春风何日约重还。好将双翠袖，倚竹耐天寒"，前句以春风重还象喻故土必定光复的信念，后两句用杜甫《佳人》诗"天寒翠袖薄，日暮倚修竹"，象喻坚贞的心志。杜诗本意即以"佳人"形象寓坚贞的操守与气节，父亲化用老杜诗句，承继杜诗情意，使古代人的诗句有了现代人的情思。1939年《临江仙》（岁月如流才几日），词中"蒹葭风起正苍苍。伊人知好在，留命待沧桑"，用《诗经·秦风·蒹葭》："蒹葭苍苍，白露为霜，所谓伊人，在水一方。"以心中的"伊人"象喻怀思中的故国，坚信"伊人好在"，自己坚持"留命"以待如沧海变桑田一样的光复前景。前已言及的1938年送别之作《虞美人》（去年祖饯咸阳道），贯串全词的是江淹《别赋》"送君南浦，伤如之何"的别绪离愁，篇末转而为遥想胜利后重逢的乐景欢情，亦正是"收复沦陷区失地的渴望"。

父亲虽曾说词适于容纳"软的感情"而不适于抒写"硬的思想"，但忠贞的情志气节、坚刚的民族操守，如此“硬”的思想情志，他实实在在是用了“软”的语言、软的感情表现出来：

> 巷陌疏疏落落，街衢悄悄冥冥。天心如此作么生。雪添双鬓白，寒结短髭冰。　　冷暖如鱼饮水，尘劳诉与谁听。层楼上到最高层。青山还似旧，还似旧眉青。（《临江仙》）

现实的境遇是疏落悄冥，自身的形容是须发斑白，而苍天又不开醒眼；然是非、善恶、去从绝不模棱：内心之冷暖向背格外分明，尘世的辛劳艰危毋需怜悯；层楼上尽，遥望故国，河山依然如旧日之俊美、苍劲、青葱，以景言情，故国山河长存，则词人心志永坚。眼前的巷陌街衢，自身的形容感受，加之以对远山的遥望，抒情写景之中，表现的是节操与情意，这首作于1940年的《临江仙》无一字明言家国，无一句直诉心志，然实实又是字字家国、句句心志。

父亲在1938年有一首《鹧鸪天》，更是以“软的感情”抒写“硬的思想”，集中表现自我的操守与信念：

> 不是新来怯凭栏。小红楼外万重山。自添沉水烧心篆。一任罗衣透体寒。　　凝泪眼，画眉弯。更翻旧谱待君看。黄河尚有澄清日，不信相逢尔许难。

词作写来，仍是香草美人的托喻手法。开端之“怯凭栏”，实言自己不忍再看万重山内被敌人侵凌的土地；接下二句所言“添沉水烧心篆”之焚香，实即凭自己的苦心用力，点燃内心的火焰，方不怕四周袭来的透体严寒。下阕再用美人画眉为象喻，以不渝的心志期待故国的光复；歇拍兼用“黄河千年一清”之古语与《易经》以河清喻太平盛世两个典故，以美人坚信与心上人重逢，尽抒抗战必然胜利的坚定信念。叶嘉莹先生在《苦水先生作词赏析举隅》一文中用了近四千言的篇幅深至肌理、动情地解读了这首词，突出的也是苦水词人“黄河尚有澄清日，不信相逢尔许难”的坚定心志。

七　“更说凄凉我”

“不须更说凄凉我”，是《霰集词》中《踏莎行》（落日云埋）中句，这是词人的自勉，身处乱世，时时处处是凄凉，自身的凄凉较之家国的灾难又有何说。[①]然而“痛苦忧患之际”，词人填词又怎能“不说凄凉我”！《霰集词》中的首首抒情小令，时时可见词人“凄凉我”的形象——这是词人国难时期沉于百忧的自画像。

集中可见词人“倚阑”的身影。1937年深秋，古都沦陷不久的《鹧鸪天》（四十光阴下水船）下片：

何限恨，十分寒。披衣独自倚阑干。长安万户深宵里，露冷风高俱闭关。

① 《濡露词》中亦有“何须更言凄凉我”之句。

1940年秋日的《御街行》（相思便似丹枫树）下片：

天公昨夜作新寒，叶叶风前飘舞。深杯不醉，危阑遍倚，依旧愁无数。

“倚阑”“倚楼”在古典诗词中是一个有特定内涵的行为动作，它涵容着遥望所思之深意。《霰集词》中词人无限的家国之恨，内心的寒彻凄伤，“倚阑”远望，全不见抗敌烽烟之光明愿景，更增伤时忧国之痛。“深宵”“露冷”“风高”“新寒”“叶舞”之境，“万户”“闭关”，词人的“愁无数”已融入于苦度岁月、坚贞自守的古都百姓之中。正是由于“倚阑”“倚楼”有着特定的情感含义，《霰集词》中写及者尚有数首，除前节已言及之“层楼上到最高层”，又有“才待倚阑成小立，辉煌。一半高楼过夕阳”（《南乡子》［争不爱秋光］）、“登高望远奈愁何，垂杨楼外尚婆娑”（《浣溪沙》［凉雨多时病已多］）、“睡起倚楼残照里。楼外青山，山外天无际”（《蝶恋花》［当日别离犹觉易］）、“窗前一个凄凉我。窗外阴寒天欲堕”（《玉楼春》［寒愁坐久和衣卧］）……其中的情感越来越深沉，表露越来越含蓄。至1939年《鹧鸪天》（一半秋江雾影涵）中的“谁知红袖临高阁，正倚危阑看远帆”，则是化用温庭筠的《望江南》（梳洗罢），以美人香草的托喻手法来抒发一己之情。

集中又可见词人“独行”的脚步：

今夕独行前夕路。雁过南楼，霜打池边树。几点秋红无觅处。风来时作低低语。（《蝶恋花》［午夜月明同散步］）

词人独行于旧日同行之路，而今所见唯南归的大雁、霜凌的池树，并几点秋花亦已凋零无觅，与词人交谈者唯时来的低沉风声。景中托出的是词人深陷敌占区孤凄的身影。

多谢凋零红叶，殷勤铺遍苍苔。杖藜着意自徘徊。南归双燕子，明岁可重来。（《临江仙》［凉雨声中草树］）

词人杖篱独行于红叶铺饰的苍苔之上，唯“谢”落红之“殷勤”陪伴，正反衬人世的凄凉。此际，他之所思唯有南下的故友何时得以胜利归来。词中托出的是词人身陷敌占区的痛楚、切盼光复的苦心。

才送春归秋已暮。今日孤游，前日同来路。……暗祝天公休再误。莫起霜风，莫下凄凉雨。（《蝶恋花》）

词人“今日孤游”与“前日同来”，饱含着今夕迥异的时代忧伤，只有暗暗向“天公”祈福。词中托出了词人心底对故国故土的关切与忧思。

城郭人民随世改，马龙车水相将。古都又是一沧桑。为谁归去晚，犹自立苍茫。（《临江仙》［卷地风来尘漠漠］）

词人独自归晚，立于苍茫，苍茫者何？岁月流逝而世事人生难见光明。“为谁”一问，托起了沦陷之区车马依旧、人事全非的楚囚之痛。

“独行”“杖藜”“孤游”“归晚”，不是悠然的闲庭信步。这在1939年的《临江仙》（飘忽断云来去）中即有所吐露：“无酒还成无寐，闲阶犹自闲行。遥天一点见孤星。”此时，父亲已止酒十年，“无寐”因“无酒”纯是曲笔，他之“无寐”诚如千年前诗圣杜甫所言“自经丧乱少睡眠”；即此“闲阶”“闲行”之两“闲”字，也早非旧日词中所言之“萧闲”，词人是以“闲阶”上之“闲行”消磨“无寐”之长夜。困守旧都的孤独、落寞，忧国伤时的悲凉、凄伤，尽在此二“闲”字中。长夜“闲阶”“闲行”中，仰望长空，词人不禁向那颗闪亮的孤星发出呵责：“不知人世改，仍作旧时明！”这一声看似无“理”，实则透露出词人心底的愤激与不宁，见出词人的思绪烦乱、心绪难平。

集中更时见词人两鬓丛生的白发和颊上斑斑的泪痕。

前文已言及的1939年答友人陆侃如之代柬词，已有潘岳“叹鬓丝”之自况。其实何止这一首？早在此前一年即有“纵相逢已是鬓星星，莫相逢无计”（《灼灼花》[不是昏昏睡]）、“去岁衰于前岁，明年老似今年。镜中那更鬓斑斑”（《临江仙》）之句，此后1940年两首《临江仙》（巷陌疏疏落落、卷地风来尘漠漠）中亦有言“雪添双鬓白，寒结短髭冰”“百忧抽乱绪，两鬓点繁霜”。这不是传统词人词作惯常的叹老悲穷，而是“都将三载无穷恨，换尽先生两鬓青”（《鹧鸪天》[少岁胸怀未肯平]），是“怀远伤离多少恨。无尽。三年赢得鬓如霜”（《定风波·再悼伯屏》六首其六），这明白而沉痛地道出了个中缘由——“白鬓”“繁霜”是沦陷三载百忧难胜、忧国伤时“无穷恨”的见证。

词中言“泪”之句亦不罕见：“一度登高，一回念远，一番流泪”（《灼灼花》[日落苍茫里]），“何限凭高怀远意，几行和泪寄愁书”（《浣溪沙》[袅袅秋风到敝庐]），“苍空昨夜梦骖鸾。话前欢。两心宽。……醒来枕畔泪斑斑”（《江神子》），“年来方识，别离滋味。更那堪酒醒梦回时，剩枕边清泪”（《灼灼花》[不是昏昏睡]）……不胜枚举，尤其悼念屏见之"樽前流涕唯灯见，梦里逢人亦泪垂"（《思佳客》[一局残棋化劫灰]），更是大时代悲剧中个人的无尽凄伤。

鬓华生、泪痕滋，不是小我的顾影自怜，而是家国重仇大恨中一个困守沦陷区的爱国词人形象的真实写照，也可以说是代表了那一代同一处境下坚贞自守的知识分子的共同形象。

《霰集词》中还可以看到词人的行迹。

七七事变后的古都北平，地处西郊海淀的燕京大学尚是一方不受日伪统辖的净土，但由于事变的发生，1937 年迟至初冬燕京大学方开学授课。父亲回到相别半年的燕大校园，万端感触，谱《鹧鸪天》二首。其一曰：

> 四十光阴比似飞。芒鞋踏破又重回。依依弱柳情何限，隐隐群山碧四围。　　抬望眼，对斜晖。人民城郭是耶非。撑天十丈双华表，可是无人化鹤归。

父亲生于 1897 年，此时整整度过了四十年的光阴。"芒鞋踏破"，暗用并反用"踏破铁鞋无觅处"的俗谚，言自己半年来踏破芒鞋寻觅净土，终于等到燕大开学重回故地的一天。"弱柳""群山"，绘燕大实景，校内高柳依依，四周群山环抱，自然依旧，但柳是"弱柳"，山亦"隐隐"，氤氲着无尽的凄楚与迷茫。这两句又暗含《诗经》"昔我往矣，杨柳依依"与南宋林升"山外青山楼外楼"的诗意，更包溶着无限的悲凉与伤痛。下片全用丁令威之典，而贵在句句依典，又句句写实。丁令威入山学道，化鹤而归，立于华表柱上，叹"城郭如故人民非"。燕园穆楼前确有华表一双，如今重回燕园，仰望斜晖之中象征古国威仪的华表昂然矗立，依然如旧的校园使词人片时陷入"今时何时"的恍惚之中，而发出了"人民城郭是耶非”的疑问，恍惚中沦陷之初一怀的失落、迷茫真切地流露出来。词人瞬间回落到现实，沉痛地慨叹“华表待鹤”，而南下师友不知何时得以返归，感伤中深涵着对故土光复的热望。这首词若标有词题的话，或当作“重回燕园书怀”。

一年之后，父亲一次课后返城归寓途中，谱有一首《踏莎行》：

> 落日云埋，空林雾锁。十年山下长经过。眼前此景镇寻常，新来渐觉愁无那。　几缕炊烟，数星灯火。不须更说凄凉我。人间一例付苍苍，凭教夜色冥冥裹。

父亲自1929年入燕园执教，此际已整整十年。课后黄昏返城，“落日”“空林”是“寻常”所见，而今之“云埋”“雾锁”，既是秋日实境，更是现实形势的象喻，“十年常经过”之境，引发的是无可承受的愁情。然而，沿途“几缕炊烟，数星灯火”，细微到似不足道的景象，在词人眼中却显示着人们苦度中的坚守，昭示着岁月的生生不息，给词人以生命的支撑与力量，因之“不须更说凄凉我”，是一句发自心底的实在话，也是一句自勉自励的话。于是有了煞拍两句看似消沉实则沉着有力的词句：“苍苍”有苍老之意，“人间一例付苍苍”，实质是“天若有情天亦老”的开阔胸怀，任凭它夜色昏暗、层层围裹，坚守岁月，终有天朗气清的一天。此首若标明词题的话，当为“燕大课后返城途中书怀”。

直接绘有词人自我形象的词作，在《霰集词》中占了三分之二，这是《霰集词》不同于此前诸集的一大特点。应该说，是特殊的历史背景决定了特殊的创作特色。

八　“南国书来消息好”

父亲在讲古代诗歌时曾说，一个诗人的作品之中，如果有几首与大部分作品不同，写出一特别境界，则对这几首应当特别注意。[①]在熔铸着沉重的家国之思的《霰集词》中，只有唯一一首叙欢情的《定风波》，自当注目。且看上片：

昨夕银钉一穗金。凌晨乾鹊语高林。南国书来消息好。微笑。四山如画散秋阴。

昨夜银灯飘坠金穗，今晨乾鹊登高报喜，人们的面颊上漾出笑意，山林也为之尽散秋阴，美如画卷。词作于1939年秋季，如此之“人天欢喜”[②]，所缘何事？——“南国书来消息好”！此句所言并非特指收到一通书信，乃是从祖国的南方传来了好消息。翻开中华民族的抗战史，1939之秋，长达四年的长沙会战开始了。1939年9月上旬，第一次长沙防御战打响，至10月13日战役结束，冈村宁次率领的日军被击毙、俘获两万余人，飞机被炸毁二十余架，中国军队虽也牺牲相当惨重，但这次战斗的战略意义在于粉碎了日寇侵占中国第八战区进而长驱直下的企图。至1939年秋，中华民族抗击侵略者的战争已进入第三个年头，节节败退的正面战场终于迎

① 见《传学——中国文学讲记》第十五讲《李贺三讲》。
② “人天欢喜”，见《濡露词》中《清平乐》之首句。

来这振奋人心的战果！这样的好消息，一定要记录进苦水词人的词作中，于是有了这首《定风波》。至下片，词笔又转入近于“花间”的情味，以一位女子的对镜梳妆抒写她内心之欣畅，延续上片的“微笑”词境：

眉样弯弯应解语。新谱。鬓云低处月初侵。妆罢迟迟慵不起。谁会。菱花识得此时心。

此际，抒情主人公不再是“和泪试严妆”，而是“妆罢迟迟慵不起”——她久久地对镜欣赏着鬓发虚掩下刚刚描好的新月眉，虽是一言未发，但“菱花识得此时心”，面前映出她美貌的菱花镜理解她内心的畅快。下片与上片熨帖地绾接在一起，既是词中容纳“软的感情”且以“软的感情”表现“硬的思想”之特质，亦是中国诗歌创作以美人香草寄托心志的传统手法之表现。

“霰集”与两年之后的“濡露”两词集，应该说较之前此任何一部词集都更具有时代意义。词章的字句背后，溶涵的是难以直言的生活、情思，需要后来的读者去捉摸、去品味，这是由于时、地的限制，词人创作时一番不得不尔的苦心用意，两词集是特定历史时期的特定词作。

第七章

《濡露词》：坚贞的操守　爱国的心志（下）

一　词集之印制与命名

1941 年 12 月初，燕京大学被日本侵略军封闭，古都北平燕园之内未名湖畔仅有的一丝清明之气被阻绝了。父亲七七事变后的“身心交病”“了无生趣”“痛苦忧患”更为加剧。他的一怀苦痛与忧愤，转而寄之于言志的诗，而绝少填词。《霰集词》后两年之间即 1941 年冬至 1943 年春，仅存零星词作十余首。不想，至 1943 年秋季，于“痛苦忧患之际，定力既弛，结习为祟，遂不能自禁而弗为”，不满两个月，竟得词二十二首，他辑为一册《濡露词》，并选“前乎此二年中之作”十首辑为《倦驼庵词稿》，附于《濡露词》之后，于 1944 年春合印为一集。[①]

《濡露词》依旧日词集装帧设计印行，完全是由于当时辅仁大学弟子

① 以上引文见《濡露词·小记》。近年新获周汝昌四兄祜昌手抄《倦驼庵词稿》，父亲所选《倦驼庵词稿》十首之外尚有《卜算子》（漠漠远山云）、《浣溪沙》（九市红尘眼倦开）、《浣溪沙》（霜落千林尚远山）三首未被辑入。

史庶卿的筹办。父亲在词集卷末的《小记》中言："此《濡露词》一卷则皆去岁秋间病中之所作也，计其起讫不过一月耳①。史子庶卿见而好之，既得予同意乃付之排印。"1943年秋季病中有作，1944年春季即有亲近的弟子热心筹措印制，天时地利人和促就此集。

词集何以名"濡露"？父亲在1952年有言："命曰'濡露'者，杜诗'雨露之所濡，甘苦齐结实'之义。"②父亲于词，最推崇者乃稼轩；于诗，则老杜。20世纪40年代，他在辅仁大学国文系讲唐诗，不止一次谈到杜甫的《北征》，在讲"诗之锤炼"时曾说："锤炼宜于客观的描写，作诗有时应利用此点。如老杜《北征》，乱后回家，对此茫茫，心中当如何？而老杜是诗人，于此未忘掉客观，故尚能注意路上景物……连山上小果木皆看见：'山果多琐细，罗生杂橡栗。或红如丹砂，或黑如点漆。雨露之所濡，甘苦齐结实。'"③老杜身处天宝之乱，"对此茫茫"；父亲身处沦陷之区，何尝不是"对此茫茫"？若单就老杜的诗句看，是"未忘掉客观"，"能注意路上景物"，说大自然的雨露滋润了草木，或甘或苦都结有果实；而父亲用之名集，却是深之、扩之，其"濡露"之词，乃是社会历史的风云雨露浸染、涵养着词人的思想灵魂结出的创作果实。

与印制《濡露词》几乎同时，弟子史庶卿仿照老师旧日词集的装帧设计，印制了自己的《几士居词甲稿》，老师为之作序文，序中将词人年少

① 据顾随1943年8月16日、10月24日致周汝昌函，开卷一首作于8月15日，结卷一首作于10月7日"重阳"前后，所谓"起讫一月"乃就概数成数而言。

② 见点定、自注的《濡露词》手抄本"自记"。

③ 见《传学——中国文学讲记》第十四讲《退之诗说》。

之作比为“春日花蕊”的“风姿情韵”，将壮老之作比为“雨露所濡”，“甘苦结实”。印制《濡露词》之年，父亲已是四十七八岁、望五之人了，他的词作自是大半生“雨露所濡”、种种甘苦所结之实，而所谓“甘苦”二字，值此国土沦丧的抗战时节，无疑是隐含了更多家国民族的苦难于其中。由此想来，这里所谓“甘苦”，当是汉语词汇构词法中所说之“偏义复词”，实义乃苦重于甘，甚至是有苦而无甘；因之“濡露”一集，承续前此之“霰集”，乃是于国家民族、众生苦难中发出的声声浩叹，完全脱尽了传统词作之“小我”“闲愁”。

再者，父亲于汉字的特点，一向特重形音义三者之结合。20 世纪 40 年代讲文论，曾周详地阐发刘勰“形文”“声文”“情文”之说。[①]“霰集”“濡露”，两种集名四个汉字，用了三个“雨”字头、一个“木”字底、一个“水”字旁，且笔画稠密，这是否也有以此象喻身处风雨飘摇的动荡年代而内心艰难苦恨郁积不得开解的用意呢？

《濡露词》就其所传达的思想情意以及词体形制而言，完全可以说是《霰集词》的续集，只是《濡露词》创作之时，北平沦陷已整整六年，集后“小记”所言“身心交病”“痛苦忧患”自是更甚于“霰集”。“濡露”集中，词人内心的苦痛更为深杳，胜利的信念更为坚凝，而词作之表现则是更为凄婉了。

① 见《传学——中国文学讲记》第六讲《〈文赋〉要义》。

二　点定、注评《濡露词》手抄稿本

2017年冬日，我有幸得到弟子周汝昌生前珍存了半个多世纪的老师于1952年亲自点定、注评的《濡露词》手抄稿本复印件。

1952年盛夏酷暑，父亲的早年燕大弟子孙正刚①携来手抄的《濡露词》稿本呈送老师，时父亲三年大病“小差”，手头早已无《濡露词》存本，见弟子抄本，一时兴致勃发，于手抄件上圈点、自注、自评，至7月26日又于词集之后写有数百字的“自记”；“休业一日”后，再写有“自识”一段。在父亲编订印行的六种词集中，“濡露”一册收词数量最少，创作时间跨度最短，而在词集印制之后写有附加资料者，仅此一件。今所见者虽系复印件，就其词史价值说，仍弥足珍贵。

父亲的“自记”“自识”不但概言《濡露词》创作的情意，且将《濡露词》的创作成就冠于诸词集之首：

> 右为词二十有二章，皆甲申岁秋日作。其时痼疾渐深，又沦陷日久，水深火热，故多凄苦之音。但半生学词，天赋人力、生理世情，举可以于此消息之。是之先之后，诸作弗如也。②

这是父亲在词集印行十年之后，对自己当年词创作的境界与修养所作

① 孙铮，字正刚，号晋斋。

② 引文中“甲申”当为癸未，“之后”乃指1944年初至1952年盛夏间之作。

的评定：包括了时代背景、创作心态、填词造诣，以及与先后诸词集之比较。这对后世读者阅读苦水词提供了宝贵的门径指引。至于何以“之先之后，诸作弗如”，父亲也在“自记”中坦诚地自剖：

先乎是者，造诣尚浅，其量虽多，工夫固不敌乎此；后乎是者，吾已肆力为诗，偶作乐章，思致又大逊乎此也。

这体现了苦水词人对己作一贯的严苛要求，于客观上也自画出苦水词创作的历程。后乎此“肆力为诗”是事实，而先此者“工夫”“不敌”、后此者“思致”“大逊”，虽是他老人家一贯的自谦，然反思己作不免过分严苛。

读过末尾的总评之后，再回过头来细读对各词章的点评与自注，可见其中包括了诸多丰实的内容，且试做如下梳理：

（一）点明创作动因。“日读珠玉词及六一近体乐府，借其语成一阕”之《浣溪沙》下片有“新凉夜夜入疏桐”一句，注云：“此章当时似专为‘新凉’七字而成。”因一妙句，而得一阕好词。记“薄暮什刹海散策”之《木兰花令》，注言“此词是苦水自家屋里事也”，可知此作乃傍晚疏散身心散策于什刹海而赋自抒自怀之作，且是“濡露”一集中唯一一首叙“自家”行止者。

（二）对词作的评价。自诩为满意者如“早起散策戏仿樵歌体”之《清平乐》，评语：“不必定似樵歌，要自有小小意致。”《临江仙》（过却中秋几日）自赞曰：“如是，如是，得也，得也。”《鹧鸪天》（谁道先生老更狂）又赞：“亦得，亦得。”表达出回观己作时赤子童心的快意。对己作不惬心者，如“‘后期’七字叶九以为佳”而“再赋”之《浣溪沙》[①]，直言“此首殊少新意”，甚至以为“似可以不存”；《破阵子》（蛮触人间何世）又有“此首亦殊不佳”之评，见出苦水创作上的严格、精进。更有以肯为主而兼指小疵者，如《鹧鸪天·不寐口占》，先说“此首当时即自觉得意，今读之犹耳”，小疵则是“唯第二句弱”。如此细评，严谨直似科学家之治学。《踏莎行》（尘世多歧）则是先指摘“略隔，不似苦水平时笔致”，但随即就是一句耐人寻味的话，“然苦水词中却少此首不得”。想来此首之“隔”，自有其不得不“隔”的道理。词集末首《南歌子》（雨洗新秋月）亦有类似自评：“此章亦不甚好，但用作前廿一章之总结，不能不存。”此语同样含有深意，引人思索。

（三）对所用事、典做详明的释解。《临江仙》（薄酒难消浓恨）中“一眼还如千眼，劝君莫怨双眸”，本是针对弟子周汝昌“自嘲浅视”而作的解嘲之语，释解中写出所用之典：“宋人作千手千眼佛赞曰：一手动时千手动，一眼观时千眼观，本自太平无一事，何须用得许多般。”此典生僻，苦水用来正解弟子之“浅视”，鲜活灵动，恰到好处，自能引发读者许多联想。再如《临江仙》（病沈[②]新来真个病）中有“久雨不闻雷”之句，看似是写自然季候，注中言“谚云‘久雨闻雷必晴’”，则久雨中期盼晴日之心情自现。《破阵子》（蛮触人间何世）中有句“黄昏自拥秋情”，看似直抒个人行止情怀，自释指出此乃用“默师词句也”，且注出了默师原句“黄昏便拥秋情睡，未到黄昏睡得么”，指引读者欲解苦水此

① “‘后期’七字叶九以为佳，再赋”系词题。叶九，父亲友人杨善荃之字。1952年手抄本自注：“杨叶九，今南开大学外文系教授，英文、创作、诗、散文皆极好。”叶，音xié。

② 病沈，即南朝刘宋之沈约。典出《宋书·沈约传》。

句，必先味透沈尹默原词。有的注解细到对一个语词的讲解，如《鹧鸪天》（谁道先生老更狂）末句“好似春光也断肠”之“好似”，似完全不需注解，苦水词人却以一段文字告诉读者：“‘好似’，比那个更好之意。”为强化此解，他还引用了英语 comparative degree，并强调“宋词元曲，用‘似’字，十九如此”。浅语深注，正是苦水词人师者、学者风范在解辞时的展现，读者赏读词作的同时意外地又获得了知识上的提升。

（四）对一字一句的推敲。词集首章《南歌子》（澹澹新秋月）上片结句“只有竹梢清露湿流萤”，自评共计两段五十七字，其中特言“湿，原作坠，玉言所改，记为此字，书简往还，一再、再三”[①]。十年后重读抄本，父亲仍在斟酌“湿”“坠”二字之短长，决意“今仍作‘坠’”，且释曰：“坠者，露也坠，萤也坠，一字双关。虽文法似不完备，而意致尚好。若改作‘湿’，便不如此生动。”十年之后，仍思改动字句者尚不止此一处。前已言及《鹧鸪天·不寐口占》一章中自以为“弱”的第二句，当年印本已改原稿之“中年早已自伤悲”作“那堪中岁已长悲”，十年后“兹重改定”为“中年何事已长悲”，虽自感“仍不佳，但已站得住了，即亦不动它”。三句比并而读，由直诉到反问再到追问，其情其意一句深似一句、一句重似一句。苦水词人创作之苦心、之严谨，较之历代苦吟诗人斤斤于吟安片言只字，境界大上一层。

（五）对词作内容加以生活化、个性化的说明。如《鹧鸪天·日光浴后作》特注明：“有风湿病者，浴日后身体极觉轻松舒适。”如此日常生

① 玉言，周汝昌字。父亲与弟子周汝昌书信往还频繁，时于函中商讨诗词创作。当年《濡露词》排印本中此首《南歌子》即依周汝昌意，用“湿”字。

活细节，读来使人倍感苦水词人的天真、亲和。补《稼轩词说》一著之“遗珠”的两首《破阵子》（月落青灯无语、落落真成奇特），特注：“上二首，以苦水当稼轩老子，秀才遇见兵，有理说不清。”既是自谦理未说透，又含一丝与稼轩对话的自得。

……

我不避繁复，胪列上述种种，实是因为此乃弥足珍贵的文献资料，对于了解词人内心情意、创作甘苦，大有助益。即在中国词史上，如此自评自注己作者，恐亦甚为罕见，更不用说这是苦水词人辞世六十年后第一次披露，对于研读苦水词作更显重要。至于未及引述的自识、自评等，读者只有等待有朝一日点定手抄本付梓再睹全璧了。

点定注评之后数日，父亲又于手抄本之开卷处自题：

> 要于苦水长短句中见苦水么？祗这是。苦水自题。五二年中伏。

此一行书特题于卷首，意在提示读者“濡露”是最能“见”当日苦水的一集词作。下文即依作者的惓惓提示，走进二十二首“濡露”词的境界，“见”当日苦水的情感、精神、生活与创作造诣。

三　“凄苦之音”的代表篇章[①]

父亲为手抄本《濡露词》所作的“自记”明言：“其时痼疾渐深，又沦陷日久，水深火热，故多凄苦之音。”

今日，“要于苦水长短句中见苦水”当日的“凄苦之音”，当首先看他“自觉得意”的《鹧鸪天·不寐口占》。父亲之所谓“得意”，我以为并非是俗言所谓满意、高兴，而是“因如愿以偿而感到满意”[②]，含义大大深于今日口语之所言。旧读父亲的《濡露词》，私意即以此首为“抒内心苦痛之作”的代表，[③]及见父亲1952年之自评，知父亲“此首当时即自觉得意，今读之犹尔”，心中不免窃喜——自己的理解、体会尚未悖谬父亲的心意。

《濡露词》既为“沦陷日久”的“凄苦之音”，拙笔今即先以此首作为“凄苦之音”的代表，试作解析：

老去从教壮志灰。那堪中岁已长悲。篆香不断凉先到，蜡泪成堆梦未回。　　星历落，雾霏微。遥山新月俱如眉。寒花无数西风里，抱得秋情说向谁。[④]

① 为便于读者阅读，本章所引词作皆依1943年原印本。十卷本《顾随全集》亦采用此版本。

② 见商务印书馆旧版《辞源》之释义。

③ 见2007年拙作《女儿眼中的父亲　大师顾随》。

④ 首句中“从教”，任从意；上片末字“回”，依字解，回到，进入。

词之开端两句直抒内心，煞拍二句即景抒情，中间数句以“篆香”“蜡泪”“星”“雾”“山”“月”为象喻，将内心情意抒发得婉美而幽深。直抒内心的开端两句，先退后进，以退为进，“老去从教壮志灰”，年龄老大血气衰颓，人只得如此，不能不接受，而如今却是“中岁已长悲”！有了“老去”之退，有力地反弹出更强的“中岁长悲”，再加“那堪”二字的反问，宛如一声沉重无底的喟叹，内心的凄苦即在这一退一进的喟叹之中。接下来是一连串用为抒情的意象：燃烧不尽的心字篆文盘香，象喻词人爱国忧国的一炷心香；“蜡泪成堆”化用义山名句，象喻内心坚贞不渝的诚挚情意。“凉”，于大自然的秋气中隐括着更深层的国土沦丧的人世凄凉，虽“凉先到”而篆香袅袅不断；“梦”，乃光复之梦、胜利之梦，虽尚未进入到美好的梦境之中，虽然是“蜡泪成堆”却并未“蜡炬成灰”，烛光依旧荧荧不灭，专待好梦之来临。“篆香”“蜡泪”两句，正是内心苦楚形象而曲折的表述，又是坚贞心志深沉而凄美的传达。与《霰集词》中“自添沉水烧心篆，一任罗衣透体寒”（《鹧鸪天》[不是新来怯凭栏]）相较，其抒情更为凄婉，寄意更为遥深，是以置于词集扉页作为“概括全书内容”的题辞，亦正此“篆香”“蜡泪”二句。

词之下片，前两韵景语，意象由身边眼前的“篆香”“蜡泪”推扩到辽远的空间：错落的远星，弥散的淡雾，陪衬烘托着如“眉”般秀美的“遥山”“新月”，多么清隽淡远的自然之景！绝美的自然之秋光，并非用来写秋色之怡人，而是以美景写哀情，抒写一派自然永恒、人事全非的“凄苦之音”。这正是王夫之所谓“以乐景写哀，以哀景写乐，一倍增其哀乐”（《姜斋诗话》）。读至此，我们不由地随着词笔与词人一同走进煞拍两句所展现的以物写人、借物言情的境界——故土沦丧，故人远别，瑟瑟西风中的无数寒花（不仅苦水一人），凄伤的秋情向谁诉说！同样是内心苦楚的曲折表述、坚贞心志的凄美传达。今天的读者读着词人的凄苦之音，激起的是对美好现实的珍惜、对光明愿景的追求。

《濡露词》中的“凄苦之音”，亦有抒发得相当幽隐深杳者，如：

> 尘世多歧，蓬山有路。即今欲渡如何渡。兰桡桂楫驾天风，沧波万里生银雾。　　剪绿裁红，含香体素。春醪非蜜荼非苦。崦嵫无地落斜阳，鸿蒙一寸诗心古。（《踏莎行》）

这就是词人自评为“隔”的那一首。除末韵两句外，全词颇难深会其意，且词中各韵间似有难以串接之感。父亲在1952年的自评中，先是写下“略有些儿隔”五字，后索性将“有些儿”圈掉，只保留“略隔”二字的评语，且坦言“不似苦水平时笔致”。“隔”，出自王静安《人间词话》，简言之即立意、用语朦胧晦涩之意。然父亲何以又说“少此首不得”？如今只得稍费笔墨，以期穿过这层“隔”障，会得苦水“一寸诗心古”。

上片首韵八字，尘世与仙境对举，“尘世多歧”，行路难也，行不得也，隐喻着时代的灾难；“蓬山有路”，仙境犹在，路径可寻，象喻着前路的光明。一组四字对句，一现实，一理想，二者之间的巨大反差，正是词人身处国难时期其境遇与情志借外物所作的艺术化的浓缩。既言“有路”，必引发第二韵“欲渡如何渡”之问。“如何”二字，如若承上，则是反问，含有无法抵达仙境的深悲；如若启下，则是设问，一艘乘驭天风的兰桂香舟，行驶于银雾般的万里沧波之中，正是“桂棹兮兰桨，击空明兮溯流光”（苏轼《前赤壁赋》）、“九万里风鹏正举，风休住，蓬舟吹取三山去”（李清照《渔家傲》）的境界，含有终会登上仙境的坚定信念。反问与设问的双重用意，既矛盾又统一，并存于“如何”二字之中，仍是词人国难时期现实和理想纠缠交叠的真实表述。下片首韵二句八字，突然吟出“剪绿裁红，含香体素”这既是“并肩对”又含“句中对”的香艳之句，似与上片情调颇不谐调，实则此二句借黄庭坚咏水仙之“含香体素欲倾城”而成，可知这正是承上片“如何”一问，以香草美人的手法寓托理想仙境之美好。由此接下的“春醪”一句回到现实，表明既有可达之理想境地在，则现实中一切甘苦都无须计较。然而理想终究是理想，何时成为现实，作为词人的苦水是没有底数的。故煞拍一韵二句情感复又跌入低谷，直吟出“凄苦之音”：“崦嵫无地落斜阳，鸿蒙一寸诗心古。”“崦嵫”本是神话中日落之处，如今却是“无地落斜阳”，这隐喻着大片国土“沦陷日久，水深火热”的社会现实，而苦水“一寸诗心”虽处于“鸿蒙”的迷茫与苦痛之中，然仍遵循着“诗言志”的古训，情志不改。如此看来，这是一首抒情轨迹萦回曲折之作，如此之抒情方式，恰是词人历七年沦陷、苦痛折磨寄之于词的结果。虽说不得不如此“隔”，虽说不似苦水一贯行云流水、当行自在的笔致，但《踏莎行》以其迥然不同于他作的抒情方式，表达着同具鲜明时代印记的思想情感，“濡露”一集实实“少此首不得”。

以上所述，只是私意对词作境界、情意的臆测，不避浅陋甚至误读，只求能为引玉之砖，得到方家、读者关注，以便对苦水此词有更深入切实的理解。

四 以秋景写“秋”情

古典诗词的意境，重在情与景之相融与相生。写于 1943 年秋季的《濡露词》以秋景传“秋”情，景乃客观世界之秋景，所浸含之凄凉萧瑟却是主观世界、世事人生之“秋”情，且于中得见词人清寂的身影、凄凉苦涩的情意：

试看新秋月色——“澹澹新秋月，疏疏过雨星。夜深深院少人行。只有竹梢清露湿流萤。”（《南歌子》上片）秋月暗淡，寒星稀疏，词人独行于暗夜中的深院，与流萤一同感受着竹梢坠落的凉露。——词集以此秋夜秋情为开卷。

试看晚霁晴初——“高树鸣蝉取次稀。新凉已解袭罗衣。一天云散唯凝碧，九陌晴初尚有泥。”（《鹧鸪天》上片）雨霁后无际的晴空，凝聚的是伤心的碧色，天虽晴而古都纵横的巷陌依旧遍布泥泞，词人听着秋蝉疏落欲断的鸣叫，感到罗衣已不胜秋凉。联系太白之“寒山一带伤心碧”与义山咏蝉之“五更疏欲断，一树碧无情”，以及《霰集词》之“天南天北滑滑泥”，对此中深意当有更痛切的感受。——这是词集开卷后之第二首。

试看遥山落照——“可惜九城落照，被遮一带遥山。凉波澹澹欲生烟。悲风来野外，秋气满尘寰。”（《临江仙》上片）夕阳绝美，惜其片刻即逝，而今一抹残阳，又被远山遮挡；充塞人间的秋气，唯有流水漾出的凉意、四野袭来的悲风。词作以“可惜”二字发端，人世间一切美好事物尽如东流逝水不可挽留，秋景秋情悉数笼罩在惋惜的氛围中。

新秋月色，晚霁晴初，遥山落照，本是美景，而此刻于苦水词人笔下，弥漫着凄伤与哀愁，代表着时代的忧伤。

词人的视角也并非不瞩目于美好的秋色，《青玉案》上片之“行行芳草湖边路。正红藕，开无数。向夕风来香满渡。画船波软，垂杨丝嫩”，芳草、红荷、绿柳，再加风香波软，不可谓为不美、不绚、不柔，但紧接的“记得相逢处”一句，将已绘成的全部美景“拆碎下来，不成片段”。美者，原来只存在于过往时日的记忆中！

《濡露词》中，即使词人已绘出了秋光之佳好，这佳景往往旋即被暗淡的哀景所湮没，如："喜秋晴"之"花间黄蝶时双至"，紧接着的就是"枝上残蝉忽一声"（《鹧鸪天·日光浴后作》）；"相伴西山在。涉水芙蓉漫采"，紧接着的就是"尽荒荒、荷枯柳败"（《烛影摇红·重阳前一日赋》）；"才解夏，又重阳。红蕉缦烂"，紧接着的就是"转凄凉"（《鹧鸪天》[谁识先生老更狂]）……乍现的美景，转瞬即销蚀尽净，围裹词人的仍旧是凄凉与忧伤，谱出的还是"凄苦之音"。

词作已然如此一路写来，而词人似是仍觉块垒未得尽吐，于是有了《鹧鸪天》（谁道先生老更狂）振笔深叹的沉重结句：

今年都道秋光好，好似春光也断肠。

"断肠"二字，将一切"好似春光"的"秋光"一笔勾销。词人何以如此绝情？个中缘由，既有此首上片"羁身北地非吾土"之直书，复有"尘世多歧，蓬山有路。即今欲渡如何渡"（《踏莎行》）之曲言。大自然的美好，并不能疗治人世的灾难，凄苦之情已彻入词人肺腑。

秋景秋情，在有的词中蕴意相当含蓄，甚至有些晦暧。如《临江仙》（病沈新来真个病）之"清秋思见月，久雨不闻雷"，如《南乡子》（秋势未渠高）之"独向会贤堂下过，条条。犹见垂杨斗舞腰"，似是淡然的客观叙述，似是不觉其中有甚凄苦。然前者若联系 1952 年词人自注中之"谚云：久雨闻雷必晴"，则其蕴意即明：原来词人心向往之的是朗月、是晴空，但思月而月不见，久雨而天不晴，这象喻着对光明前景的期盼与前景久久未至的焦灼；而后者明用白乐天"杨柳小蛮腰"之句，写风中垂柳之袅娜多姿，实是暗用“楚王好细腰，宫中多饿死”之典，抒写沦陷时期胸中之义愤，再联系前句“菡萏红香一半销”，后句“爨下琴材尾欲焦”[①]，则一番讽世警世之深意即已明矣。

秋景秋情之作中有一首《破阵子》，父亲1952年自评为“殊不佳”，却又引“默师词句”作注，对此有评有注之作亦拟略作疏解。词上片云：

蛮触人间何世，黄昏自拥秋情。垂柳楼头风乍起，丁字帘前雨又晴。月华阑外明。

后三句之景语可说是描绘秋日雨后黄昏至月上时分纯美景象的佳句，而首句“蛮触人间何世”却是以《庄子·则阳》篇中蛮触交争之典为发端，其中又加“人间何世”一问，究属何意？我以为此乃活用《庄子》之典，泛指战争，实言日寇之侵略使中华大地横遭涂炭，早非人世。那么次句“黄昏自拥秋情”似是一番颇为消闲惬意的情怀，又当何解？父亲在1952年点定抄本时定是已想到这一层，故于自注中引默师词“黄昏便拥秋情睡，未到黄昏睡得么”（《思佳客》）以见意，实是面对苦难，满怀秋情，不得安睡之意。故此，后接之三句美景，仍是以自然依旧衬托出人事全非的哀情。下片直写现实凄伤情境：

旧梦无殊新梦，短亭遥接长亭。羌管谁家吹不澈，催换离人两鬓青。一宵白发生。

① 此句用《后汉书·蔡邕传》治琴之良桐被置于灶下焚烧之典。

看似直抒自身战乱时期的忧思，实是包蕴着家国情怀的重大命意：以“旧梦”“新梦”之“无殊”，象喻理想之坚定不移；以“短亭”“长亭”之“遥接”，象喻战乱中的抗争与流离；再化用范仲淹《渔家傲》名句[①]，抒写虽历经悠悠岁月、艰难苦恨，依旧坚持抗敌的悲壮情志。秋景秋情中隐含着婉曲的凄苦之音，又暗喻有坚定的抗敌之志、期盼胜利的热切之心。

不借秋景而直言“秋”情者，集中也并非没有，如前已言及之“羁身北地非吾土”，如《临江仙》之“薄酒难消浓恨，密云唤起新愁”[②]。这在《濡露词》中虽属少见，但可说是不可或缺的“点睛”之语。

五　萧森暗淡的宫阙旧观

《濡露词》中绘景，季候更迭的自然物色而外，古都旧时宫殿的人文景观也被父亲摄入词中。但写于秋季的《濡露词》中那秋光下的宫廷，绝没有 1945 年抗战胜利之后“万众欢呼看受降”时之“辉煌金碧前王殿”的豪壮雄阔。“北地非吾土”，“前王宫殿”朱颜已改，只是一片悲凉残破。

此前的《霰集词》中，便已有用“前王宫殿”喻故国故土之作，如词集末首之末二句：

---

① 范仲淹《渔家傲》下片：“浊酒一杯家万里，燕然未勒归无计。羌管悠悠霜满地，人不寐，将军白发征夫泪。”

② 1952 年抄本自注言，此二句“一说酒，一说茶”。

一双金屈戌，十二玉阑干。（《临江仙》［幻梦连环不断］）

“金屈戌”“玉阑干”非寻常之景，黄金的门环、白玉的栏杆，唯宫廷如是，此即以细节代全体之修辞手法。“一双”乃宫廷门饰之实，“十二”则概言“玉阑干”之重叠繁复。“十二阑干”古代诗词中常见，明末夏完淳诗中更有“十二玉阑干”之句，被苦水直接拈来，联系全词来看，正是以故国宫廷景象，抒思念故国之情。当年燕大弟子杨敏如潜离北平前向顾师告别，老师书此《临江仙》相赠，她“读到末二句‘一双金屈戌，十二玉阑干’，几乎滴下泪来”，[1]这正是深会了老师词句。如今，“十二玉阑干”再见于《濡露词》中：

今宵十二阑干外，已是秋风更莫疑。（《鹧鸪天·秋日晚霁有作》）

暗夜之下，秋风久久地侵袭着“十二玉阑干”，象征故国蒙难、故土蒙尘已久。

具有相同象征意味的，还有词集末首之《南歌子》：

雨洗新秋月，霜飞旧帝宫。何须高馆落疏桐。九陌生尘，无处不西风。

新秋月色，莹澈静美；昔日帝宫，严整肃穆，而今却别是一番景象：故都内外，雨袭霜侵；九陌大道，风吹尘布，满溢萧索荒暮之感！故国蒙

① 见杨敏如《怀念先师顾随先生》，收入《顾随先生百年诞辰纪念文集》。

难，遗民忍死，这又哪里是王维笔下“高馆落疏桐”（《奉寄韦太守陟》）所堪比拟！——此首《南歌子》与上阙《鹧鸪天》虽笔致有所不同，但情志绝然无二。

即便是到恭王府、定王府①赏红蕉，一首《风流子·旧恭定二邸见红蕉有作》，在上片尽现旧日王府的“朱户绮窗”“玉阑瑶砌”，尽展旧苑美人蕉的“几重芳意”“一倍红娇”之后，下片乐景转哀，借旧日帝王陵寝之凋敝尽抒地是人非之慨：

> 东陵知何处，雕梁上、双燕剩垒新巢。谁念舞裙歌扇，霜烟蓬蒿。叹万古苍茫，盲风阑雨，几家凋悴，黛假香销。看取数丛花在，休问前朝。

词人由恭、定王府推展至前朝帝王陵寝所在之“东陵”，“知何处”一问，并非直询其所处，而是借喻今日国土沦丧之下，谈何故地之有？“双燕”筑巢于“雕梁”，亦并非直用“旧时王谢堂前燕，飞入寻常百姓家”之典，实喻前朝陵寝雕梁画栋之残破；“谁念”一韵，同样并非探询之意，实言旧日繁华早已尘埋于风霜烟雾蓬蒿之中，“谁念”二字，隐刺醉生梦死者，不思旧地，不思故国；由此而引出“叹”字领起的四个四字短句，时空由眼前进一步推扩至辽远，含义也随之深进，苍茫大地，疾风久雨，民生凋悴，惨不可睹，词人痛伤“黍离”之悲，不禁又叹出煞拍一韵，今日纵有旧苑之“数丛花在”，而“前朝”已是不堪回望。“休问”，不堪问也，二字寄托了深重痛切的国土沦丧之愁。咏红蕉以寄意，借旧地言今时，幽隐屈曲地发抒着一怀浓重的凄苦之音。

① 清代恭、定王府之旧址，当时为辅仁大学之女院与男院所在地。

六　“佳期纵后是佳期”

《濡露词》中确实“多凄苦之音”，而爱国忧国的苦水词人没有被凄苦所压倒，他的理想没有泯灭，他的意志没有消颓，他吟出了“佳期纵后是佳期”之句——抗战胜利的“佳期”、国土光复的“佳期”，终会赢得；词人对祖国的光明前景抱着热切而坚定的信念、执着而无悔的期待。

“佳期”七字，出于上节所引“清秋思见月，久雨不闻雷”之《临江仙》（病沈新来真个病）下片：

唯有秋娘眉样好，弯弯那更低低。佳期纵后是佳期。乘风来过我，飘缈载云旗。

在月不见、天不晴的晦昏时日，“唯有”二字领起的下片情调上扬，以美人香草的喻托手法，写“秋娘画眉”盛妆以待所思之人“乘风”“载云”而归的佳期，喻坚贞不移的思念故国故土的情意——此时古都沦陷已经七年，但词人坚信“佳期纵后是佳期”。词之末二句，乃借用《庄子·逍遥游》《列子·黄帝》《楚辞·九歌》中仙人“乘云”“乘风”“载云旗”诸典，且赋以新意：风，乃胜利之薰风；云，乃光复之祥云；旗，乃故国之旗幡，绘出的是一派国土光复之庄严辉煌的佳期前景。

“佳期纵后是佳期”一句，是词人几番思索、几番吟哦（不是字句推敲）而得。何以言“几番”？词集中明白可见此句吟得之过程。最初，词人吟出的是“后期无奈是佳期”，出现在词集之第二首，即前节已两次举引过的《鹧鸪天・秋日晚霁有作》之下片：

> 花澹澹，柳凄凄。后期无奈是佳期。

花澹，柳凄，自然界已近肃杀的深秋，一年将尽，而人世间胜利的佳期久望不至，词人不免心生无奈——此“无奈”二字，切不可直按字面解为无可奈何，而是含着深沉的切盼之情，又含着身处沦陷区一介书生为“佳期”无以为力的深悲深憾。这诚然是贯穿于全部词集中的“凄苦之音”，但终竟不免过于凄凉苦楚。词成之后，“‘后期’七字叶九以为佳”，随即“再赋”《浣溪沙》一首：

> 阶下寒蛩彻夜啼。坐看窗影月西移。早知不得到辽西。　新梦纵教同旧梦，后期无奈是佳期。高鬟亸尽翠眉低。

同是香草美人的寓托手法，重用“后期”一句，全词弥漫在更为凄楚的气氛中。父亲的一怀坚贞心志、胜利信念，却不容许自己沉溺于如此凄苦之境中而不自拔。因此，在自觉“‘后期’七字意仍未尽”之际，父亲遂“再赋”《临江仙》（病沈新来真个病），变“无奈”之消极为“纵后”之肯定，以“佳期纵后是佳期”将前二首“未尽之意”畅快抒出，信念更为坚定，情意更为热切，至此，方称苦水词人内心之情志。

“佳期纵后”，终是“佳期”！为了这必至的“佳期”，词人怀着放翁“遗民泪尽胡尘里，南望王师又一年”的心意，即使“泪尽”也要坚守，甚至不惜付出生命的代价。《临江仙》（过却中秋几日）正是这一番忠贞情意的代表：“过却中秋几日，看看又近重阳”，词人独自“晚来扶杖”，

“彷徨”于什刹海畔，“九城低晚日，双鹭起秋塘”——这是上片所绘，是使词人心潮起伏谱写乐章的“外缘”[1]；词的下片，直抒心境：

> 尘世依然暗淡，梦华取次辉煌。诗心禅定互低昂。不辞三折臂，从断九回肠。[2]

“尘世”，沦陷之地，“依然”，二字分量不轻，暗指沦陷日久；“梦华”，光明之梦，胜利之梦，“取次”，并非一般所言之依次、次第，释义当为任意，可引申为尽意、充裕。“尘世”“梦华”，一现实一理想，一“暗淡”一“辉煌”，强烈的对比反差，恰是词人身处沦陷区时的生命之支柱与力量之源泉，此二句的意境浓缩为词中的一句警语——“诗心禅定互低昂”！“诗心”，诗人的真诚心意，浅言之为理想；“禅定”，学禅人的精神修养，浅言之为意志；“互低昂”者，二者交互涌动，支撑着词人的心志与生活。于此基础之上，方有了词章结篇的明心之语——“不辞三折臂，从断九回肠”。“三折臂”，典出《左传》之“三折肱”与屈原《九章》之“九折臂”，词中直取其不惜自赴苦难、自我牺牲的含义；“九回肠”，出自司马迁《报任安书》之“是以肠一日而九回”与梁简文帝《应令》诗“望邦畿兮千里旷，悲遥夜兮九回肠”，以抒写词人心怀故国而甘愿担荷人死肠断的伤痛。借旧时典所抒之今世情，正是屈原为国为民的“虽九死其犹未悔”！八年

---

[1] 父亲讲诗歌创作，提出“内因”“外缘”之说。见《传学——中国文学讲记》第二十八讲《王静安讲论》。

[2] 1952年点定本于下片后四句均加朱笔圈点，“诗心”句每字旁加双朱圈，可见父亲对此首《临江仙》之重视。

后的 1952 年，父亲自评《濡露词》，对此章有八字评语：“如是，如是，得也，得也。”含蓄而有力地肯定了八年前之词作代表着八年前之自己。

同样的情致在《濡露词》中也有不借典故而用常语含蓄表出者，如前文述及其上片的词集末章《南歌子》（雨洗新秋月）之下片：

病久诗心定，愁多道力穷。人间万事等飘蓬。二十年前我，已是衰翁。

词人既说“诗心”凝固，“道力”（禅定）穷竭，何以能如上首所言“诗心禅定互低昂”？既然“人间万事”，“飘蓬”无定，又何来上首所言“辉煌”之“梦华”？再思量词中的情感走势，似是步步下滑，几至低谷，至煞拍二句，简直可以说是跌入了深渊。在这里我要提醒读者，切不可如此“皮相”地解读这一首词。身处“万事飘蓬”的沦陷区，词人固不免“诗心定”“道力穷”之时，但他坦诚地剖示自己的脆弱，决不甘于就此沦落。何以见之？且看词末作者之原注：“予二十六岁时曾有句曰‘身如黄叶不禁秋。’①”词中已明言“二十年前”，词注再言“二十六岁时”，确非闲笔，更非重复，深意即在这“二十年前”“二十六岁”上——此结拍一韵，乃是词人诙谐的自嘲，“二十年前”已自“不禁秋”，如今二十年已过，此身仍好在，“秋”又何惧之有！此等言语，万万不可忽略。

我大胆地提出“自嘲”一说，是受了父亲 1952 年所做自注的启示。他自注评此章曰：

① 见《苦水诗存·病中作》。

用作前廿一章之总结，不能不存。

试想词集殿卷，若结在跌入深渊之境，何以担得起总结全集词作之任？“自嘲”之言，正话反说，前首《临江仙》慷慨明言，此首《南歌子》低调曲言，二者思想情志并无二致，这才配得上做前二十一首情志、精神、生活的总结，这才当得起自诩为“不能不存”的苦水佳作。顺便说一句，这低调的曲言，若化作明言，则是抗日胜利后在课堂上所说的几句话——

> 如抗日战争，虽然精神、物质两方面都痛苦，但能忍受，因看到将来的光明来了。反正我得好好活着，即使我是个病汉，也要把你强国熬趴下。①

同样彰示着中国人的坚韧心志、铮铮铁骨。

七　禅意禅语入词

在解读《留春词》之一章，拙笔述及父亲之学禅，正行进在王国维“三境界”之第二境“衣带渐宽终不悔，为伊消得人憔悴”。如今《濡露词》时期，十年已过，中间又遭日寇入侵，父亲自言“坠落胡尘”，“求道心切”，

① 见《传学——中国文学讲记》第十八讲《唐诗短讲二题》之二。

但他之研读佛书，绝不是想借禅境来逃避现实的苦难，而是追求佛家坚定的意志、精进不息的精神，勘破生死，在艰苦的岁月里坚守牺牲自我以救世的人生信条。①

父亲之研读禅学，自谦为“闭门造车”。“濡露”集中“一龛灯火人垂暮。案上楞严助参悟”（《青玉案》［行行芳草湖边路］）、“夕阳看下西崦去，卧诵床头一卷经”（《鹧鸪天》［暴背茅檐太早生］），直是父亲课后深隐书斋埋头学禅的形象写照。此际，他的禅学修养似是已摆脱了 1932—1933 年“迥无入处”的尴尬，进入到“诗心禅定互低昂”之境，因而时以禅意禅语入词。

父亲期望着学禅进入更高的境界。“濡露”开卷第一首之《南歌子》（澹澹新秋月）下片即抒此情：

寥落今宵意，悲欢旧岁情。学参犹未到无生。何日横担楖栗②万峰青。

“寥落”句承上片之秋景秋情，写现在；“悲欢”句总括旧日生活，写过往。“寥落”“悲欢”之中，词人自感学道、参禅尚未臻于化境。《景德传灯录》中有句“横担楖栗不逢人，直入千峰万峰去”，苦水活用此典，吟出“何日横担楖栗万峰青”，期望有朝一日能如得道之人一样，横持禅杖，一无挂碍地行进在万山的青苍之中，到达“无生灭”的境界。

① 这些思想他在文章与讲课中曾不止一次地述说过。

② 楖栗，音 jílì，指禅杖。

心绪漫如潮。爨下琴材尾欲焦。椰枥横担无分在，飘飘。白袷风吹过小桥。

这是《南乡子》（秋势未渠高）一首之下片。“爨下琴材”，用《后汉书·蔡邕传》中“良木被焚”之典，喻美好的事物无辜被毁，象征着家国所蒙受的欺凌。自己身逢乱世，尽管心绪如潮涌一般，但却无缘无力“横担椰枥”直前救国，此中所包含的忧国忧民之苦楚是十分沉重的；身着白色夹衫、风中独过小桥的词人自我形象，含着坚守情志、保持高洁的象喻意味，既然不能兼善天下，则只得独善其身，这是儒家的立身信条。禅家情志与儒家思想，水乳般溶聚于词中。苦水词人什刹海畔风中独行的形象，呼应着《青玉案》（行行芳草湖边路）中用禅语所书之“瓶钵单丁成苦住”，只是一散策一独坐、一洒脱一沉重而已，但皆是其真实志性的表现。

《濡露词》中，也可见以禅家语汇抒内心情愫者，如《鹧鸪天》（谁识先生老更狂）之“羁身北地非吾土，稽首金天向法王”①，因有了上句之“直”言，则下句对西天佛祖释迦的膜拜，其深意即已在不言中；再如《烛影摇红·重阳前一日赋》之“早识韶光易改。更三千、大千成坏”，用佛家所言“三千”个“大千世界”之“成”与“坏”，言韶光之易改，进而言世事之更迭，既感叹现实遭逢之苦难，又寄寓着对未来沧海终会成为桑田的企盼。父亲在创作《濡露词》前几月（1943年夏天）著《稼轩词说》《东坡词说》亦全用佛经“语录体”。《濡露词》中所用的两个语辞“生”“在”（“暴背茅檐太早生”“相伴西山在”）均带有“语录体”的痕迹。

① 1952年点定本于此二句旁均加朱笔圈点。

北平沦陷后，父亲内心苦闷无从措置，潜心佛书，苦水词才有了禅语、禅意入词的新境界。直观而言，《濡露词》中多有禅语，为前几种词集所少见；深言之，此时古都陷于日寇铁蹄之下已是七年，词人内心创痛与苦闷只有寄禅语委婉托出，词作遂晕染出邃密的禅家意境。

纵观中国文学史，禅语、禅意入诗不绝如缕，于词，似并不多见，《濡露词》用禅语、见禅意，这当是苦水词人对词境的一种开拓，在词史上特具意义。

八　补《稼轩词说》之“遗珠”

父亲在1943年夏有《稼轩词说》一著，以三万余言的篇幅说辛词二十首，至九、十月间“复取其全集读之，觉其《鹧鸪天·徐衡仲抚干惠琴不受》一章，自为写照，极饶奇气。遗却未说，真遗珠也”。为补此憾，“因赋”《破阵子》“以见意”，补“说”稼轩之《鹧鸪天》。①

要解苦水之所赋，必先读稼轩彼作：

千丈阴崖百丈溪。孤桐枝上凤偏宜。玉音落落虽难合，横理庚庚定自奇。　人散后，月明时。试弹幽愤泪空垂。不如却付骚人手，

① 引文见《破阵子》之词序。抚干，安抚使司干办公事之简称。

留和南风解愠诗。[①]

友人徐衡仲赠琴，稼轩不受，书之于词，完全摒除了日常人事往来的客套。词中上片咏物，言琴，下片抒情，言何以不受。言琴者，说琴材乃出自“千丈阴崖百丈溪”、唯有凤凰“偏宜”栖息的桐枝，琴音如玉，“落落”超凡，即木料的质地与纹理亦“庚庚定自奇”。在这里，稼轩句句言琴之质洁与骨傲，而细细味来，实觉这又是稼轩的夫子自道。言“惠琴不受”，乃曰：如此高格之琴，只可在“人散”“月明”之际，“垂泪”弹奏“幽愤”之曲，不如付与“骚人”去奏“解吾民之愠”的“南风”。这实是借琴为题，表现稼轩忧心国事、关心民生的博大情怀。

理解了稼轩这首《鹧鸪天》，再联系稼轩《贺新郎》中“不恨古人吾不见，恨古人不见吾狂耳”之句，方得进入苦水两首《破阵子》之境。

先看其第一首：

月落青灯无语。日高窗影初移。洄溯精魂千载上，异代萧条一泪垂。吾狂说似谁。[②]　　已恨古人不见，后来更复难期。要识当年辛老子，千丈阴崖百丈溪。庚庚定自奇。

稼轩是征战沙场抵抗外侮的英雄。发端前二句呼应着稼轩原词“人散后，月明时”之情境，词人时时追怀“千载上”的稼轩“精魂”，然而如今“异

① “南风”句，典出《孔子家语·辩乐解》：“南风之薰兮，可以解吾民之愠兮。”
② “狂”是英雄的抱负。似，有与、向之意。

代萧条”，难觅稼轩，唯有“泪垂”。“吾狂说似谁”一语，紧依稼轩《贺新郎》词句，既伤稼轩当日之无知己，又自伤当代无英雄稼轩。设若稼轩今日犹在，又何处寻得理解稼轩之狂者？下片承上，继发“古人不见”“后来难期”之慨，因而也更加深了对英雄词人稼轩的仰慕，于是借稼轩赞琴之句以“识当年辛老子”，向稼轩这位“老兵”的品格、行为致高山景行之意。与《稼轩词说》之理论阐释不同，此乃以词说词，抒情寄意，其内蕴的则是感时伤世的凄苦之音。

词成之后，父亲“自诵一过”，感到“仍未见意”，遂“复成”《破阵子》第二章[①]：

落落真成奇特，悠悠漫说清狂。千丈阴崖凌太古，百尺孤桐荫大荒。偏宜来凤凰。　　应念楚辞山鬼，后来独立苍茫。孤愤一弹双泪堕，不和南风解愠章。先生敢自伤。[②]

词之上片紧承前阕，复用辛词颂琴之句，再次向稼轩致高山景行之敬。下片转而言说自心情愫：先借《楚辞·山鬼》“表独立兮山之上”之语典，抒内心坚守高洁、决不沉沦之志；再用稼轩原词“忧愤泪垂”“南风解愠”之句，惭言自身只能达到坚忍凄苦、绝不屈服的境界，却不能如《南风歌》所唱“解吾民之愠”；由是，结篇词人对比稼轩反躬自省，吟出掷地有声的“先生敢自伤”五字，言岂敢只伤自身命运遭际而沉沦于凄苦之中。“复成”

① 引文见此章词序。见，现，表达。
② 先生，自称也。

之《破阵子》下片，乃是由稼轩反观自己的自省自励之语，虽亦是凄苦之音，饱含的却是久处沦陷区对光明前景的坚定信念和对祖国的不渝忠贞。这可能就是词人说辛词而欲“见”之“意”吧？

两首《破阵子》创作于已沦陷六年之久的北平，此二者既是以词论词的独特之作，同时又寄寓怀古、伤时、律己的现实意义。父亲1952年点定《濡露词》抄本，对此二首自评曰：

上二首，以苦水当[①]稼轩老子，秀才遇见兵，有理说不清。

这当是进入新中国后，对旧作中“秀才”之言诙谐的自谦之语。

两首带有学理意味的《破阵子》而外，《濡露词》二十二首中还多处化用前人词句、词境，于此且依次略赘数语。《青玉案》（行行芳草湖边路）六处用贺铸《青玉案》（凌波不过横塘路）之韵脚，不细味，不觉也；《浣溪沙》1952年之自评虽追述曰“当时似专为‘新凉’七字足成”，但其词题乃是“日读《珠玉词》及六一近体乐府，借其语成一阕”，开篇两句“一片西飞一片东”“不随流水即随风”，直用晏殊与欧阳修原句，描述“年年花事”之“太匆匆”，浑然天成，全不似借句；《清平乐》（人天欢喜）是“戏仿樵歌体”之作；长调《风流子·旧恭定二邸见红蕉有作》，1952年自评曰“苦水于清真词，曾下过一番功夫，此章稍露消息”；《烛影摇红·重阳前一日赋》，1952年自评曰“此章又是清真先生在苦水八识田中作怪”，继之又评曰“只起得尚好，后片愈写愈糟，亦不见得像清真，纵使像煞清真，

① 当，面对。

也不像苦水了也”……这数首词，诚然不同于“补遗珠”的两首《破阵子》，但却透露出苦水词对前代词人词作所下的功夫以及吸收与借镜，而且可以看出这几位大词人在苦水心中的位置。

九 “人天欢喜”

以“凄苦之音”为主旋律的《濡露词》，与《霰集词》一样，亦有仅见的一首欣快之词——“早起散策戏仿樵歌体”的《清平乐》：

人天欢喜。更没纤尘起。高柳拂天天映水，一样青青如洗。 先生今日清闲。轻衫短杖悠然。要看西山爽气，直来银锭桥边。①

天青如洗，地净无尘，高柳拂天，晴空映水，遍乾坤一片清明欢喜之气，词人“轻衫短杖”，“清闲”“悠然”地“散策”至“银锭桥边”，远赏“西山爽气”。

是词之小序明言“仿樵歌体”不说，且还是“戏”仿，甚至连词牌“清平乐”三字在此也有了实意。“濡露”的凄苦之音中，何以有此一首“别调”？不能不再费一番捉摸。世界人民反法西斯战争史能给我们提供一丝线索：

① “银锭观山”乃旧时“燕京八景”之一。银锭桥分割前海、后海，时苦水所居之南官坊口寓所在“前海之后、后海之前”。

1943 年 9 月初，意大利政府在西西里岛向协约国签署了停战协议，一个月后，宣布退出法西斯集团并向德宣战，从此，德意日法西斯集团三足失一，这是世界反法西斯战争的一大胜利！这段历史或可看作创作这首《清平乐》的背景吧。沦陷时期的苦水词，无一首是“无谓”[①]之作。对这首“戏仿樵歌”，父亲 1952 年的自评是：

> 不必定似樵歌，要自有小小意致。

这正是对当年词作用意的含蓄注脚。所“仿”者，只是“樵歌”语言清新晓畅的特点，所“要”者，乃是词中所隐含的世事变化而顿生欢喜的小小“意致”。

最后我还要不避絮聒地补说几句。词人在“人天欢喜”之际，何以特特要看看“西山爽气”？这“西山爽气”，固然是大自然的美好赐予，然从历史人文角度观之又大有其深意：此典出于《世说新语》“简傲”一门中东晋名士王子猷事，以晴朗景象咏超逸情怀；南宋朱熹又有诗句“西山爽气看犹在，北阙精诚直自深”（《伏读二刘公瑞岩留题感事兴怀至于陨涕……》），“北阙”本指宫廷北门，又用以泛指宫殿，以“北阙精诚”与“西山爽气”对举，则于超逸情怀而外又加入了家国之思。苦水此作虽仅言“西山爽气”，但联系朱熹诗句，回看抗日情势，不难味出词作绝不是简单地彰显隐居者的闲情逸致，而是曲言抗战以来压抑多年的郁闷稍得纾解，其中更深含忠于家国、期盼光复的深意。若再联系“燕京八景”之一的“银

---

① 无谓，无意味、没意思。父亲行文时用“无谓”二字。

锭观山”，则“直来银锭桥边”也使“看取西山爽气”有了抒情的落点。至此，我们应能更深刻地理解了词题中的“戏”仿，正是1952年自评的“不必定似樵歌，要自有小小意致”。

与此首《清平乐》“早起散策”在词题上相呼应的，还有一首“薄暮什刹海散策”的《木兰花令》：

晚来风定无尘土。扶杖过桥闲信步。爱他无限好斜阳，遍倚塘边垂柳树。　　山头黯黯阴云聚，天外纤纤新月吐。流波止水两悠然，要与先生商去住。

1952年父亲对此首《木兰花令》以轻松诙谐的口吻注曰：

此词是苦水自家屋里事也，呵呵。

何谓“自家屋里事”？揆诸此际苦水生活情况，可知“商去住”乃言因情势所驱顾家或将迁居别处，此作当为与大局无甚相关的个人生活情状的幽默表述。那时候，独自散策什刹海畔是苦水词人课余疏散身心、暂时缓解凄苦之情的唯一方式。词成之后，在抄寄周汝昌时，父亲于词后附言：“什刹海中皆止水，堤外小溪方是流水也。若树畔桥头拄杖送斜阳者，乃是苦水而已，一笑。”[①]此数言点明个人行止，既是对词中末韵的诠释，又可说是对1952年自评的注脚。细读之，即此“自家屋里事”之词，其中“阴

① 见致周汝昌函，1943.10.3。

云”“新月”的意象亦含象喻意味。

“濡露”一集，在父亲自己编订印行的六种词集中，虽收词最少，但由于有了他老人家自己的评点，给后世读者以宝贵启示，拙笔于此不由得多费了一些笔墨。

《濡露词》之后，苦水词今所存仅 1944 年两首、1948 年一首[①]，再一个词创作的丰收期已是 1952 年之后了。从词的创作历程看，“霰集”“濡露”在全部苦水词中代表了一个特定的时期，我以为可称之为苦水词的后期之作。如此，则 1952 年后的词，即是苦水词人的晚年作品了。

[附一]《倦驼庵词稿》

父亲在编订《濡露词》的时候，将“前乎此二年中之作”十首，辑为《倦驼庵词稿》，附于“濡露”一集之后印行。对这十首词，父亲的自我评价是“支离破碎”[②]。十首小令，1940 年岁末一首，1941 年两首，1942 年七首。所谓“支离破碎”者，我以为乃是由于词作数量少、时间跨度长、各章殊少联络的自谦之语，我们切不可因作者的自谦，而对此十首小令悠忽视之。

不同于《濡露词》的是，十首中有三首记个人行迹，且均有词题标出：《蓦山溪》乃冬至日燕京大学课后返城“大雪西郊道上作”，《踏莎行》

① 已辑入十卷本《顾随全集》第一卷之“集外词”。
② 见《濡露词 · 小记》。

乃清晨步行到校授课“大雾中早行”而作，《鹧鸪天》则散策什刹海畔“赠北河沿柳”者，恰分别作于1940年、1941年、1942年。其中景物无非“残风不住”“天黯如铅，云寒似水”，尽含凄苦之情。“西郊道中”也有美丽的雪景——“蝶翻飞、柳花飘舞”“琼铺路，银装树”——此实景中隐含着的是在“净土”燕园授课，一番师生心犀交流之后，内心所获之一份暂时的宁静。至于绘北河沿柳“长条雨后留残照，飞絮风前并落英”的袅娜风姿，实是反衬“曾伴先生客旧京”的“可怜唯有河边树”。——唯有永恒的大自然给予“坠入胡尘”的词人以无私陪伴与慰藉。“大雾中早行”所吟《踏莎行》，更是蕴蓄悲忧的写景抒情寓理之作：

> 天黯如铅，云寒似水。市声阒咽飞难起。衷怀悲感总无名，一身落寞人间世。　　托钵朱门，挂单萧寺。何曾了得今生事。回看来路已茫茫，行行更入茫茫里。

“天黯”“云寒”是雾天实境，又是世势象喻，“市声阒咽”是市相，“悲感”“落寞”是己情。自然、社会、自身，都不脱凄苦之音。下片“托钵朱门，挂单萧寺”，本指出家人的求食与投宿，词人以此禅语借指自己讲堂授课的生涯；“何曾了得今生事”一句，表面看是说教书职业并未曾求得全家的食饱居安，实是一句沉痛之语，抒家国危亡之际，只能独善其身而未能兼善天下。末二句“回看来路已茫茫，行行更入茫茫里”，来路茫茫，前路茫茫，联系苦水词人沦陷时期的全部词作以及此首前部之铺垫，这绝不是畏惧现实、希求逃避人生的无奈之语，而是承上之禅语，以禅家的心意表达个人对社会人生不懈的前进与追求——尽管“来路茫茫”，仍要继读求索！“回看”“行行”二句实是含有深邃的人生哲理的名句。

1990年，白头弟子对老师的忆念中，曾有多人提及此二句在内心中激起的感发。①

词中亦有借“前王宫殿”以言今世之情者，与《濡露词》中相关诸作前后照应，1942年的一首《浣溪沙》最为感人：

> 极目西山返照中。离离三十六离宫。觚棱金爵郁巃嵸。②　翠辇不来人世改，凤箫声断玉楼空。上林花似旧时红。

上片绘西山返照中的旧日宫殿，“三十六”极言其多及气势之恢宏。“觚棱”“金爵”均为宫阙顶部之装饰物，旧日宫殿虽笼罩在一片残阳落日之下，然依旧“郁巃嵸”，保有华贵雍容的气度。下片言尽管“翠辇不来”“凤箫声断”，但宫苑之花依然“似旧时红”，寓藏着不灭的生命力。全词借旧时宫廷景、事，以抒山河依旧、人心不改的坚贞之情。作于同时的另一首《鹧鸪天》（一梦钧天只惘然），其中“朱楼碧瓦今犹在，犹在残霞落日边”，更不由让人想起李煜的“雕栏玉砌应犹在，只是朱颜改”（《虞美人》），虽均言“犹在”，而“应”是揣测，“今”是肯定；且后主词中朱颜已改，故国不存，苦水词中，尽管已是“残霞落日”，但“朱楼碧瓦”终竟存在，势必有日出光复的一天。

借禅意、禅语抒情，也先于《濡露词》而写入《倦驼庵词稿》——上所述《踏莎行·大雾中早行》即是其中一首。除此而外，有两首《浣溪沙》

---

① 见《顾随先生纪念文集》。

② 觚棱、金爵，语出班固《西都赋》：“设壁门之凤阙，立觚棱而栖金爵。”

（但得无风即好天、自着袈裟爱闭关），也值得一读。“但得无风”一首之上片写“花飞絮舞”的暮春，下片云：

庵结千峰人世外，草深一丈法堂前。衲僧未敢认衰残。

“庵”本是奉佛之舍，“法堂”本指讲说佛法之大堂，“衲僧”即僧人。词人直用佛家词语，言自己居处于千峰外的茅庵，讲授于草深一丈的法堂，这看似远离世事、超脱世情，而“衲僧未敢认衰残”一句却表明了词人的人生态度——尽管“坠入胡尘”，尽管衣食不足，尽管时近春阑，但苦水词人“未敢”认“衰残”，不向命运遭际低头，这正是修养禅学所得的人生定力。“自着袈裟”一首其上片云：

自着袈裟爱闭关。楞严一卷懒重翻。任教春去复春还。

看来苦水词人已是颓丧消沉、不思作为了，而这一番借学禅而道出的消极情绪，正是为了托出下片用典故而述出的凄苦之情：

南浦送君才几日，东家窥玉已三年。嫌他新月似眉弯。

词中用江淹《别赋》及宋玉《登徒子好色赋》之典，深言内心的凄苦：“南浦送君”，言师友弟子早已因抗战而南下，离别之伤即家国之痛；“东家窥玉”，言日寇觊觎中土已多年，实斥侵略者犯我大好河山的罪行，国仇家恨统在其中。周汝昌先生在纪念老师逝世三十周年的报告中，谈老师之爱国，深情地描述了这首词，他说，“老师最爱国”，沦陷期间“最不能忘记老师的一首《浣溪沙》……送君几日，好像是不太久吧？实际是很久很久了；‘东家窥玉’巧用宋玉《登徒子赋》以为比喻……写的是日本侵略军，窥我神州”已有多年，“所以看着新月都很难过”。“新月是一弯蛾眉，古往今来，这是最美的景象，但是顾先生却用一个‘嫌’字，含义最深。”[①]用典，本是诗词创作中用来抒情的一种手段，而父亲此时之用典，却有一番不得不尔的苦衷，更使以婉美见长的词体富于凝重、沉实、古雅之态。

《倦驼庵词稿》中还有一首《鹧鸪天》，词云：

> 不是销魂是断魂。漫流双泪说离分。更无巫峡堪行雨，从此萧郎是路人。　情脉脉，忆真真。危阑几度凭残曛。可怜极目高城外，只有西山倚暮云。

词之上片，发端两句定下了全词因离别而魂断的哀伤基调；三四句中前句以否定口吻用宋玉《高唐赋》“巫山云雨”之典，后句直用范摅《云溪友议》中崔郊心上人被显贵掳去之典，以香草美人的寓托手法，借情爱之失落喻写困守沦陷之区丧失故国故土的锥心之痛；下片则先直抒别离之悲情，而终于以景结情。

自读父亲的词作以来，就觉得这是一首好词，但几十年来从没有意识到它与同期词作有什么不同。直至 2018 年，偶获周祜昌[②]先生手抄之《倦

① 见周汝昌《怀念先师顾随先生——在顾随先生逝世三十周年纪念会上的报告》，收入《顾随先生百年诞辰纪念文集》。

② 周祜昌，周汝昌四兄。

驼庵词稿》复印件，见此首《鹧鸪天》词牌之下有八字词题——“卅年十二月八日作”，我才吃惊地意识到，这不是一般“香草美人”的寓托之作，而是有着鲜明的时代历史命意：1941 年的 12 月 8 日是现代史上极其重要的日子——12 月 7 日，日本偷袭珍珠港，太平洋战争爆发；12 月 8 日，美日宣战，由美国教会主办的燕京大学旋即被日军野蛮封闭。父亲词中借离别相思所寓托的一怀深情实是直有所指，寄托着古都北平仅余的一方净土“燕园”被敌寇铁蹄践踏毁灭的深悲；下片抒情写景，实是向被强敌劫夺的“燕园”遥致的祭悼。迫于严酷的现实，《留春词》中两首抗日之作被撕下烧毁，即发生于 1941 年 12 月 8 日之后的倦驼庵，印行于 1943 年春日的一册《濡露词》，又怎能将此记录时代悲伤的日子作为词题留在后附的《倦驼庵词稿》中？一份佚稿的发现，使这首曲笔抒写历史悲剧的词作再现了它的庐山真面与历史价值。

祜昌先生手抄《倦驼庵词稿》中尚有作于同期的词作四首，当年或许因词之情意稍显刻露未被收入卷中，于今正可借此篇幅将尘封八十年之久的 1941 年诉说凄苦之情的这四首附记于下：

卜算子·病中作

漠漠远山云，淡淡长江水。俯仰人天一动情，仍在红尘里。　世乱几时休，吾病何时已。不是维摩谁散花，但见空花起。

浣溪沙·和家六吉韵

九市红尘眼倦开。插檐星斗恨难排。流霞浮蚁是生涯。　夜雨又催花落去，离人不与雁同来。凭阑一望亦伤怀。

漫道青山似洛中。瑶笺写就信难通。只将清泪托征鸿。　　不信时光催我老，尚余魂梦与君同。去来黑塞复青枫。

浣溪沙·题杨叶九小照

霜露千林尚远山。又扶短杖过荒阡。萧萧蓬鬓入中年。　　练就坚贞销寂寞，凭将智慧照冥顽。浮云散去日中天。

《倦驼庵词稿》亦为词人“沦陷日久”“水深火热”的“凄苦之音”，题材、情志与《濡露词》并无二致，其创作时间在“霰集”之后、“濡露”之前，且延续三年之久，有此先声，方有了词人自评之“诸作弗如”“于中见苦水”的“濡露”一集。

“倦驼庵”是 1941 年底至 1948 年秋七年间居所的书斋名，其间父亲的诗作多于词作，而所作词又多有散佚。而今随着遗稿辑佚的进行，后学于“倦驼庵”时期的词作或能有新的发见！

[附二]　“濡露”之后的词作

《濡露词》印行之后，1944 年春至 1948 年底，五年间，父亲于学术研究之外，创作上有小说、有诗歌，唯“习而嗜焉”[①]的词散落流失殆尽，

① 见《濡露词·小记》。

今仅见 1944 年两首、1948 年一首。

1944 年已是沦陷后的第七年，两首《浣溪沙》（花信如今第几番、乍可垂杨斗舞腰）均谱于春季。前首写早春，在“新柳”“舒风”“春波”、鸟鸣之后，紧随的一句“为谁高处倚危阑”，将早春的怡人之景一笔勾销，尽抒久处胡尘、无心赏春、忧时伤逝之情。后首写暮春，“丁香”正“如雪逐风飘”，“海棠”已“憔悴不成娇”①，一片狼藉的暮春景象，词人在“泥滑滑”的鸟鸣声中“残灯坐对雨潇潇”，真是雨声霖铃、鸟鸣滑滑，两不堪听，词人不禁长叹：

今年春事太无聊。

我们自然懂得，所言之“无聊”，哪里只是“春”？！

抗战胜利的兴奋鼓舞，父亲曾纪之于诗，于词则尚未见。胜利后之作，今只见 1948 年春写寄弟子周汝昌之一首《踏莎行》。时“平中春来多风，而今岁独时时阴雨”，因之“戏赋”②：

走石飞沙，扬尘簸土，红英飘落纷无数。年年此际盼春来，匆匆来了匆匆去。　　夜半才停，天明不住，今春毕竟缘何故？更无梅子要他黄，天公下甚黄梅雨！③

① 丁香与海棠是父亲最喜爱的两种花木。
② 引文系词题。
③ 标点依原信。

词上片说风，下片说雨。上片前三句景语，十五个字写尽旧日古都风沙中的春日；继二句情语，以叠字、重字写古都之几近无春。下片虽是含俳调戏谑口吻的纪事言情之句，而所言不过是风方停、雨又到，总归是无春带来的无聊而已，于中，已完全不见抗战胜利后之兴奋欣喜。词题曰“戏赋”，想及当时的社会状况，再联系一个月后信函中“陶公有语，‘人生实难’”[①]之言，则古都之无春，实有深意存焉。

以上所见的三首佚作，仍延续着《濡露词》的意蕴与情致，隐隐透出抗战胜利前后的社会时代特点，从中当可味出词人对动荡社会现实的密切体察与冷静思索，更可使后人真切深刻体会到词人爱国情志的深沉。

① 见致周汝昌函，1948.6.7。

濡露詞

要於昔水先生句中只昔水磨祇遮是　昔水自題　五二年中伏

南歌子

瀼瀼新秋月，疏疏過雨星。夜深深院少人行，只有竹梢清露溼（墜）流螢。
寥落今宵意，悲歡舊歲情。學參猶未到（會）無生，何日橫擔楖㮼萬峰青。

溼、原作墜，玉言所改，認為此字甚着佳通。再再三，今仍作墜。
墜者露也，墜者螢也，一字雙關，雖文法似不完備，而意境尚好，若作
溼，便不如此生動。

鷓鴣天

秋日晚霽有作

高樹鳴蟬取次稀，新涼已解襲羅衣。一天雲散惟凝碧，九陌晴初尚有泥。
花瀼瀼，柳淒淒，後期無奈是佳期。今宵十二闌干外，已是秋風更莫疑。

第八章

“无病”到“濡露”之“取象”：传统的承继与创新

文学作品总是要通过意象来传达作者的情意。父亲的“无病”到“濡露”诸词集所选取的形象，“或者取象于大自然之景物，或者取象于人事界之事象，或者取象于想象中之幻象”①。此外，还有取象于前代作品中之典故者。

一　“取象于大自然之景物”

文学作品离不开对自然景物的描绘。苦水词取象于大自然中的景物、以之为象征喻托者前文各节已略有所述，而在单纯描绘自然景物的词作中，大自然的景象在苦水词人的笔下也都是生命的个体，灵动鲜明、充满了生机与情趣。

① 见叶嘉莹《顾随文集·代跋》。

先看秋日京郊西山的黄菊、红树：

故人好意。邀我来山里。久吸大城烟雾气。到此眼明心喜。 黄华好似前年。折来插向窗间。窗外一株红树，教他与我同看。（《荒原词》之《清平乐》）

此时父亲由久居的“大城”天津到北平西山温泉小住，“窗间”黄菊，“窗外”“红树”，鲜明耀目，绚烂多彩，交映生辉，毫无秋日的衰飒冷落，无怪词人“眼明心喜”。词中人与花与叶契合无间，而邀“窗外”之“红树”与自己共赏“窗间”之“黄华”，尤其富于生活的意趣与生命的力量，整阕词可说是一曲秋情之颂。

再看春末城内庭院的榴花、马缨：

红英几朵明如火，正才干宿雨，乍试严妆。叶叶枝枝，鲜明偏称初阳。千重芳意知何许，共朝霞、映上纱窗。暗思量、便似相思，烧断回肠。（《无病词》之《高阳台·戏咏榴花》下片）

一缕红丝一缕情。开时无力坠无声。如烟如梦不分明。（《无病词》之《浣溪沙·咏马缨花》上片）

词人以拟人笔法，赋榴花与马缨以人的品性：榴花的绚烂是生命的热烈、生机的勃发，马缨的纤柔是感情的细密、感觉的锐敏。人懂得花的情意，花回应着人的理解。

父亲极爱花木，但他却不喜那些没有骨气的攀附植物，如前节已引述过的牵牛：

> 底事悲秋，试倚楼闲眺，一院秋光。牵牛最无气力，引蔓偏长。疏花数朵，待开时、又怕朝阳。浑不似葵心向日，一枝带露娇黄。（《味辛词》之《汉宫春》上片）

父亲以词咏牵牛，正如他反对诗人在作品中表现没有出息的、软弱的人生①，也正如他之不喜"豆芽菜"似的生命，"豆芽菜根本不在泥土中，可怜淡而无味"②。这样一番心思情志，在"闲眺"一院"秋光"之时，为牵牛之"无气力"、之"引蔓偏长"、之"怕朝阳"所触发，遂借牵牛这一眼前景物于词中吐露出来；同时，词中又以秋露中依旧"娇黄"的"向日""葵心"为反衬，无力与挺秀、软弱与生机，即在此对比反衬之中呈现出生命的暗淡与光华。

"黄华""红叶""牵牛""葵心"，写的是自然之物，蕴的是人生之力、人生之情，均极富生命感发的力量。

缘于对生命的珍惜、对生活的热爱，苦水词中不仅描摹大自然，且将自己融入于美好的大自然中：

> 相将。海滩坐久，但时闻、草木散幽香。更喜沙平浪软，山村灯火昏黄。（《无病词》之《木兰花慢》［又他乡聚首］）

---

① 见《传学——中国文学讲记》第二十二讲《词之三宗》。
② 见《传学——中国文学讲记》第十五讲《李贺三讲》。

这是词人与故友青岛相聚，静坐海滩，自黄昏直至月上，陶醉于大自然的赐予之中。

记得昨宵桥上立，长河冻解带冰流。春星几点月如钩。（《无病词》之《浣溪沙》［恻恻轻寒似早秋］）

这是早春在天津海河桥上，下赏冰流，上观星月，授课余暇的苦水词人，在大自然之中，尽享城市一角的清幽与静美。

父亲的词作更于大自然的景物之中寓有深切而明晰的人生命意与感悟，如 1928 年调寄《蝶恋花》的两首“独登北海白塔”。前一首，抒登上白塔后的第一感受——“为惜苍茫，景物无人赏”，带着一抹苍凉的色调，隐含着一丝人世的苍茫。第二首就不同了，先咏登上白塔所见的月色：

我爱天边初二月。比着初三，弄影还清绝。一缕柔痕君莫说。眉弯纤细颜苍白。

若仅读此上片，乃纯为咏月。放翁诗曾言“平生绝爱初三月”（《闰月三夜观新月》），罗椅词曾言“何处销魂。初三夜月，第四桥春”（《柳梢青》），然苦水不咏“月似弓”的初三月，而偏爱初二之月。按月相说，初二至初七之月为“蛾眉月”，初一无月，初二之月最多只是若有若无、似有似无的“一缕柔痕”。词人以美女比拟描绘“初二月”的“纤细”“清绝”之影，词人与月有着轻柔细密的情感交流，写景已由“画”境臻于“化”境。及至下片，则由自然之景引发世事之情：

休盼成圆休恨缺。依样清光，圆缺无分别。上见一天星历历，下看一个飘零客。

这阕小词，词题首字为“独”，词句首字为“我”，结篇二句为历历寒星照映下的“飘零客”，均似暗寓怀人之意。再看下片前三句，以月之圆缺喻人之聚散，咏月之中由怀人引出应对人生离合悲欢的哲理；再向深处去会，联及传统的美人香草的托喻手法以及坡公“人有悲欢离合，月有阴晴圆缺”的经典名句，则词句更寄寓了一份对生命的体悟：人的一生贵在追求、贵在执着，只要保有生命的“清光”，有理想在、有追求在，人生就有价值，生命就有意义，则人生之“圆缺”聚散无需斤斤计较。若与坡公“此事古难全”的放达相较，境界似又略高一层矣。至于煞拍之二句，词人“上见”星月，星月亦“下看”词人，则人之生命与有生命的星月相呼相应，词人与青空融为一体，词的情志、境界随之又有了拓展与提升。

待到身处沦陷了的北平，词篇中的自然景象便被蒙上一层郁郁不开的灰暗与凄冷之色调，如 1938 年深秋的《灼灼花》“日落苍茫里。夜色冥冥起。天外疏星，枝头宿鸟，楼前流水。便天公着意酿荒寒，甚荒寒如此”；1939 年仲秋的《浣溪沙》“残月无声沉远岫，飞霜如雪打枯枝”（二首其一），“暮霭无边粘乱草，寒风只解舞回波”（二首其二）；更无须说 1939 年悼伯屏兄诸词中的“楼头风急雁声哀”（《少年游》），“动地悲风迫岁阑”（《思佳客》），“九衢漠漠起黄尘”（《玉楼春》），“露重霜浓星月冷”（《定风波》六首其二）……

沦陷时期，苦水词中于大自然所选用的景象，如霜、露、风、雨、斜阳、银河、青山、弯月、大雁等，这些旧日词作时见的自然之景往往涂上了时代的色彩。这里，我特别要说的，是词中蕴意极深的“枫”与“柳”。

现仅就《霰集词》来看，“枫”，凡8见，若加上“红叶”“红树”“叶初丹”“池边秋红”“高枝落英”，共13见；“柳”，凡6见，若加上“袅风丝”之“衰杨”、“婆娑”之“垂杨”，共8见。今且只说“霰集”中之“枫”。我以为，父亲此际对“枫”之独钟，乃在于枫之经霜弥艳的特质，正象喻了灾难之中忠贞不渝、一片赤诚的爱国之心。一册《霰集词》即以“丹枫”之句开卷——“争不爱秋光。树树丹枫染早霜”（《南乡子》四首其一），继之又有“霜打一林枫叶、晓来寒”（《虞美人》[去年祖饯咸阳道]）、“多谢凋零红叶，殷勤铺遍苍苔”（《临江仙》[凉雨声中草树]）、“相思老尽丹枫。遥山犹记眉峰”（《清平乐》[屏山六扇]）、“眼前无限风光。一林枫叶半红黄”（《临江仙》[又到年时重九]）、“一番雨打风吹后，尚有高枝下落英”（《鹧鸪天》[城外遥山渐杳冥]）……以上所举，皆是寄慨深幽、情意浓重之语。作于沦陷三年之后（1940）的《蝶恋花》（才送春归秋已暮）之下片：

> 暗祝天公休再误。莫起霜风，莫下凄凉雨。留得红酣枫几树。伴人夜夜相思苦。

写来情意更为殷切，情感更见苦楚，表述却较前明畅。

《霰集词》中已多有“柳”的意象，至《濡露词》创作时期，北平沦陷已整整六年，“柳”的意象则更为突出，二十二首词中，写到“柳”者竟有九首之多。柳丝绵袅柔长，代表了早春之美；“柳”“留”谐音，古人早有“折柳赠别”之俗，故又暗喻伤别之意。此际，苦水词人以“柳”寓托的是对故国、故土、故友的无尽眷念与怀思，如“花澹澹，柳凄凄。后期无奈是佳期”（《鹧鸪天·秋日晚霁有作》）、“画船波软，垂杨丝嫩，记得相逢处”（《青玉案》［行行芳草湖边路］）。苦水词中柳枝柔美又时时反托起人世之伤，《破阵子》（蛮触人间何世）中“垂柳楼头风乍起，丁字帘前雨又晴。月华分外明”的怡人之景，反衬的是“短亭遥接长亭。羌管谁家吹不澈，催换离人两鬓青”的伤别之情；《风流子》（秋色未萧骚）中恭、定王府“水纹徐漾，杨柳垂条”的春景，反衬的是“东陵”何在、“前朝”休问的今世之殇；更不要再说《烛影摇红》（十里秋塘）中“尽荒荒、柳枯荷败”的一片狼藉；而前已述及的《南乡子》（秋势未渠高）中“独向会贤堂下过，犹见垂杨斗舞腰”，则更有深远的讽喻之意。“濡露”一集，只有那一首《清平乐·早起散策戏仿樵歌体》中的“高柳拂天天映水，一样青青如洗”是以美景来写欢情。

《濡露词》后附之《倦驼庵词稿》，十首中有四首出现“柳”的意象，1942年春更有一首以“赠北河沿柳”为题的《鹧鸪天》：

九陌无尘静市声。红楼一角燕双轻。长条雨后留残照，飞絮风前并落英。　谁识我，此间行。临流羞见鬓星星。可怜唯有河边树，曾伴先生客旧京。

当时父亲寓居什刹海北侧之南官坊口，什刹海北沿遍植高柳，什刹海畔是父亲日常散策之地。词中所谓“北河沿”“河边”既是为音调之和谐，又是对什刹海畔的亲切称谓。此时，父亲困居沦陷的北平、苦度“楚囚”岁月已是六年，他引“北河沿柳”为陪伴自己苦捱岁月的知己，词题首字言“赠”而不言“记”“咏”，已是透露出以“柳”为知己的深心，词中他以明白晓畅的日常话语向湖边之柳尽诉一怀凄苦、不渝心志。读至此，再回看“濡露”中的“爱他无限好斜阳，遍倚塘边垂柳树”（《木兰花令·薄暮什刹海散策》），正与此首“赠”词遥相呼应。

二 “取象于人事界之事象”

取象于自然景物是旧体诗词传统道路，大诗人、大词人人人拿手，而“人事界之事象”，恰是词体所欠缺，父亲在这方面的取象有着突破传统的开拓创新意义。

父亲早期的两首长调《木兰花慢·卜者午夜吹笛……》《木兰花慢·赠煤黑子》①，可说是此中典范。周汝昌先生说：“我们中华一部文学史，大概很少写小贩一类人，写穷人用某种手段，博得三升米二升豆子，养活他一家数口，大概就范石湖写过，其他我没发现。”他说老师不单是“同情一个穷苦人”，“他首先是用诗人的眼来阅世，来观察宇宙、万物、人生、社会，又以诗人的心感受，以诗人的笔表达”，他是以“悲天悯人”的情怀来感受来表达这一切。②“煤黑子”、盲卜者作为一首词的主人公，在中国词史上大抵可以称得上是空前罢！

两首长调而外，苦水词对人间事象还有丰富的展示：

这里，有穷乡僻壤的农村——“春夏秋冬尘漠漠，东西南北路茫茫。无山无水有残阳”（《味辛词·浣溪沙》四首其四），这本是在写“故乡

① 有关二词的详细阐释，见前“味辛”“荒原”二章。

② 见周汝昌《怀念先师顾随先生——在顾随先生逝世30周年纪念会上的报告》，收入《顾随先生百年诞辰纪念文集》。

景物太荒凉"，但何尝不是绘出了旧中国广大农村的"太荒凉"？

这里，有灯影风沙中的街市——"一霎眼前光乍亮。远市长街，都是愁模样"（《味辛词·蝶恋花·独登北海白塔》其一），"长街却在风沙里，人影寥寥。灯影摇摇"（《味辛词·添字采桑子》），那灯影风沙中寂寥的"愁样"的长街，实是在展现充斥于人间的冷漠与荒寒，所以这首《添字采桑子》的起笔即云"劝君莫问春来未"，世事无春！

这里，有深宵街头"呵夜"的士兵——"街头。路灯焰小，正青磷数点乍成球。渐见幢幢暗影，似闻鬼语啁啾"（《味辛词·木兰花慢》［又沉沉醉也］），"雨后长街悄。天远疏星小。瘦马衔枚，饥兵呵夜，哀笳破晓"（《味辛词·灼灼花》［旧地重来到］），那"青磷"样的"路灯"，"暗影"般的"饥兵"，"鬼语"似的"呵夜"，以及哀鸣的笳声，无处不暗示着虽曰人世实为鬼域的现实。《木兰花慢》的"词序"直书"戍兵呵夜，冷风挟沙扑面，飒飒然疑非人世"之语，深深地吐露出对战乱无宁之社会的忧心。

这里，有暗夜街头忍饥受寒的乞丐——"试听街头乞丐，正饥熬夜永，冷怨宵寒。号呼惨苦，堪怜无个人怜"（《味辛词·庆清朝慢》［梦又还醒］），那"熬饥""怨寒"的乞丐形象，自然是隐含着词人对挣扎于生死界上的饥民的深深同情；但词人之笔并未止于对此一形象的同情与怜悯，他由乞丐的"无个人怜"又层转深入而说出"不是世情落寞，乞人怜处得人嫌"这看似颇不近人情的话。这里，实是已由对乞丐的同情转入词人内心中深隐的为人立命之人性尊严这一主题。可能正是那既"无人怜"又"得人嫌"的乞丐形象触动了词人内心这份深意，这时的词境实际已由狭隘的对穷苦乞丐的同情，上升到人生哲理的思考。

我以为，《荒原词》中那首咏驼的《贺新郎》（又是寒冬矣）把旧都冬日长街行走的驼队摄入词中，称得上是这类人间事象词作中最为完整而深邃的一首。苦水词人绝不是把驼作为大自然中之一“物”来吟咏，都市长街行卧的明驼，已然溶入了人间事象，词人把驼作为人世间的一分子：驼有心有情，“来从大漠风沙”，带着人世的沧桑，步行千里，阅尽人间的哀乐；它“似眠似醒”“非悲非喜”，看似“木然”，实是历经沧桑哀乐之后的沉静与坦然，其中隐含着一层禅意；而“偶一摇头”发出的“铎铃响”，上彻长空，余响无际，正是无尽的生命之力的迸发与延续。因此，词人称驼为“君”，引为知己，且不由为其发出“有谁识、此君心理”的伤叹！

1924年父亲到青岛任教，前文曾言及，时青岛已被日军占据，有大批日人移住青岛，且大量栽植日本樱花。这一人间事象，通过青岛“倭女”收进苦水词中：

疏林内。猧儿吠。隔邻女卸残妆未？（《无病词·钗头凤》[登临废]）

红裙倭女，三五成群。殷勤。向人笑语，又攀枝、着意共花亲。（《无病词·木兰花慢》[蓦青山翠敛]）

乍看来，两组词句似乎颇有些“骑马倚斜桥，满楼红袖招”的“花间”色彩，但若结合《钗头凤》“比邻小楼一日本家族寓居，蓄犬甚多”的自注以及《木兰花慢》“记忠魂碑下”的字样，便不当以单纯的绮艳语来看待。同一时期，父亲还作有《青岛第一公园看樱花五绝句》，其中有云：

最是嬉春倭女好，看花浑不解思家。（其四）

毕竟此花产异国，牡丹争得不称王。（其五）

前二句暗讽倭女游春，在异国土地上纵情嬉笑，猖狂轻薄，忘国忘家，全无心肝；后二句说樱花恣意盛放，终竟是异国异种，华夏本土的牡丹，怎能不在只凭"万朵压枝"更"少香"的樱花面前称王！将前文词句与此二绝句相联系，则读者必能深切体味到苦水词人的真正用意，乃是以曲笔展现严酷之现实——日本视青岛为其殖民地，俨然以主人自居，在他人国度恣意妄为。词本是要眇宜修、含蓄委婉的，这两组词句虽纯是用"花间"笔意，抒写的却是内心对殖民者的怒斥与蔑视。

苦水词中，取象于人间事象的词，并非全如以上数首主题之严肃，也有写得极具平凡人日常生活情味、看似大俗实为大雅者，如1928年《味辛词》中咏酷热溽暑的那首《浣溪沙》：

> 赤日当头热不支。长空降火地流脂。人天鸡犬尽如痴。　　已没半星儿雨意，更无一点子风丝。这般耐到几何时。

父亲在20世纪40年代辅仁大学"唐宋诗"的课堂上，曾谈到古诗中之咏夏，他说，"中国旧诗写夏的少，纵有也只是写天之舒长、人之安闲"，如程垓之《小桃红》（不恨残花弹），如东坡《洞仙歌》之前二韵，如李之仪《鹧鸪天》之下片，至于"锄禾日当午，汗滴禾下土"及《水浒传》中"赤日炎炎似火烧"四句，则是"对不得安闲者的怜悯"；又说郭沫若小说集《塔》之"前言"中的"炎炎的夏日当头"，"是担当"；接着就说到自己这首咏夏的词，自评曰："既非安闲之享受，也非对不得安闲者之怜悯"，"亦尚与郭氏之担当不同"，"此乃描写，前人不但不敢担当，且不敢描写"。我以为所谓"描写"，即是词人将夏之炽热难耐，作为一种人间的世相来看待，而引入词作，而用日常口语加以吟咏，这是对前人的超越，就如父亲自己当时所说：“余之《浣溪沙》，亦非传统境界。”[1]

父亲取象于人间事象的这些词作，反映出父亲是一位现实人生中脚踏实地地生活着的真实词人，他之填词，绝非文人雅士的排遣情怀，更非遗老遗少式的附庸风雅。1928年一首《鹧鸪天》（百尺高楼万盏灯）所言“我来领取新诗意，踏步街头听市声”，证明着苦水词人确是紧贴现实、极重社会事相，从中汲取词作题材与创作灵感。

三　“取象于想象中之幻象”

古人诗词中的幻象，大约就是“游仙”一类，或者即如李贺笔下带有晦涩甚至恐怖色调的幻想世界。至于苦水词中属于想象中的幻象者，乃是他发自内心的情志所创造出的种种意象。

苦水词中的幻象，最早见于1925年的《还京乐》（近来苦）：

看翠岚凝碧。秋林一片红黄晕。叶落处山鬼，报我天涯愁讯。

青岛翠碧的秋空，红黄的秋林，诱发词人进入屈原《九歌·山鬼》意境，晕染着山鬼所传布的无边愁情，因而吟出了这既富屈原幻想色彩又有长吉晦暝味道的词句，以抒充塞天地的愁情。当时父亲二十八九岁，生活

① 以上引文见《传学——中国文学讲记》第二十六讲《宋词短讲》。

于山环水抱的青岛，那是他一生职业生涯中最不劳累的一个时期，只是远离故友、故乡、亲人，这无边的“愁”，可能有一些青年词人对时代的苦闷、人生的迷茫，或许也有一点是“为赋新词”吧？

至 1929 年，苦水词幻想中的境界，已是代表理想的仙境：

> 恍惚春宵幻梦，依稀翠羽明珰。见骑青鸟上穹苍。长眉山样碧，跣足白于霜。（《临江仙》［皓月光同水泄］下片）

此时父亲已入燕园执教，课后独自闲游，空际的“皓月”“银河”，四野的“荷叶”“藕花”，使词人恍如迈入仙境，见到了古代神话传说中绝美的仙人。飞升仙界的幻象，于词人而言，是精神世界里所追求的一种绝美静谧的理想境地，尽管遥远、缥缈，但依旧是根植于现实人生的美好理想。何以见得？“荒原”一节，曾述及一首同时所谱的《减字木兰花》，其中有“人间无路，他日伴君天上去。休恨天高，试把长虹架作桥”，虽然“天高”“无路”，但以虹作桥，终可沟通人间与天上，实现飞升仙界的理想。

父亲词中想象中的幻象如《味辛词·鹧鸪天》（绝代佳人）中的“佳人”，如《霰集词·临江仙》（记向春宵熔蜡）中的“蜡人”，均非现实中所实有，而是幻象式的、美人香草的幽约喻托；而如《荒原词》中之《卜算子》（荒草漫荒原）一首，更可说是这方面的代表。这些词作“全然以心中之情意思致为主”，“由心意自己创造一种形象以为表现”[①]，前章均已有所述，

① 见叶嘉莹《顾随文集·代跋》。

于此不复赘言。

四　取象于古代作品中之典故

使用古代作品中之意象，即所谓“用典”。这在前文分述各集词作时已各有所述，这里且只驻目于沦陷时期《霰集词》中丁令威化鹤故实的运用。

《搜神后记》卷一记载：“丁令威，本辽东人，学道于灵虚山。后化鹤归辽，集城门华表柱……徘徊空中而言曰：有鸟有鸟丁令威，去家千年今始归。城郭如故人民非，何不学仙冢累累。”后之诗词多用以言久别重归、故土思念或人世变迁。父亲于《霰集词》中运用此典，竟达八次之多。当时，父亲身处北平沦陷区，在特殊的社会背景下，这一典故在词中有了更多更深的时代印痕。

作于 1937 年秋沦陷之初的《鹧鸪天》（四十光阴比似飞）之下片，第一次出现了“丁令威化鹤”的故实，这也是八首词作中使用原典文字最多的一首：

> 抬望眼，对斜晖。人民城郭是耶非。撑天十丈双华表，可是无人化鹤归。

在沦陷之年，直至初冬，父亲方得再次返回燕园授课，“斜晖”之中，燕园穆楼前的一双华表依旧撑天而立以待归者。“可是无人化鹤归”，依原典是在说无人归来，而此时更痛心的言外之意是，只见故人陆续南下，国土日渐缺失，而南下故友归来无期，实是痛彻肝肠的伤心之句。尤其是“人民城郭是耶非”一句，虽与原典仅二字不同，但由叙述变为疑问，却正是国土初丧、词人魂魄无归之迷离惝恍的曲意表达。词中“双华表”，是燕京大学校园实景①，由实景引出典故，实境与典故融合得自然而熨帖。

至 1938 年秋季，父亲已走出了沦陷之初的迷濛境界，他冷静而沉痛地面对残酷的现实，一首《灼灼花》（日落苍茫里）再用此典：

多少伤心事。放眼愁无际。一度登高，一回念远，一番垂泪。算人民城郭已全非，只江山信美。

“伤心”之事，“无际”之愁，化作“登高”“念远”之泪，城郭人民沦于敌手，面貌全非，只有信美的江山永远不变，于中寄寓着不泯的忠贞之意、不尽的故国之爱、无际的故土之思。

此后的 1939 年春又有“一双华表立斜阳。愁似一双海燕、语雕梁”（《虞美人》［无人行处都行遍］）之句，在拟人的咏物意味的词句中，以一双有生命有灵性的海燕之对语，喻写一双华表待鹤归来的深情，抒故土光复之期盼与光复无期之悲情；1939 年秋之“萋萋芳草明春绿，华表何年化鹤归”（《思佳客》［一局残棋化劫灰］）、“长空镇是过飞鸿，何日归来华表鹤”（《玉楼春》［秋花不似春花落］）……虽是以飞鹤无归悼伯屏兄之客死西川，深层的蕴意仍有着对国土沦丧之痛楚以及故土光复的切望。

1940 年岁末，古都北平已被日军占领三年有半，《霰集词》近卷尾处

① 燕园华表是从圆明园废墟中移来。

有一首情辞极为凄苦的《临江仙》：

> 卷地风来尘漠漠，管弦声送斜阳。回肠荡气转凄凉。百忧抽乱绪，两鬓点繁霜。　城郭人民随世改，马龙车水相将。古都又是一沧桑。为谁归去晚，犹自立苍茫。

词中“城郭人民随世改”一句，暗用丁令威化鹤之典，在全词中却是通向情感思想深处的关捩：首句昏漠的卷地风尘是眼之所见，更是身之所感——对国难时期身处沦陷区现实境遇的感受；次句斜阳中的哀管繁弦是耳之所闻，更是心之震颤——为国土沦丧、生民涂炭而震颤；身感与心颤凝聚为一句“回肠荡气转凄凉”，荡气回肠不再之际，便只余楚囚的凄凉一叹。下片虽出现了“马龙车水”之“相将”，但有了上句“城郭人民随世改”的铺垫，不禁让人由南唐后主之“车如流水马如龙”想及那早已是“旧时上苑”之景象，于是自然引出下句古都沧桑巨变的伤叹。句中之“又是”二字，平常不过，却包含了多少岁月的苦熬、苦度。伤叹声中，词的煞拍二句，将身心抽象的感受，化作具有实体感的具象——“为谁归去晚，独自立苍茫”——定格在词人犹自独立苍茫之中的形象，这一形象浓缩了词人全部忧国伤时之身心、收复失地之渴望，“为谁”一问，不答自明，只有为国、为民！读过全词，自然“会”出“城郭人民随世改”句，虽是暗用典故，实为全词点睛之笔。

这首《临江仙》，自读父亲词作以来，并不曾引起我太多的注意，数年前草拟《苦水词人》稿，因丁令威一典写到此词时，事先也并未准备于此多费笔墨，及今动笔，一路句句写来，深为所动，涩笔一支竟然写下了几百字，这可能是父亲的词含不尽之意于言内，不沉下心来细读，是味不出其中深意的。

苦水词中不仅运用古人作品的意象，西洋文学的濡养也使其作品时现外国作品中的意象，如：

莫怪新来无好梦。爱神烦恼诗神病。（《无病词·蝶恋花》［昨夜宿酲浑未醒］）

乐园如不在人间，尘寰何处寻天国。（《荒原词·踏莎行》［当日桃源］）

试把空虚装寂寞，更于矛盾觅调和。（《留春词·浣溪沙》［青女飞霜斗素娥］）

老红尘、自有安身处，更不须重问、象牙塔里，十字街头。（《留春词·好女儿》［地可埋忧］）①

……

如此种种，都是“对于雅俗中外各种字汇做融汇之运用”②，都是旧时词人作品中绝不可能见到的。苦水词人将西洋作品中的词汇、句式引入传统词体，而所抒发的仍是现实人生的哲理与生命意义的思索，这在词的

① 以上诸句着重号系笔者所加。
② 见叶嘉莹《顾随文集·代跋》。

创作上是一种新的尝试与开拓。

古典诗词，方寸篇幅，意象的使用可说是作品的灵魂。意象真实与否，关乎作品生命力的强弱、有无；意象丰富与否，关乎作品境界的阔狭、深浅；意象生动与否，关乎作品审美情味的高下、雅俗。探讨苦水词所使用的意象，对于研究、评价苦水词之创作成就，是一个不可或缺的课题；苦水词中意象的运用对后来的诗词爱好者、创作者又是一份可供汲取的心灵滋养。

第九章

和晚唐五代词人之《积木词》：为拓新而承袭

一　《积木词》之创作与编订

《积木词》作于1935年冬至1936年1月，若依本书中诸词集“出场先后”为序，当置于《留春词》之后、《霰集词》之前。然不同于它种词集的是，“积木”全系和晚唐五代词人之作，“此和也，非作也”①，故以之置于六种词集之后而述之，以示与其他诸集之不同。

《积木词》共三卷，惜未印行，今全稿不存。据叶嘉莹《顾随文集·代跋》可知，上卷“写有和‘浣花’（韦庄）词五十四首”，中卷“写有和‘花间’词五十三首”，下卷“和‘阳春’（冯延巳）词四十六首”，共计一百五十三首，“统名之曰《积木词》”；集前有“自序”，集后有《题〈积木词〉卷尾》绝句六首。词成之后，邀友人俞平伯氏为集作序。尤可珍贵的是，《积木词》得到尹默师语重心长的赞许：“‘和花间词’甚有意思，

① 见《积木词·自序》。

亦如我近年来专意临摹晋唐人名迹，虽然多少没却自家面目，但暗中仍是进展向自己新辟的一途径去。”默师随信赐予弟子词集题签。①万事俱备而不知何以“东风”不至，词集始终未曾付梓。原稿在友人、弟子中传看，亦不知最后流落何所，多年来仅见女棣叶嘉莹1946年“自先生手稿所转抄者”，包括“自序”、和作四十九首②及卷尾诗；而俞氏序见于1936年《词学季刊》1卷2号，默老手迹原件保存完好。直至2020年8月，幸获父亲早年弟子手抄《积木词》残稿，于中补得苦水词人和韦庄词十二首、和顾敻词三首、和魏承班词一首、和冯延巳词八首，与叶嘉莹氏原抄件相合，共得七十四首，据《积木词》原稿几近半数。

父亲在1933年秋编订《留春词》时，已有“后此即再有作，亦断断乎不为小词”之决心，何以两年之后于两个月间又大为特为而至一百五十余首，相当于前此两种词集之总数？他在《积木词》之“自序”中坦言此乃“破戒”，且“自释曰：此和也，非作也”。此一番“和作”之用意，若依自序所言，不过是病中“坐夜漫漫斋③”，“既喜幽静，又苦寂寞”，遂“逐韵觅辞，敷词成章”，借之以排遣无聊、消遣时日。但这或许只是一个直接的原因，究其实质，则用意远不只是所谦言的这样简单、这样偶然。和晚唐五代之作是父亲致力于词的一个学习的过程、一个突破以往的过程。他之所以有“断断乎不为小词”的决心，在《留春词》之“自叙”

① 见沈尹默致顾随函，1936.5.31。

② 此四十九首词作包括和韦庄十八首，和温庭筠二首，和皇甫松二首，和顾敻六首，和牛峤二首，和魏承班二首，和尹鹗一首，和毛熙震二首，和冯延巳十四首。当是叶氏于集中所选录的精之又精者。

③ 夜漫漫斋，父亲北京东四四条1号住所书斋名。

中已曾有生动的譬言，“小小园地开垦种莳者有年，地力渐薄，人力不继，天时又乖，则其中之植物或种焉而不生，或生焉而不茁壮、不华、不实，华焉、实焉而不肥、不腴”；且此之前，他已曾向好友伯屏兄直言：“自来作家，年龄既老大，则其作品亦逐渐趋于硬化，而衰老，而干枯。”① 这实际是他要作就作好、作不好莫如不作的严肃的创作态度。他之自言“不为小词”，不是停止词创作的步子，而是“不能不遁入他途”②以求进步，即《人间词话》所谓“遁而作他体以自解脱”。赋“诗”制“曲”是一种“他途”，“和作”也是一种“他途”。此际之“和作”，对于词的创作园地来说，就是学习、借鉴前人之作，灌溉以增加地力，滋养以增强人力。父亲后来在 1937 年和晚唐诗人韩偓《香奁集》时也说过，他之和古人之作，不是只取其形式、步古人原韵，更主要的是揣摩古人的情意，体味古人的风格。此时和晚唐五代词人，正复如此，实际是一个灌溉与滋养的过程。

父亲的词创作本无师承，所以他作词时，没有前人创作规范的束缚，内心“并无温、韦如何写，欧、晏、苏、辛又如何写之意”③。他在 1928 年 4 月 12 日写给伯屏兄的信中，即曾坦述自己词创作的态度：“其实老顾填词，只要以词之形式，写内心的话，不管艺术化与否耳。”而倘若以此就认为他的词创作是“闭门”读词谱、依词谱而自“造车”就又是大谬的了。父亲自读词之初，即极喜稼轩，且终其一生，不曾改变。“吾之所以喜稼轩者或有变，其喜稼轩则固无或变也。”④父亲词作的“爽健飞扬

① 见卢伯屏《荒原词·序》。
② 见《留春词·自叙》。
③ 见《苦水诗存·自序》。
④ 见《稼轩词说·自序》。

之致”即得之于稼轩。父亲遍读两宋词人词集，他在20世纪40年代给弟子周汝昌信中说，对于宋人词作确实下过一番工夫；他也曾向弟子滕茂椿说“宋词如欧阳、稼轩是我之师”[①]。如此，在创作中，自能吸收他们之所长，即使像朱敦儒这样尚不能称为“大家”的词人，父亲也从他那里学得了“率真疏放之致”。他在1935年专和晚唐五代词人之作，是一个向晚唐五代词人学习、借鉴的过程。

此一集“和词”何以名之为“积木”，父亲在词集的“自序”中有很风趣的解说：“余之弱女[②]喜弄积木，长短方圆，依势安排，当其得意，往往移晷。此一卷和词，其余病中之积木乎！”这是一种既形象又亲切诙谐之譬喻。两月有余，父亲首首和来，汇而成集，确如“积木”，但深会其意，学识修养又何尝不如木之积叠终成建筑耶！

与前四种词集一样，“积木”卷首亦有两句“概括全书内容”的题辞：

香烬炉烟余淡雾，轻盈还恐随风去。

此乃集中和冯延巳《鹊踏枝》之句。原词与和作均系抒闺中女子一段没有前景的相思，正中词上片云：“花外寒鸡天欲曙，香印成灰，起坐浑无绪。庭际高桐凝宿雾。卷帘双鹊惊飞去。”除“香印成灰”四字外，均写闺房外之景，偏于实；苦水和词用作“题辞”之二句，独承“香印成灰”四字闺房内之实情而吟出，晕染的是“深闺”之内气氛的空灵、纤巧、轻柔、

① 见《跋莘园〈读《霰集词》稿竟效吾师体试填《临江仙》二首〉后》。

② 父亲所说的“弱女”，当是我的四姐之燕，她那时已近四周岁，正是玩积木上瘾的时候，那时五姐之平还不足两周岁，大概还不可能自己玩积木而至“移晷”。

缥缈、唯美，弥散着淡淡的哀愁，这既是晚唐五代词的情致，又代表了苦水和词的情致。

二 《题〈积木词〉卷尾》六绝句

父亲前此之四种词集仅《荒原词》一种后附六绝句，系论词之作。此“积木”一册，承“荒原”体式，亦附六绝，同样是论词之作，即用韵亦全和“荒原”。此六绝是我们了解词人创作深衷和吟咏体验的珍贵材料。

《题〈积木词〉卷尾》之六首绝句，第一首言：“重抛心力赋新词，霜鬓星星映短髭。宿酒三更和梦醒，廿年心事夜灯知。”这里暗用了“吟安一个字，拈断数茎须”的苦吟之典，申说词虽系和作，依旧是夜深灯下用心用力之吟咏，所谓“廿年心事”①指的是廿年来自己在词创作上的心志与希求。

第二首：“莫谩惊人只自惊，黄华采得更餐英。心安未藉参禅力，肉搏终须用短兵。”前二句先反用杜诗“语不惊人死不休”句，言和作意不在惊人，只在警醒自己提升填词修养；再用屈赋“夕餐秋菊之落英”句，言希图自己的词作能承继屈原高洁的品格与修养。后二句借“参禅”与“用兵”言自己严肃的沉入生活的创作态度。

第三首是对自己历年词作的回顾与反省。“当年清泪一行行，引吭高

① 父亲自二十岁开始填词，至此时恰好二十年。

歌是酒狂”，概括自己此前词作既多凄伤之清泪，亦有狂放之高歌；“定力不坚余习在”是追究上述情况的原因，“好将辛苦易悲伤”是对今后词作的期许——要用辛劳繁苦的生活经历替代旧日词中一味的悲伤情调。

第四首回到现实，“古市隐居春复秋”，概言七八年来隐居一样的平凡生活；“寻欢留梦两无由”，以低沉的情调总结古市之平凡生活既无欢可寻亦无梦可留。“凉风一自天末起”一句景语，引出“清泪还从心底流”的抒情，言旧日词中伤心之泪乃内心真情的流溢，又坦示今后词作仍难脱心底的凄伤之情。如今会来，这第四首绝句似是隐隐地照应着前此之词作已不可再得，更似是1937年地覆天翻之后“霰集”“濡露”两集“凄苦之音”的谶语。由此更深一步会去，“积木”之和作，正是苦水词作前后期之分界与转捩——随着时代风云的变幻，之前、之后的苦水词在体式、题材、情志、抒情方式上均有明显的不同。

第五首：“莫觅诸方五味禅，自家且种自家田。不知纵有名山业，何似临风听暮蝉。”首句借参禅言词作并不刻意模袭前人，次句承之，借宋初王禹偁咏农事“自种自收还自足”诗句，再次表明填词是“写内心的话”①、抒自家的情；三四句则是从反面申说，填词并非要创出一番“藏诸名山，传之其人”的大业，只是抒写个人生活中不得不发之深层情意而已。

六绝之末首言：“人间是今还是古，我词非古亦非今。短长何用付公论，得失从来关寸心。”承上写自心、抒己情之意，化用尹默师论诗诗所言“自写情怀自较量……怕与时人说短长”以及杜甫“文章千古事，得失寸心知”句意，言明词人把填词看成属于自己的“千古事业”，自己是以极其严肃

① 见致卢伯屏函，1928.4.12。

甚至虔诚的心意来创作的，词作之长短、得失，在乎词人“寸心”的戥秤，而毋须借助他人的臧否。词人的品格，只在于对创作的虔诚心意。

此六绝句以“重抛心力赋新词”为开端，以“得失从来关寸心”为收束，学古而不泥古，言己而不趋时。《积木词·自序》更以平常语申说此意：“顾醉时所说乃醒时之言，无心之语亦往往为心声；观人于揖让不若于游戏，揖让者矜持，游戏者性情之流露也。”一集《积木词》正所谓“写内心的话”，“只望保留面目，更非别有心肠”！一百五十余首和作，均是自己内心情意之表现，绝非一时之消闲、遣兴！从这和作，又可看出其中既有对旧作的总结，又有对后作的储备。经此一番对晚唐五代词的揣摩、拟作，父亲的词作又“增加了一份深情远韵之美”[①]。

细参此六首绝句，虽是题于《积木词》之卷尾，但对于读者理解苦水词人词作的创作态度、心意，其意义绝不仅仅局限于“积木”一集。

三　和韦庄“浣花”

父亲在《积木词·自序》中说，“《花间》是旧所爱读之书，尤喜飞卿、端己二家作。今乃取《浣花词》尽和之”；而于飞卿词觉“太圆太润”“太甜太腻”，与“自家天性”不合，而“《浣花》之瘦之劲之清之苦，确所爱好”。今所见之《积木词》残稿，和韦庄词最多，且拈取数阕以观苦水词如何以

① 见叶嘉莹《顾随文集·代跋》。

和作之形式“写内心的话”。苦水词人虽爱端己词瘦、劲、清、苦之致，然和词有端己之情韵，并未特见其瘦、劲、清、苦。

先看一首单调[①]的《江城子》：

韦庄词：“恩重娇多情易伤。漏更长。解鸳鸯。朱唇未动，先觉口脂香。缓揭绣衾抽皓腕，移凤枕，枕潘郎。”

苦水和词：“拈得金针还自伤。昼初长。绣鸳鸯。微风不动，日暖蕙兰香。记得酒边才识面，歌曲误，嫌周郎。”

二词同是女性口吻，同写两性之爱，原词描写相聚时的情爱，柔婉中略含香艳；苦水和词以“记得”将时空轻轻向过往推移，以“绣鸳鸯”之动作细节绘离别后的相思，深情又带着灵动，毫无香艳之气。尤其是结尾，追述酒台歌场初相识之情状，活用《三国志·周瑜传》“曲有误，周郎顾”之典，用一“嫌”字替代原典中之“顾”字，歌女娇嗔、任性的形象呼之欲出。若联及中唐李端之“欲得周郎顾，时时误拂弦”、南宋刘克庄之“贪与萧郎眉语，不知舞错伊州”，原典一分为三；若三合为一，三幅并现，则无异是对古代歌女舞姬微妙心理形象的完整刻画。于是，原词与和词，下里巴人与阳春白雪，各臻其妙。

再试择录几首《菩萨蛮》中句：

韦庄词：“骑马倚斜桥。满楼红袖招。翠屏金屈曲。醉入花丛宿。”苦水和词：“独上赤栏桥。湘灵休见招。迢迢河几曲。莽莽来星宿。”——同是男性主角，同是独行之客，苦水词以“湘灵”替代“红袖”；韦词中人之“醉入”“翠屏”后的“花丛”，苦水词转为“迢迢”“河曲”之来自“莽

① 《江城子》一调，依谱分上下两片，仅有一片者则为单调。

莽”“星宿”，便有了风流才子与漂泊游子之别，境界大不相同。

韦庄词：“须愁春漏短。莫诉金杯满。遇酒且呵呵。人生能几何。”苦水和词：“梦中归路短。觉后愁肠满。铁砚带冰呵。词成还奈何。”——同是游子思归之作，思乡孤寂之情虽同，然前者借酒浇愁，满是惆怅而无奈，和作则梦中消愁，梦醒以词寄愁，委婉而凝重，二者不同，显而易见；若只看“铁砚带冰呵”五字，直是用词的语汇表现唐人边塞诗寥廓而冷峻的意境，游子处境之冷寂已在其中。

韦庄词：“桃花春水渌。水上鸳鸯浴。凝恨对残晖。忆君君不知。”苦水和词：“逝波桥下渌。雨过山如浴。乱草带斜晖。愁多只自知。”——同是春日相思愁怨之作，韦庄之闺中人念远生怨转为苦水之男性主角自吐远役思归、愁情难诉之苦；同是绿水斜阳之境，景象由女性“春水”“鸳鸯”的柔婉转为男性“渌波”“碧山”之清隽；韦词“凝恨对残晖”的深沉之怨艾与苦水词“乱草带斜晖”所表达的漫漠与浑茫，正有阴柔与阳刚之不同。

一曲四十二字的《浣溪沙》亦值得比照而读。

韦庄词：“夜夜相思更漏残。伤心明月凭阑干。想君思我锦衾寒。　咫尺画堂深似海，忆来唯把旧书看。几时携手入长安。”

苦水和词：“鬓未残时春已残。长河南下接长干。相思争不似灰寒。　纵有征鸿传信息，更无佳句与君看。但将衰病写平安。”

原作写男子思念所爱之人，据华锺彦《花间集注》[①]，韦庄所思乃被蜀主王建强夺去之宠姬，有具体的时代历史背景，上片“相思而由对方写

① 华锺彦《花间集注》，中华书局1935年出版，中州书画社1983年再版。集前均有1935年之“顾（随）序”。

出，其情愈亲，其思愈切”，下片忆旧，“相思之极，唯有看旧时书字而已！焉得携手而同回长安耶？！”[①]一首小令，隐括了一段历史悲情，凄怨而又无助，读后使人感觉内心沉甸甸的。苦水和词之上片亦为“由对方”女子口吻抒相思之情，较之韦庄原作稍显空泛，但至下片用“鸿雁传书”之熟典，“纵有”“更无”二句，虽一有一无，均是反面落笔，且又称所思为“君”，强调“但将衰病写平安”，带有了浓浓的家书情味，于无奈中充满了温馨的关切之意，既是闺中女子口吻，更可说是传达了远行游子（包括词人自己）平凡而普遍的思亲之情，读来倍感亲切。

《积木词·自序》言，和端己并不全似端己，“今之和并不见其瘦劲清苦”，只是“逐韵觅辞，敷辞成章，但求其似词，焉敢望其似《浣花》”？然“无心之语亦往往为心声”。以上诸词确如自序所言，并不全似端己之“瘦劲清苦”，苦水词人以“无心之语”借“浣花”之韵、之境，刻画“心声”。

苦水词人之“和浣花”，亦有“仿浣花”“近浣花”却难现“苦水风致”者，如和《浣花集》中《应天长》（别来半岁音书绝）、《清平乐》（野花芳草）等。不过，即使这些未见“自家面目”的词作中，亦不乏“清新远韵之美”的佳句闪光，如和“浣花”《归国谣》中“春欲暮，满地落花红带雨”之句——“天向暮，一抹残霞初过雨”，原作与和作均写薄暮之景，和作时间上虽将一季缩短为一天，但空间上却由地面小景推升为空际全景，纤美之静景一变而为绚丽的动景；再如和“浣花”《清平乐》中“尽日相望王孙。尘满衣上泪痕”之句——“当春枉忆王孙。草痕都作愁痕”，同写一个女子思恋“王孙”的愁怨，和作暗用了白居易《赋得古原草》与江淹《别赋》

① 见华锺彦《花间集注》。

句意，柔美的词中蕴有诗的阔大意境，时空之拓展使词情词境更显厚重而辽远。这些“摘句”若就全词论，或不及“浣花”原作，且难免“有句无篇”之憾，但短短两韵亦可见苦水和作之苦心。

四　和温庭筠《梦江南》

华锺彦《花间集注》存温飞卿词六十六首，其中调寄《梦江南》者两首，均系名作。由于觉得飞卿词“圆”“润”“甜”“腻”，与“自家天性”不合，父亲的《积木词》中和温飞卿之作本就不多，今存者仅此两首。对于温庭筠这位花间之首，今存苦水所和又是如此名作，似不可略去不说。

温飞卿《梦江南》之第一首乃人们所熟知者：

千万恨，恨极在天涯。山月不知心里事，水风空落眼前花。摇曳碧云斜。

首韵二句八字以“顶针”句法，两下“恨”字，尽吐远别之深愁与无奈。第二韵一转而为“山月”“水风”等柔美之景，加以“不知”“空落”之否定语汇，尽抒美景所引发的怨情。末韵五字绘“摇曳”的“碧云”，华锺彦注云“感碧云之遥遥，以兴离绪之悠悠”，亦是以美景抒离恨哀情。

苦水词人之和作：

人间世，有尽逐无涯。杯酒泥人留好梦，尘劳转眼是空花。帘外日西斜。

和作首韵变原作人世的远别之恨为人生的有尽之憾，抒情境界较原词深阔，末韵以落日西斜之不可挽留结此哀情，亦余韵不尽。然中间一韵，“杯酒”“留梦”之愿，人事“空花”之叹，不免消沉，又稍觉空泛，略失苦水词人惯有的风致。

温词《梦江南》之第二首便是至今仍“有井水处即能歌之”者：

梳洗罢，独倚望江楼。过尽千帆皆不是，斜晖脉脉水悠悠。肠断白蘋洲。

一个女子倚楼伫望远人之归，她的行止细腻含情，眼前之境辽远寓情，情意缠绵且具有极强的画面感，堪称“花间”小令之代表，后世多少词人化用此词意境、语汇。

苦水和作：

秋已晚，斜日小红楼。落叶辞柯浑似雨，长江槛外去悠悠。寒雁下汀洲。

和作与原作同是斜日余晖，同是登楼远眺，同是下临江水，同是思念远人，和作对原作之借鉴不可谓不多，然和作是典型的文人心声，全用景语，自抒自情，以景寄情，虽不见抒情主人公自我形象的直接出现，而其鲜活的形象自在其中。和作首韵两句八字，绘时间地点，晚秋斜日的背景衬托着一座精致的小红楼，宛转细腻，不失“花间”风致，而接下来的两句七言景语浑融前人诸多诗作名句[①]，展开的是以诗为词的寥廓境界，一片怀人之思尽在其中，深情远韵之中不带丝毫“花间”色彩。飞卿结韵“肠断白蘋洲”一派凄婉，苦水结韵“寒雁下汀洲”却有了唐人绝句的空旷寂寥，时空境界由女子闺情一翻而为文人心意。这是一首既有“花间”情致，又有苦水风格的佳作。这里不妨加上几句2017年方得到的资料：周汝昌先生回忆20世纪30年代老师在燕大讲唐宋词，对温飞卿此词极致推赞之意，唯讲至末句，突发叹语：“糟了！糟了！”以致听讲诸生不知出了什么事故。及至听下去，方知原来老师是感叹“肠断”二字用糟了，“破坏了全篇的精彩”，成为“画蛇添足”。老师提出，不若改作“依旧”二字，“依旧白蘋洲”则“远胜原句”。[②]我以为，这是由于“肠断白蘋洲”不免过于直白，“肠断”二字在诗词中所用太多太滥，了无余味，不若“依旧白蘋洲”之浑融，“依旧”隐含了时间长度在内，情更浓，韵更远，含不尽之意。回看苦水和词末句之“寒雁下汀洲”，则念远怀人之情尽在“只见寒雁不见人”[③]的苍茫寂寥之中，其凄冷孤寂更为切入，飞卿的圆润甜腻一变而为苦水的旷雅清新。

---

① 杜甫《登高》“无边落木萧萧下，不尽长江滚滚来”；陆游《落叶》“无端木叶萧萧下，更与愁人作雨声”；王勃《滕王阁诗》“槛外长江空自流”。

② 见周汝昌遗作《苦水词人念我师》（即本书之“代序”）。

③ 父亲讲放翁诗，对“沈园”诸作特致敬意，以其中“只见梅花不见人”为最动人之句。见《传学——中国文学讲记》第二十一讲《真实诗人陆放翁》。

五　和冯延巳《鹊踏枝》《采桑子》

20世纪40年代，父亲在辅仁大学讲唐宋词，尊冯延巳（正中）为词的“三宗”之一。他许正中词之“‘和泪试严妆’是虽在极悲哀时对人生也一丝不苟”，且赞冯正中对人生“有担荷精神”，“伤感易轻浮”，“正中的伤感则是沉着”。[①]两位词曲大家龙榆生、俞平伯之唐宋词选本均选录冯延巳《鹊踏枝》[②]（萧索清秋珠泪坠），今所见《积木词》中和正中词者二十二首，其中即有和此首《鹊踏枝》者。今即以此首为例，试作申说，略窥苦水和词全豹。

先看正中原词：

萧索清秋珠泪坠。枕簟微凉，展转浑无寐。残酒欲醒中夜起。月明如练天如水。　　阶下寒声啼络纬。庭树金风，悄悄重门闭。可惜旧欢携手地。思量一夕成憔悴。

女子相思是旧日词作传统题材，冯氏词中女子因思念“旧欢”而“泪坠”而“无寐”而“憔悴”，不同它作的是，室内“枕簟微凉”，“阶下”“络纬”“寒声”，庭院“金风”“门闭”等琐细之景而外，更有“中夜”“月明如练天如水”的阔大之境为背景、为衬托，显示出王国维《人间词话》

① 父亲提出词之“一祖三宗”，“一祖”为李煜，“三宗”为冯延巳、晏殊、欧阳修。见《传学——中国文学讲记》第二十二讲《词之三宗》。

② 鹊踏枝，即蝶恋花。

所说冯正中词“堂庑特大”之特点；而这位女主人公对已离去的“旧欢”并无责怪怨怒，则显示出冯氏词中之伤感确是“沉着”的。

> 长夜迢迢凉露坠。砌下蛩吟，惊断中宵寐。楼外潇潇风乍起。月明倒泻银河水。　　北斗渐低临象纬。绮户朱扉，开了还重闭。一片秋声来大地。高梧黄叶新凋悴。

这是苦水词人的和作。伤感、不寐的主人公，虫鸣、风起、门户等意象，秋夜的季候、天宇的背景，均与原作似无二致。但苦水词绝不是对古人词作的翻版与摹袭，他有自己的面目：

其一，作品主人公缘何而感伤，词中并未明言，反而拓充了词作的情感内涵，留给读者遐想和回味的余地。

其二，变小景为大景，化静景为动景。凉露滴滴坠落、门户才开又闭，这些且不说，尤当注意的是，苦水以倒泻的银河替代原词“如练”“如水”两个静态比喻，直绘自“天宇”洒布人间的月光；再加星空中渐移的北斗，替代了阶下的络纬寒声，时空境界得到极大开拓，沿袭并扩展了冯正中的“堂庑特大”。

其三，原作结之以主人公此时此际的憔悴，和词结之以大地秋声落叶高梧，就有了直抒人情与以景结情之不同，且和词所绘之景从视听两个角度展开了一个阔大的境界，哀情依旧是哀情，却为以阴柔见长的小词注入了一片阳刚之气。

如若不是和词中用“绮”“朱”修饰了“户”与“扉”，我们简直可以说这首《鹊踏枝》的主人公就是苦水词人自己。话说回来，我们又何尝不可以大胆设想，这“绮户朱扉”是苦水词人对自己“夜漫漫斋”的“俊扮”[1]？父亲早年即提出两性之爱与亲子之爱才是组成家庭的基础，[2]他离开故乡的大家庭后，在北京有了属于自己的以爱为基础的小家。“绮户朱扉”，正是对自己小家的“俊扮”。然而，小环境的温馨终究不能改变世事人生的伤情，和词的情感基调依旧不脱“感伤”二字。

清人刘熙载《艺概》曾以“俊”“清”二字概括正中词的特色。今所见苦水词人和“阳春”之二十二首，可说是既不乏冯氏“俊”“清”之致，而明显又具苦水“自家面目”。试看和冯氏《采桑子》（小堂深静无人到、画堂灯煖帘栊卷）之二首：

郊原独自披襟立，四野秋风。罨画桥东。几树霜风似旧红。　　闲游莫讶归来晚，心力交慵。野寺鸣钟。恰在苍烟落日中。

四山幽静无人语，伐木丁丁。芳草初生。似有如无绿未成。　　举头便觉青无限，山势如屏。杨柳含情。枝上新莺第一声。

词章韵字相和，第一首绚烂而苍茫的暮景隐含怀旧情味，更有苦水词人中年情志的切身体验；第二首清新鲜灵的早春郊野景象明显承袭正中词“俊”“清”风致，同时词中主人公之见闻情思、交融的情景感受，更含清新刚健之色，充满对生命活力的希冀，而这显然就是苦水词人自己。

① 父亲讲唐宋诗词，曾借用京剧中角色的“丑扮”，创造出“俊扮”一词。见《传学——中国文学讲记》第二十三讲《〈樵歌〉闲讲》。

② 见致卢季韶函，1921.6.4。

六 补说

《积木词》中，具有苦水风致的佳篇佳句甚多，不及备述。以上种种，我只是试图略举数例，借“数斑”以窥“全豹”，在比较中略书浅见，略展一册“积木”和词的特点，于原作、于和作均无抑扬轩轻之意；且即今所见七十余首苦水和词，亦有极似“花间”情调、未现苦水风致者，如和韦庄之《浣溪沙》（无那杜鹃花外啼）、《菩萨蛮》（烛光相伴生怊怅）。我更毋须为长者讳、贤者讳，苦水和词亦有稍不及“花间”者，如和韦庄之《菩萨蛮》（春花记似春衫好）、和冯延巳之《浣溪沙》（花底移灯独自归）等。

约略读过苦水词人的以上和作，是否可以将他自己所说的“此和也，非作也”改为“虽和也，亦作也”呢？这些和词有晚唐五代词清丽和婉的韵致，却没有晚唐五代词绮靡哀柔甚至香艳的情调，苦水变“花间”女性的阴柔哀婉为文人词的清新雅畅。

早在《积木词》前八年，1927年春，《无病词》中父亲有一首“题纳兰《饮水》《侧帽》二词”的《临江仙》，结拍评纳兰词曰：

> 自开新境界，何必似《花间》。

这两句词正好可以用来评价苦水词人之和“花间”等人的《积木词》，承袭借鉴前人的词作，开拓自己的词境，使苦水词又走入了一个新境界。

真正的文学作品，必须能代表那一个时代的生活方式、精神风貌、情感意态，古人作品写不出现代人的情意，今人之学古、和古也并非唯古为是，死于古人步下，更不是做出一番风雅之态，矫情地造作出几件假古董，而是以古人之作提高自己的创作修养，拓展自己的创作境界，作品中所表现的则必须是词人自己所处的时代精神、生活风貌，这正是尹默先生致弟子信中所说，“暗中仍是进展向自家新辟的一途径去”。苦水词经由“和作”一途，在表情达意、艺术风格诸方面的变化，其传法弟子叶嘉莹有一段精辟论说：“原来先生早期词作受稼轩及樵歌之影响较大，偏于发扬显露而略少含蓄之情韵，经过此一阶段对晚唐五代词之拟作，对先生旧有之风格恰好产生了一种调节融汇之作用。这种作用，使先生之词于原有之率真清健之风格以外，又增加了一份深情远韵之美。”其后“居于沦陷区之北平，而其内心之抑郁悲慨之怀，遂皆假词之形式以抒写之。……其表现则大多兴象丰融，寄托深至，既有清健之气，复饶情韵之美。”一番话，的是深知业师之言。于此，我们不妨回看一下《霰集》《濡露》中之首首令词，“积木”的一番和作，对身处沦陷区特殊境遇中的词之境界、风格、情意，确实有着直接的影响。

俞平伯先生1936年在《积木词·序》中对“积木词”做了这样的评介：

> 其昔年所作，善以新意境入旧格律，而《积木》新词则合意境格律为一体，固缘述作有殊，而真积力久，宜其然耳。……以《积木》名词者，据序文言，亦婴婉之戏耳，此殆作者深自抟抑之又一面，然吾观积木之形，后来者居上，其亦有意否乎？亦曾想及否乎？

六七十年之后，邓云乡先生对俞平伯“后来居上”之言有更明白的表述：

> 积木是婴儿的玩具，顾先生以“积木”名词，是很谦虚的。而俞

先生的序言，则说是“后来居上”，是很推崇的。[①]

就父亲的初衷，和晚唐五代词只是创作上另寻“他途”的承袭、借鉴过程，完全没有想要超越其上的用心；而友人、弟子在读过《积木词》之后，都生出了“后来居上”的感触，可见“积木”乃苦水词中别具标格之作，其创作成就已远远超出乎词人最初的用心。

期盼着有一天得见一百五十三首《积木词》全稿，我当尽力再做全面的赏读与解析！

① 见邓云乡《古城文化旧事·羡季先生》。

木兰花慢

故人青简在，剩无恙、近何如？正李广楼边，绵吹高柳，波暖平湖。春眠、寒溪稳，觉醒迎如是老胡——学佛且无鱼，筑之，安能卸得三更？雄图、尽将计金输：驰檄书符。正射虎南山，夜行归被、醉尉传呼？挟弧、绕蓑衣树，笑渊明抵死爱吾庐。拟驾起青牛落第，还了马上征途。

(注)落第、车名。马车落第，亦是老牛踏步之意云尔。

未晚生稿 五月廿四日夜

第十章

《闻角词》[①]："闻角"而兴的晚年词作

一 "谁道人生无再少"

进入1949年，古都和平解放，天地换颜，父亲兴奋鼓舞，教书写作之外，又肩起行政工作，无奈因劳成疾，入秋后病体不支，不能再上讲堂，也中辍了三十年不曾间断的笔耕。他经历了"三年病垂死"[②]的危境，至1952年春末，病体初可，父亲高兴地开始日日读新书、临章草。随着体力脑力的恢复，到9月初，他开始了诗歌创作，至10月18日，因诗卷《竹庵新稿》竣事，一天之内，谱写了《竹庵词賸[③]三首》，这三首词开启了他人生最

---

① 2006年撰写《女儿眼中的父亲　大师顾随》一书时，虽知父亲晚年曾将词作编订为《闻角词》，但因词稿未曾得见，并不知结集于何时，即臆断为结集于1959年，而将晚年词作一并编入《闻角词》。直到2009年夏，获得周汝昌先生赠与的先师书信复印件，方知《闻角词》结集于1956年1月。今据以厘清1949年后之创作情况。另：本章所引词作，其标点尽依当日手稿或手抄稿。

② 1953年《癸巳寒食日用苏东坡黄州寒食诗韵二首》其一之开篇："三年病垂死，今兹佳眠食。"

③ 賸，增益，非剩余之意。

后一个阶段的词章创作。

“词賸三首”之第一首《清平乐》，题曰“自笑”，确是一首名实相副的诙谐之作：

> 睡余饭饱，窗下临章草；学习毛书、文件了，又理野狐禅稿。　前贤着意区分；新诗信口胡云：忙个一天到晚，这番真是闲人。

这带有打油意味的小词，是父亲大病新愈后生活与心绪的真实写照，从中似能味出东坡居士当年大病初愈“谁道人生无再少，门前流水尚能西，休将白发唱黄鸡”的味道。词中“学习毛书、文件了”一句，当日有自注：“比[①]读《毛泽东选集》，又逐字细看各国和平代表发表文字、谈话、报告及俄共代表大会诸文件。”“野狐禅稿”，是对当时进行的章草碑帖校点及诗歌创作的谑称；下阕“前贤着意区分；新诗信口胡云”二句，正是紧承此“野狐禅稿”之自谦。最末两句，概述自己一天的生活，“忙”与“闲”照应着词题，回应着全词，颇有意趣。这首小词还有一个细微处值得注意，那就是在词之旧格律的基础上用了新式标点。[②]之后的词作，父亲大都使用这种新的标点，这是他晚年词作在形式上的一点小变化。

苦水词人的晚年词作，就是以这样一首诙谐欢快的“清平”之“乐”（亦不妨且不依词牌而读作“lè”）为开端的。

《自笑》之后，是分别以“礼赞”与“礼赞之二”为题的《鹧鸪天》

① 比，近来、近日。
② 父亲早期词作，在抄寄友人时，也时用新式标点。

（朝气新生漫古城）与《浣溪沙》（炉火熊熊宊[①]起烟）。《鹧鸪天》赞当时在北京召开的世界和平大会——古都北京"朝气新生""百花映日"，眼前"翩翩白鸽""飐飐红旗"，耳边"人海潮音""和平万岁"，词后特加自注："和平代表大会胜利闭幕后，京中开市民大会庆祝，此首咏之。"《浣溪沙》中"炉火熊熊宊起烟""大田多稼又丰年""健儿勋业在辽边""一星北极照人寰"四句，自注中言"一句是工，一句是农，一句是兵。末一句谓毛主席"，四句"礼赞"之语，所赞者"漭瀁神州春似海，辉煌汉运日行天"。由于词作主题内容的出新，词的语言、风格亦随之与旧作迥然不同。父亲当年曾将三首词作分别抄寄友人、弟子，让他们同享自己重获生机又欣逢盛世的欢快之情。

三首词后，"一九五二年冬至日和正刚韵"有两首《鹧鸪天》："旧岁新年又送迎，沿河几日柳青青""试看故国江山好，方信人间意味长"，是对故土新生、暖日朝华的顺意与欣喜；对自身病方愈、体犹衰的状况，父亲竟以"冻蝇"自喻："冻蝇自暴窗前日，奋翼难穿纸一层"，这或许是眼前确见冻蝇一只而偶有触发，才有此句，其中只有生动谐趣，而不见丝毫衰叹——正是有了这个比喻，方托出了"身困守，意飞腾"的未已壮志，以及"四十五日春来了，一任今宵万瓦霜"的开朗乐观。前首结篇的"楞严一卷从头会，不会无生会有生"，与次首开篇的"自笑当年爱醉乡，于今合作别商量[②]"，是对自己病体初痊之际步入新时代、开启新生活的兴会与快慰，同时也可以看作是以上五首病后新作的结语。

① 宊，原信作"突"。词后自注："突，音导，灶突也。"
② 合，当。别，另。

自1953年春日，父亲时“作小词自遣闷”①，而今于致卢季韶、周汝昌信函中辑得三首：《木兰花慢》（故人书问我），《最高楼》（吾衰矣、无边恨）。

《木兰花慢》乃向友人、弟子汇报近况之词，上片诉说自己“衰躯、病心渐稳”，日日阅读新书报刊，“觉释迦也是老臊胡——学佛直无兴趣；‘要愁那得功夫？’”下片，以素所崇敬之稼轩与渊明的行为与品格，引出自己即将重返教坛的欢心：“驾起青牛薄笨，迢迢又上征途。”对于“青牛薄笨”四字，词后自注说“薄笨，车名。青牛薄笨，亦只是老牛破车之意云尔”，自称“老牛破车”，正是“牛未老、车不破”的诙谐表述。词中清隽柔暖的景语“正李广桥边，绵吹高柳，波暖平湖”②，是以寓所周边实景抒病愈后欣快之情。

《最高楼》其一乃规劝胞弟六吉之作：“七十岁，叫天身段巧。六十岁，小楼功力好”，以旧日著名表演艺术家之至老犹壮，劝慰、激励幼弟当“似前贤”，“莫休休，休莫莫”，“细思吾弟年方壮，那能斗室坐偏安。一壶茶，三顿饭，两支烟”。当时我的四叔在济南第五中学任国文教员，他是个性情中人，喜怒顿形于外，不知道他正闹什么情绪，寄书与长兄，大发牢骚，父亲“致家六吉书竟”，“复缕以此词”，激励未及不惑的幼弟，不可消极地打发日子。这首词，我们又何尝不可以看作是“吾衰矣，耳顺欠三年。病起鬓毛斑”之“望六”词人即将“出征”前的自励自勉。

《最高楼》其二乃赴津前有感而赋：

① 见致卢季韶函，1953.5.20。

② 时我家居住于李广桥西街，门前沿河有小溪高柳。

无边恨，所恨鬓生华。不是恨无家。夜寒萧瑟鸦栖树，秋深郭索蟹行沙：问何如，排蚁阵，闹蜂衙？　　身赛过、阴晴风雨表；手写诗词歌赋稿：愚也直，大而夸。新来功课唯观海，旧时勋业是栽花。信人间，真有个，枣如瓜。①

词前有小序文一段，叙词作缘起：

赴津期近，检点居京廿余载，了无一善可说。偶读稼轩词有云：“种花事业无人问，惜花情绪只天知。”感赋。

父亲自1929年入京任事，至1953年已是“廿余载”，所谓“了无一善”，若就身体言确乎实情，若就教学、创作之事业言则未免太过自谦。稼轩词中之“种花事业”乃指抗金大业，稼轩是英雄词人，一生立志抗金，抱负终归落空，而徒发“只天知”之叹；苦水词人之“种花事业”乃是中华文化之传承，自己的“种花事业”“惜花情绪”则是苍天可鉴，虽自感“廿余载”“无一善”，但较之心目中最崇敬的稼轩，幸之远甚，由此感发，而赋此阕。

词之发端“无边恨”三字，乍看令读者立即想到温庭筠《望江南》首句之“千万恨”及李煜《望江南》首句之“多少恨”。苦水词人有何大“恨”，何以一上来情调陡然与此前数作大相径庭？这需看“不是恨无家”一句——此“恨”是怅憾之“恨”，而底非怨愁之“恨”；此“家”乃家业、家产之谓。

① 词后自注：“郭索，蟹行沙之声。海者，什刹海也。”

父亲“居京廿余载”，除了书籍之外，没有置办下任何产业，[1]他丝毫不以此为憾。他之“所恨”在“鬓生华”——年已老，“所恨”在“身赛过、阴晴风雨表”——体渐衰，“所恨”如同寒夜之鸦——无力，“所恨”如同行沙之蟹——迟缓。明言之，老词人病体初可，读报而见建国初期建设事业蒸蒸日上，自己心有冀，力不足，恨自己怎能比得了如蜂蚁之勤奋地“闹衙”“排阵”？至于所恨“手写诗词歌赋”之“愚也直，大而夸”，则是对自己新时代的创作所提出的更高要求。苦水词人之“不是恨无家”一句，将温庭筠之“所恨在天涯”与李煜之“昨夜梦魂中”一棒推倒，将飞卿、后主沉浸一己遭际之哀伤情调一扫而光，捧出的是爱国老词人欣逢新时代、希冀有所作为的开阔心胸，词人内心情愫之基调是积极而非消极。

下片“新来功课唯观海，旧时勋业是栽花”二句是对自身生活的回顾，意蕴颇深。词人以“观海”为“新来功课”，实言之是什刹海畔散策，扩言之乃是前词所言之阅读旧典与新书，这是为身、心、学术诸方面的恢复做准备；以“栽花”为“旧时勋业”，是一位老教授对教育事业的忠诚与热爱，这些正是“赴津期近”即将开始新工作时内心活动的真实表述。这两句是从抒发当下情志向抒写人生信念的过渡，从而引出结句之“信人间，真有个，枣如瓜”三句九字。这里用《史记·封禅书》所载传说“巨枣大如瓜”，以典言志，谓在新的时代即使微如枣子（包括词人自己在内），只要扎根“人间”，定可生长得硕大如瓜。词人变虚无之传说为现实之实践，是以风趣之言对自己即将开始的新工作许下的一份心愿。

① 父亲举家赴津，津校仅需派来一辆大卡车，车上除了必要的衣物，都是书。

二 "坐风"与"坐雨"

1953年6月，父亲三下津沽，重登教坛。今辑得到津后1954、1955两年间的词作二十余首，且先读三首暮春日风雨中之作。1954年4月初有"春日坐风有作"之《清平乐》与"病中坐雨作"之《踏莎行》。[①]

"坐风"者言：

流光如水。人在流光里。四十年中多少事，不似老来情味。　　庭除碧草萌芽。一天漠漠风沙。领取无穷春意，楼前几树桃花。

词之上片似是娓娓而道家常，前两句虽纯用叙述，但一个比喻，如同展开了一幅画卷，将人的生活历程尽收画中，极具缱绻空灵之美；第三句所谓"四十年中事"[②]，乃是指词人成年之后的岁月；"不似老来情味"六字，对比今昔，道尽进入新中国、重返工作岗位后一位老人的轻快心态。词之下片方进入"坐风"主题，有了上片情欣静美的有力铺衬，"一天漠漠风沙"才没有扫却词人之兴；"萌芽碧草""几树桃花"，展现的虽是校园早春实景，已足可"领取无穷春意"，更带着浓浓的象喻意味，阔大的襟抱与上片的欢欣之情浑融一体。

再看"坐雨"者：

① 二词见致周汝昌函，系十卷本《顾随全集》印行后辑得。

② 词后自注："余年十八始来津读书于北洋大学。"

雾霭烟霏，蜂喧蝶舞。垂杨尽展黄金缕。早蛙声里麦扬旗，斜阳篱笠迷平楚。　　隐隐将来，明明过去。今生来去相逢处。但教风雨有花开，花开莫怨多风雨。①

上片先绘春景，细雨霏霏如烟雾，并未阻住蜂蝶垂杨之闹春，反为津沽大城春色增加一抹江南风调；接着由故乡谚语将春色延展至郊野，又现一派乡村情境，整个上片称得上是一幅动人的春日图景。下片进入“坐雨”主题，词意稍显晦曚，叙及今生之去来、之相逢，由自然界的烟霭引入人生境界，暗含一丝禅意；结篇二句之既“有花开”则“莫怨风雨”，又隐含有把握现在、不受外界因素困扰的积极旷达心意在内。

此首《踏莎行》，作于4月11日，次日寄示弟子周汝昌时，于词后书有二三百字的跋——一段词论，先指出“隔”之一说，源于王静安论词之著《人间词话》，随之又作申发：“若其所谓隔，私意可分为两类，一者，义浅而语深，南宋作家最多此弊，而梦窗为其尤，……此在文事，只居最下。二者，义深而语不足以达之，弊不在语不妙，而在见不真，苟其见真，语未有不妙者也。”继而坦言：“今余此作隔矣，其隔不属于前者，而属于后者。语之不妙欤？见之不真欤？然而意境进矣。”父亲自认此词意深而妙语不足以达之，何谓也？据五十八字的《踏莎行》文本度之，小词由眼前雨中春色写到乡村、写到人生，语虽妙，言却短，其中或寓有一番思乡、怀旧、念远、怀人的深慨，“意境进”而“语不足以达之”。以其“隔”，父亲当年编订《闻角词》时，或不曾将此阕纳入集中。

① 词后自注：“故乡谚曰：虾蟆吹鼻儿，麦子挑旗儿。”

今总观两首绘景叙情的小词，春日闷坐风中雨中，本是甚煞风景之事，而1954年的苦水词，风雨中的春天有无穷春意，含生命活力，实与旧日"坐风"之调迥异其趣。

父亲的"坐风"之作不仅上述4月初的一首《清平乐》，狂风飞沙，几十年前京津春日所不可免，至5月份，词人又有"连日大风，不能出户，赋此自遣"的《临江仙》，词之上片云：

> 岂止飞花舞絮，更来撼屋摇窗。今朝不可更禁当：昏黄天雨土，暗淡日无光。

当日风之凶猛，沙之强横，不只"飞花舞絮"之动态，更有"撼屋摇窗"之猛力，真实地摄入到苦水词中，不仅一片"昏黄""暗淡"，甚至令人心惊魄动。可谁能想到，词人下片，笔锋一转，展现出治沙防风的绿色前景：

> 看取稚芽嫩叶，遍栽沙碛山冈，十年蓊郁复青苍：罡风吹不动，屹立碧铜墙。

风沙如旧，日月不同，苦水词的面貌亦为之一新：今日"坐风"，明日赏绿，苦水词人保护生态环境的意识植根于新中国的政策措施，从治沙防风说，他的理想今已成为现实；若从"十年树木"的古谚来看，词中又何尝不寓有"百年树人"的深意。

三　节庆之颂

1954年的5月1日，是父亲重登教坛后第一个劳动节，他有一首题为“五一节”的述怀小令《浣溪沙》：

> 昨夜微微雨洒街。今朝旭日上楼台。青春全逐少年回。　　处处歌声迓鼓响，飘飘云影绛旗来：万人海里万花开。

当年父亲把这首词写在信里寄给我，他特地在词后为我做了一点讲解：

> “回”字音如怀字之念法。第三句意思是青年男女把青春又给带回来了。迓鼓，即是腰鼓。绛，是红色。①

父亲真是做教师的，他了解当日我的阅读水平。

词的下片纪实，写当日五一节之群众游行。新中国成立之初，每逢五一、十一，北京天安门广场都有大型的群众节庆集会游行，各大城市也在各自城市的广场建起观礼台集会欢庆。欢快的人们穿着平日不肯穿的鲜艳节日服装，手持花束，载歌载舞，欢呼着“万岁”，走过观礼台。我以为，这首词中最耐回味的正是父亲给我讲解的“青春全逐少年回”一句，从写实说，这是赞美游行的青年人之朝气、之欢乐；扩而言之，则是盛赞千年

① 见致顾之京函，1958.5.3。

古国迎来了新天地，一片生机；当然这朝气、欢乐、生机也包容了词人自己在内，他觉得自己的青春也随着祖国、随着青年回来了。

到5月4日，父亲的这一番自我的青春情怀，在写于五四青年节的《临江仙》（四十余年钻故纸）里有更为亲切、更为明晰的表达：在“梨花香漠漠，柳絮乱纷纷”的美好春日，在“万花如海更如云”的节日氛围，词人自道“四十余年钻故纸”，是自谑而非自贬，接下的“不曾耗尽天真”六字可证也。下片“一任黄鸡催白日，青年即是青春”，他与青年人共处，“一番相见了，别作一番新”。这既是自我述怀，又是对青年人的节日祝福。当日父亲讲课时曾把这首词写在黑板上，他还向同学们说，五四“前一天下午”“漫步校园”，“特意去看同学们课后的体育活动，见到青年人朝气蓬勃，日新月异地飞速成长，心里非常兴奋”，“夜来无眠”，作词“赞颂”。①一个年近花甲的老教授，有着如此年轻而欢跃的心态。在学生即将毕业他上最后一次课时，他将这首词写给学生，“算作给全班的寄语”，听课的青年学子感到“字里行间，有鼓励，有爱抚，有期待，也有祝福，情真辞切，别意殷殷”②，以致四十余年后还清晰记得这首词，并将它写进忆念老师的文章里。

既然已说到五四青年节，有一段“后话”，不妨于此先做“分解”。

1959年的“五四”，父亲谱有调寄《西江月》的一首“五四运动四十周年”。词中有句“四十年前今日，曾排队伍前边”，有的读者据以认定

① 见王双启《时雨春风——先师顾羡季先生的课堂教学艺术》，收入《顾随和他的世界》。

② 见李如鸾《顾随先生授课散记》，收入《顾随先生百年诞辰纪念文集》。

1919年五四运动的游行队伍中，北大学生顾宝随[1]是走在队伍前排的一个人，这是由字面意义产生的误识。据我所知，父亲当年在北大，确实经历了五四运动，但他不但不曾走在游行队伍前列，他根本不曾参加游行；虽然他的思想是激进的，但他在大学里不是一个“活动家”。父亲也从未说起过，曾有这样一段光荣经历；他早年的朋友、弟子所写的忆念文章，也没有写过这个情形；尤其是北平解放后1949年第一个“五四”，他在辅仁大学的操场为学生们做报告，讲五四、讲鲁迅，我的三姐之惠去听了，父亲连游行的场面也没讲，只是讲了反帝反封建的革命精神和新文化、新思潮。在这里，我想也不妨做一个假设，如果他真是示威游行的领先者，依他的性格，也不会在四十年后在词里自我表现！他之“走在队伍前边”，主语是青年，而不是自己，青年人是革命的先驱。

“五一”“五四”节庆词后，有关重大节日、庆典的词作今所见尚有1954年“学习毛主席第一次全国人民代表大会第一次会议开幕词，奋发鼓舞，因而有作”的长调《木兰花慢》，1955年底为“一九五六年献词”的长调《水调歌头》。《木兰花慢》从水利建设、大田丰收、南国橘柚、北地牛羊、民康物阜、国防坚牢、人民团结诸多方面，歌颂新中国的“彪炳人民事业，焜煌开国文章”；《水调歌头》于“接年头，辞岁尾”之际，歌颂新中国“工农兄弟合作，变革旧生涯”，“六亿人民崛起，一个巨人形体”，“山岳为低首，铁树要开花”。

此外，新中国的各项建设成就也被词人一一写入词作，如1955年底“再赋全国棉粮增产”的《玉楼春》，1956年1月4日的小令《南歌子》（荒

① 顾随原名顾宝随。

漠乌金溢）。《玉楼春》主要歌颂农业生产，虽是"步武辛老子"，"用旧所谓俳体"，[①]但内容相当严肃："人力胜天凭战斗"，"涝时排水旱田浇"，"堆积棉粮高北斗"，"有史以来从未有"。《南歌子》一调则对各项建设成就都有具体的赞颂："荒漠乌金[②]溢"——颂新发现的克拉玛依大油田；"高炉铁水翻"——颂鞍山钢铁厂钢铁丰产；"凿穿爆破复钻探，试看车行飞过万重山"——颂青藏公路之建成。建国初期的各项建设成就，《闻角词》中均可以见到，是否可以说，词人是用一首首词记述了当时的历史。

《闻角词》中记述农业生产，也描绘出农民兄弟的形象。这里有《浣溪沙》（一自翻身气势雄）中"通县某农业合作社农民号'老来红'者"，有《南乡子》（岂止笑颜温）中"四川郫县某农业生产合作社七十一岁老农民"，均是取材于《人民日报》的报道。两位老农都是71岁，"老来红""五十娶妻"而"家未立"，直到"翻身"方得"自做主人翁"；四川那位老农民，写得更为生动具体："岂止笑颜温。炯炯双眸更有神"，他"参加劳动"，挣"工分"，"辛勤不让人"，真是"永世金刚不坏身"。词人在歌颂农业丰产的同时，将现实中真实农民的个体形象第一次引入苦水词人的词作中，甚或可以说，是第一次引入到中国词史之中。

青藏公路通车后，父亲读了宗子度的《到拉萨去》[③]，1956年1月9日谱有《最高楼》一阕：

车行处，迤逦入高原。翻看雀儿山。雁飞不到猿难度，下临无地

① 前句见词后小记，后句见词题。
② 作者有自注："苏联人谓原油为乌金。"
③ 宗子度《到拉萨去》，中国青年出版社1955年11月出版。

手扪天。透云层，穿雪壁，绕冰川。　一队队、牛羊青草里。几处处、城乡平地起。添气象，布人烟。大家庭内多民族，自从解放得团栾。看仙虹，天外起，落人间。

词作歌颂青藏公路之通车，可以叙事，可以议论，可以抒情，而苦水词人却得心应手地以“车行处”三句进入直观而动感的写景，引出一连串景语，展开一幅幅画面，以绘景的手段托起歌唱青藏公路、歌唱民族团结、歌唱新天地的主题。此调八十一字，仅“大家庭”一韵两句十四字是点题的叙述又含议论的句子。全词奇中见美，美中见奇。“雁飞不到猿难度，下临无地手扪天”，就诗句而言，可与太白《蜀道难》“黄鹤之飞尚不得过，猿猱欲度愁攀援”比肩，然太白诗结之以“蜀道之难”，苦水词则歌颂了新中国在较之“蜀道”更“难于上青天”的青藏高原，建成了一条当时堪称人间奇迹的高原公路。“云层”“雪壁”“冰川”，以三个动词“透”“穿”“绕”分别领起，举重若轻，高险奇寒铺地塞天，使人目见身感，绘出青藏公路的地理方舆图。“一队队、牛羊青草里”带着北朝民歌《敕勒川》“风吹草低见牛羊”的情味，今昔一脉，一派辽远隽爽、和谐安宁景象；“几处处、城乡平地起”于“雁飞不到”的高原，岂不胜过柳永笔下《望海潮》中“自古繁华”之钱塘的“参差十万人家”。藏民称天上彩虹为“仙虹”，以之为吉祥的象征，词人借自天飘落的人间彩虹喻指青藏公路，吉祥和乐之意自然包蕴其中。“看仙虹[1]，天外起，落人间”三个短句作结，音调铿锵，掷地有声；藏语“仙虹”的运用，更象征着汉藏民族的团结。在歌颂超凡

① 词后自注：藏族谓“虹”为“仙虹”，且以之为幸福象征。

成就的同时，整首词作结之于新中国建设事业的万丈豪情，让要眇婉约的词体体现出雄奇豪壮的诗情。

对于这样一首成功之作，苦水词人自己并不惬心——他对于未能亲见青藏公路雄姿而只能运用"第二手材料"进行创作颇以为憾，一如他评点前人作品一样，自评为"冷饭化粥"：

> 无实际生活经验，而第二手材料又不足启发灵感，譬之冷饭化粥，饭已自不佳，粥更难得有味也。①

父亲对自己要求太严苛了——谁能要求一个衰病缠身、已是耳顺之年的老人亲历一次青藏之行呢？即便没能亲历亲行，但一首《最高楼》遗词典雅精当、气势恢宏顿挫，记录了当时的建设成就，读来让人颇有身临其境之感，岂止"有味"而已！

父亲的童年是在乡间度过的，对于乡居生活，对于农业生产，自有他的一份眷念。每当读到、听到农业生产与大丰收的信息，一腔亲切欣喜之情都要表现在词作里。作于1955年冬为农业生产献颂的两首长调中，对新农村的风物人情做了如歌如画的描绘，颇有一些苏辛农村词的味道：

> 掘井泉浇旱地，防风林阻流沙。　葵麻，屋角任横斜。妇子语喧哗。共垄畔追肥，田间去草，柳外锄瓜。（《木兰花慢·农业合作社颂》）

> 看夏耘秋获，南陌东郊；棉棵花开雪簇，稻田风起云涛；更山边

① 见致周汝昌函，1956.1.15。

梨枣，几树黄深，一片红摇。（《雨中花慢·城郊棉粮丰收为农业合作社献颂》）

小词在歌颂农业生产、农村丰收的严肃主题中，包蕴着新农村风物之美，铺陈出恬适的生活情调，闪现着欢快的人文气息。

四　词咏读书所感

《闻角词》并非全为紧跟国家大事者，父亲的课余生活主要是读书，因之读书所生之感发亦时见于词作，成为《闻角词》中谈文论艺的篇章。

1954 年春日，父亲偶读战国时期名家代表作《公孙龙子》[①]，有感于书中“飞鸟之影未尝动也”之句，一时兴起，“戏用其意”[②]，谱《鹧鸪天》一阕：

真个年年岁岁情。欲风欲雨过清明。可怜树树青杨叶，已会萧萧夜雨声。　　飞鸟影，不飞行。印泥鸿爪过前汀。小红楼下长河水，常保先生两鬓青。

词后自注云：

① 此书主要论述名实关系，具朴素唯物辩证法思想，“白马非马”为其代表性观点。
② 见《鹧鸪天》词序。

余廿馀年前重客津门，今来已老，曾见余青鬓者，只河水耳。

父亲遍读先秦诸子典籍，何以此刻独独有感于《公孙龙子》之"飞鸟之影未尝动"一句？从词句及词后注文，我们可参得此中信息。这里包含了词人一生的经历在内——十八岁时，一客津门，考入北洋大学，读英文预科两年；三十岁时，重客津门，入天津直隶女师执教三年；如今年近六十，三客津门，回到了起步的原地，且将定居于此，词人敏感到这不正似公孙龙所言"飞鸟之影未尝动"么？词题、词作首句、词注前后呼应，浑然一体，借公孙龙之意，引出自己一生行止，虽曰"戏用其意"，实则既书历史轮回的沧桑之感，又表积极乐观的现实之意。

词上片之二、三、四句，既是眼前所见、心中预想之实景，又是词中内心情感的一种烘托。春意渐浓，且又见二十余年前的长河春水，恰似故友相逢，词人仿佛又回到了"青鬓"岁月。词下片前三句应和着公孙龙的原句，承继其朴素的辩证意味，又化用苏轼"雪泥鸿爪"之句，对津门留下的旧日行迹做了更为艺术化、形象化的描述，使原有的古朴哲理语言转化为诗意浓郁的动人词句。结拍两句，因念往而感今，因感今而思己，见过词人"两鬓青"的河水依旧如昔，此番故地重来，虽年华已逝，然长河春水泛波，重又唤起词人深埋心底的青春情意，灵动自然的语言正代表了词人开启新生活后的心情。

1953 年秋，父亲收到弟子周汝昌寄来的新著《红楼梦新证》，欣读之下，写有长篇信函多通。1954 年 6 月，又"得命新[1]六月廿三书"，读后

---

① 命新，周汝昌别号。

知弟子大著广获好评，作为老师，“欢喜感叹，得未曾有”，觉“不可无词以记之”①，遂谱长调《木兰花慢》（石头非宝玉）一阕，赞“红楼”，赞“新证”，颂曹氏雪芹，勉弟子命新，不但在苦水词中是别具一格之作，即置于红学研究史上，也值得一书！

1955年底，因“病中几于日日理稼轩词”，有感而题《木兰花慢》一首，论稼轩其人其词，既有传统词作风致，又具个人面目，且洋溢着诗人的率真气质：

> 义旗南指处，突北骑，上江船。甚抚剑登楼，翻成游子，拍遍阑干。词编一十二卷，是南山射虎响惊弦。落地得辛为姓，居家以稼名轩。　　村边。黄犊十分闲。恰对夕阳眠。更一片蛙声，中天风露，半夜鸣蝉。堪怜。此翁不见，有丰收记录达空前。更要层楼更上，明年高似②今年。

词作浑如天成地隐括稼轩词句，以之浓缩进英雄词人辛稼轩起伏跌宕的人生，诗情浓重，意态悠扬，音韵畅朗。开篇第一韵三句，化用稼轩《鹧鸪天》（壮岁旌旗拥万夫）一词，叙稼轩率义军南下投奔朝廷、以求完成抗金大业的经历；第二韵三句化用稼轩《水龙吟》（楚天千里清秋）之句，言稼轩抗金理想不得实现的苦痛；第三韵二句借汉代飞将军李广射虎之典，赞一部《稼轩长短句》惊天动地的力量；末韵二句，用常语为稼轩自报家

① 以上引文见此词之词序。

② 词后跋语中云：“‘高似’犹言‘高于’，凡言‘大似’‘强似’‘胜似’等，准此。‘似’，上声，读若‘死’。”

门。词至下片，前二韵以六个词句化用稼轩名句，突出了稼轩农村词创作在词史上的独到成就，而从词的布局结构上说，又完成了由咏古向颂今之过渡；"堪怜此翁不见"六字，使词作时空陡然落入当前，引出今胜于昔、来日更胜今日的积极乐观情感。"更要层楼更上，明年高似今年"，这不是所谓"光明的尾巴"，这是新中国成立初期的盎然生意在词人心中的蓄积、在词中的自然流露，更何况全词收尾之前情调昂扬，完全毋须"光明的尾巴"来收煞。

这首词在寄示弟子周汝昌时，于词后特附一段四百余字论稼轩农村词之短文，既可说是词之跋语，又可看作一篇极为精警的论词小品。[1]这在父亲的全部词作乃至历代词作中，当属仅见之一例。

至于前节之《最高楼》（车行处）一词，亦系读书感发所作，于此不复再叙。

五　"誉女"与自励

一部《闻角词》，若论诗情诗意，我最喜欢的是上所引述之"理稼轩词"的《木兰花慢》；而若从父爱亲情论，令我感动、感激而又感愧的是因幼女"加入工人队里"而谱的"誉女"之作《乳燕飞》。父亲一生为词六七百首，赠女之作仅有两章，一为《留春词》中 1932 年 4 月"燕女弥月"所赋《鹧

① 见致周汝昌函，1955.12.26。

鸪天》，一即二十四年之后1956年1月3日谱就的《乳燕飞》赠幼女之京者。“乳燕飞”乃“贺新郎”之别称，父亲填词，“贺新郎”是他惯用而拿手的调子，遍观父亲词作，用“乳燕飞”调名者，却仅此一阕。此词特用“乳燕飞”一称，从形式说，词牌兼词题之用；从情感说，词牌中即已蕴有深深的父爱在内。

这其实是一首以纪实为基底的抒情之作，词前有长序纪事：

吾有两女在津，三女居京。[①]除夕元旦有两女自京来津，其最少者已于去岁被吸收入党，于其行也，赋此词以送之。古有誉儿者，吾今乃誉女。

若从词的思想内容说，父亲的“誉女”之作实是“誉女”而兼“自励”，故词以回顾自我平生为始：

五十余年事，算何曾、胸罗万卷，路行万里。三客津沽身已老，旧学从头重理。愧伏枥、长嘶病骥。

父亲以极严的标格检点自身，且定下以新的辩证唯物主义历史观对“旧学”重新审视的目标，实是老骥的千里之志，而他却自责为“愧”。一首“誉女”之词，实以自励为基调。词的下片叙说家事，进入“誉女”主题：

① 当时在津者，为长女之秀、四女之燕；居京者为三女之惠、五女之平、六女之京。

暮有弱女非男子，慰情怀、一堂聚首，年头岁尾。最小偏怜偏进步，加入工人队里。全压倒、老夫意气。……

天伦之乐，天伦之慰，流溢于笔端。词之结篇"战斗精神知何限，共春花国运韶光里。真个也，令公喜"[①]，更把"小"家融入于"大"家，显示出新时代"誉女"之作的时代精神。这确是古今词史上罕见的一首"誉女"之作。

六 《闻角词》的编订

1956年1月，父亲将此前数年的词作编订为《闻角词》，他在1956年10月25日致周汝昌函中言："《闻角词》断手于今岁一月间。"可知集中诸作止于1956年1月末，而所收词起自何时，有词几许，因词稿不存，无法推断。编订十卷本《顾随全集》时，将所收辑到的1952年9月至1956年1月之作品二十七首一并辑入了《闻角词》。"十卷"出版后，又陆续辑得词作六首[②]，然距《闻角词》的原貌可能还是相差甚远，甚至可能有违词人编订词集的初衷。当年我是见过《闻角词》原稿的，只是几

① 歇拍六字初稿为"搔白首，悲回喜"，1月3日重录时，"觉大有悖于社会主义现实主义文学之旨"，遂做修改。"然又与前此风格不类，会当别拟。"至4日上午又言，"改句实实要不得，不如仍旧贯也。"见致周汝昌函，1956.1.3—4。

② 1953年后之词作，刊于报纸杂志者当不在少数，笔者限于条件，今尚未得一一辑录。

页竖行朱丝阑宣纸，所录词作可能经过筛选，数量应该不及三十三首。稿本一旦丢失，就不可复得，见不到原稿，今只得取此权宜之策，将已辑得之三十三首词一并列入《闻角词》之内，作如上数节之申说。

《闻角词》编订之后，父亲写有《闻角词賸》题记一篇，今幸存其核心部分之片断：

> 卅年前读尹默师《秋明集》，其《破晓》五律一首发端即曰“破晓闻清角”，甚喜之，至今弗能忘，故名吾词曰“闻角”。角者，号角也。建设事业，云蒸霞蔚，一日千里，每读报未尝不鼓舞奋发，譬闻角声，号召前进。词名“闻角”，是其义也。
>
> 四十年来，填词心仪稼轩，今兹所作，命意取材，颇能自有树立，不为辛老夫子所囿，用是自喜。……

虽是片断，却也向我们提供了不少重要信息：

其一，“闻角”之名，源于恩师沈尹默的诗句，以之名集，可见至老不忘恩师教诲；

其二，对尹默师“闻角”二字，赋予新意，“闻角”而歌，“号召前进”，这是父亲晚年对事业、对人生奋发励前的精神体现；

其三，父亲的词作，题材来源于报刊。词人倾心于新天地、新日月，他的词根植于社会现实，在当时，报纸成为他与社会生活联通的重要渠道；

其四，父亲高兴地意识到，自己的词作有着不囿于前人圭臬的创新之处。

读过了这一段“题记”，再来回顾本章所述诸作，可以肯定地说，《闻角词》是苦水词人迈入新中国之后的一部盛世欢歌。

第十一章

“闻角而兴”的“述堂近稿”：词人最后的努力

一　纪念鲁迅词三首

1956年1月《闻角词》结集之后，八个月间，父亲不曾有新作。直至9月中旬，以纪念鲁迅先生逝世廿周年而谱写《木兰花慢》与《沁园春》两首长调，因之“旧习发动，偃息及散策之际，随时感受，信口吟哦”，[①] 词之创作遂又发而不可收。此后三年余，父亲随时将自己的新作冠以“述堂近稿”之名寄与弟子周汝昌。今辑得《闻角词》后之作五十六首，从题材来看，与“闻角”一样，首首皆是“闻角而兴”之作。

作为开启“近稿”的两首纪念鲁迅先生之作，是苦水词人晚年作品中既别有韵味也更富有学术价值的作品。

现代作家，父亲最尊崇者唯鲁迅先生一人，以纪念鲁迅先生开启他一生最后三四年间的词创作，看似一种偶然，其实还是有着一份深深的缘分

① 事及引文见致周汝昌函，1956.10.25。二词乃为“院中黑板报编辑部来索稿”而作。

在——内心的崇敬加之纪念的时机，因缘相应。

前首《木兰花慢》有词题“鲁迅先生逝世廿周年献词”，词作先在所任教之天津师范学院中文系举行的鲁迅先生逝世纪念大会上朗诵。当时1956级新生刚刚入学，在纪念会上见到了崇仰已久的老教授，聆听了老教授亲自朗诵的新词，他们感到这是考进天津师范学院的荣幸。当时中文系学生办有一份油印刊物《青年文艺》，学生向老师索要原稿，老师全不因刊物简陋而推脱，并且说词稿就是写给学生的，当然是首先在学生自办的刊物上发表。其词曰：

> 去来三十载，所爱读、大文章。有鲁迅先生，先之《呐喊》，继以《彷徨》。悠扬。傍河《社戏》，驾乌篷萧索望家乡。“日记”始于何日？“狂人”信是真狂。　　荒唐。礼教甚豺狼。《祝福》也悲凉。甚导致《离婚》，爱姑奋斗，枉自奔忙。茫茫。一条道路，算阿Q孤独更堪伤。天上人间何恨，煌煌日出东方。①

词作编织进鲁迅先生之小说集、小说、小说人物的名称，由于词中“点睛”式的精粹评点，读来只觉学术意趣盎然，没有丝毫游戏文字的意味。词稿之后，父亲又书写了五百余字，对词作做申说。这首词在10月7日天津《新晚报》发表时，父亲增益其前所书文字，以四处共约八百字的注文，析说自己的词作及对鲁迅小说中人物的理解，合起来不啻为一篇小型随笔。

① 词于1956年10月25日写寄周汝昌时，原词题之“纪念作”三字改为“献词”，个别字词亦略有不同。今收入十卷本《顾随全集》者，乃据致周函中之手录稿。

为词加较多的注文，在父亲晚年的词作中并不鲜见，也算得上是苦水晚年词的一个特点。而注文之多，当以此首为冠。这之中，有着一位老词人希望人民大众能接受“词”这一古典文学样式的苦心，也有着使“词”这一高雅艺术趋向通俗化的用意。①

次首《沁园春》乃承前首之“再赋”，如果说前首是对鲁迅先生作品偏重感性的记述与品味，后者则是对鲁迅先生全人的论述与评价：

大好神州，近百年来，灾难二重：有吃人礼教，铜墙铁壁；殖民主义，亚雨欧风。所向无前，“冲锋陷阵”，大笔如椽，鲁迅翁。身当得：是文章巨子，“民族英雄”。　何曾叹老悲穷？更不向当权一鞠躬。使“正人君子”，藏头露尾；帮闲走狗，哑口潜踪。世界流传，一篇“正传”，意匠回旋造化功。灵何憾？看人民六亿，丽日方中。②

词后作者自注：“‘冲锋陷阵’‘民族英雄’，皆毛主席《新民主主义论》论先生语。抗战前，日本作家每称先生为‘鲁迅翁’，以表敬重。”

《木兰花慢》与《沁园春》两首词，紧承“闻角”中的以词论学之作，只是更为谨重，更贴近时代精神。

数日之后，父亲因弟子孙正刚对师作《贺新凉》（千古骚人意）“有和作”，

① 《木兰花慢·鲁迅先生逝世廿周年献词》在会上朗诵、报上刊发之后，在学生中间传诵一时。想不到四十三年之后，1956 级中文系同学入学四十三年、毕业三十九年聚会于石家庄时，当年的青年学子都已年过花甲，而大家凑在一起还在背诵这首词，只是这时他们所诵的“所爱读，大文章”已另有新意，乃是指自己的顾随老师之“大文章”了。会后编订联谊纪念册时，又把这首词置于“母校芳踪”一栏，以为永念。

② 词之文字依致周汝昌函之手录稿。

故再“步韵成篇”且“所以自剖”[1]，既述及鲁迅先生作品，又进一步作“自我剖析”。词上片言自身病衰，难有作为之怅憾，下片曰：

大师有集名《而已》。是之先、一声《呐喊》，《彷徨》天际。闻道非迟勤行晚，三十年来“中士”。纵壮志、如今未坠。清角凌晨召前进，便闻鸡、也拟中宵起。心总是，杂悲喜。[2]

词作在写寄弟子周汝昌时，对词中之“自剖”做了更为具体的申说：

知学鲁迅先生近四十年，然所学者，语言文字边事，若其伟大之学识与夫战斗之精神，何曾学得一丝毫？老子曰：“上士闻道，勤而行之；中士闻道，若存若无。”有味乎其言哉！

这寥寥数语，见出老词人对鲁迅先生真心崇敬及追随大师至老不衰的信念。

翌年十月，“为纪念鲁迅先生逝世廿一周年”，父亲又有《满江红》（风雨如磐）一阕刊于《天津日报》（10月19日），这很可能是应报刊之邀而作，可说是前三首纪念之作的余音吧。

① 引文见词后自注。

② 词后自注言：“彷徨天际”指《彷徨》扉页题词所引《离骚》中“吾将上下而求索”句。

二　为重大节庆献颂

"述堂近稿"中有多首贺新年、庆节日、颂大功之作，其中尽抒旭日朝阳的欢欣鼓舞之情，且先以几首贺新岁之作为例：

"一九五七年元旦试笔"之《鹊桥仙》，写"人民富贵古来无，为万里、江山做主"，歌颂人民当家做主的新时代；

"新岁喜雪"之《风入松》，写"喜新岁、瑞雪飘扬。宇宙一团玉裹，河山万里银装。……共说丰收在望，麦田一片金黄"，是瑞雪丰年的颂歌。

"（一九）五九年元旦献词"以"龙凤呈祥"为题谱《木兰花慢》，"有人来借问：龙与凤，咋成祥？答：城市乡村、人民公社、地上天堂。……这里神龙出海；那里丹凤朝阳"，以别致问答和日常口语入词，将新时代、新事物与神话传说并用，回答了古老的"龙凤呈祥"的话题，一派雍容华贵的洋洋气息。

这一类献颂词作，以颂周恩来总理外交事业之成就的《木兰花慢》与贺青藏公路通车的《连理枝》最具时代意义。

前首《木兰花慢》谱于1957年初，记写"和平使者""周恩来总理去岁杪曾往访东南亚诸邻国，今岁初复赴苏联"，"使旌经到处，尊信义，睦邻邦"；总理"不曾席暖"，"昨日南天风露，今朝北国冰霜"；继以欢呼"八亿人民，如兄如弟"，宣告新中国是"屹立"于世界的"和平堡垒"，放射着"经天万丈光芒"。五十字的词序、一百零五字的词章，不啻为一篇以"词"的形式书写的微型报道。苦水词人何以有如此之作，词序末后"咏之以词，不尽万一"八个字，道出经历过旧时代的词人一番热爱祖国与民族自豪之情怀。有此情，方有此作。

1950年代，青藏公路大功告成，从中原进入青藏高原的天险化作通途，这是人民奋斗、民族团结的大喜事。前已有《最高楼》（车行处）一首，1959年再以《连理枝·咏唐柳》献颂：

当日青丝缕。此际千年树。柳发晞春，梳拢新月，膏施青露。纵霜雪都未减姿容，况一宵风雨。　　五彩光明路。神勇摧天柱。骨肉情肠，弟兄心事，并肩齐步。共大昭寺唐柳永青青，永青青万古。

词以“咏唐柳”为题，以“拉萨大昭寺前”“唐文成公主手植”之“唐柳”为抒情的切入点，贯穿起西藏民间传说——唐柳“是公主头发所化生”、宋人咏柳词句（史达祖《万年欢》）、旧日帝国主义侵占西藏、今日平定地方少数上层分子叛乱、解放大军修公路、西藏诗人的赞美诗——一连串现实社会与历史文化的意绪交织、交溶。[①]唐柳是古来汉藏人民团结的象征，公路是现代汉藏人民心手相牵的纽带，词之结拍以顶针句式“唐柳永青青，永青青万古”绵延而下，象征国家强盛、民族和睦的光明前景，全词仅“骨肉情肠，弟兄心事，并肩齐步”是正面抒情言事之句。此前数年，父亲有“自题所作词”的《行香子》，自言要“丝丝入扣”“字字传真”地“歌遍”新时代的阳春。“咏唐柳”的《连理枝》，歌唱民族团结，真是词人所言之“丝丝入扣”“字字传真”，选用词牌“连理枝”，都不仅是形式、格律的标志，而同样流溢着不尽的诗情画意——词人真是不肯浪费一点一滴的笔墨呀！

① 这些内容在词后长注中均有述说。

1959年10月25日至11月8日，在北京举行了“全国群英会”，表彰先进集体与先进生产者。父亲连日读报，并以一首《减字木兰花》献颂：

工人阶级。挽日回天无尽力。大会群英。献宝同时又取经。　　独行无伴。一朵花开春有限。结对成群。万紫千红浩荡春。

这时已是父亲生命的最后一年，他热情不减，歌颂工人，歌颂集体，又突出大会“献宝”“取经”、继续前进的宗旨，预示大会之后繁花竞放、“万紫千红浩荡春”的丰收硕果。

三　为建设成就与农业丰收欢歌

在《闻角词賸》题记中，父亲自言“每读报未尝不鼓舞奋发”，他老人家的“鼓舞奋发”来自于报纸上所发布之建设事业的新面貌、农业生产的大丰收。

“近稿”中所见第一首欢歌，乃1956年咏北大荒今昔巨变的《南乡子》：

衰草遍山长。出没成群兔鹿狼。八月秋高霜露降，苍茫。个是当年北大荒。　　此际下牛羊。人语歌声泛夕阳。万顷如云还似海，汪洋。禾黍黄金一样黄。

上片言昔，下片言今，上片带着辽远悚怖的荒凉，下片饱含热烈阔达的欢乐，沧海桑田、今胜于昔的巨变，在鲜明而强烈的对比之中，有了最形象的展现。父亲当年在课堂上，讲古代文论，曾以此词为例，肯定“出没成群兔鹿狼”“人语歌声泛夕阳”二句，以为合乎刘勰《文心雕龙》所言“捶字坚而难移，结响凝而不滞”，但对末句“禾黍黄金一样黄”却不满意，因为连一个动词也没有，就差远了。父亲强调，在诗词创作中，较之形容词，应更着力于动词的锤炼，故而有此评断。今日我们读来，这首小词写得好的岂止那两句，小词所展现出的意境，具有极强的画面感、动态感，读到的虽是五十五个汉字，但闭目回思，脑海中泛出的是有形有色有声有光的现代生活录像。说到现代生活，又不得不再聒噪一句，“此际下牛羊，人语歌声泛夕阳”二句，遥遥呼应着上古《诗经》之“日之夕矣，羊牛下来”，一首现代人的现代词，竟因之含有了一抹古雅的风调。

建设成就、农业丰收的欢唱之词中，不仅治理黄河、“灾年丰收”的主题进入词中，谱有《木兰花慢》（大河常改道）、《小桃红》（群力培田垅）等词，就连农村发展养猪事业的政策，也因“读《人民日报》社论《猪为六畜之首》”[①]而谱出了一首《临江仙》：

六畜旧时排次，唯猪最不称强。敬陪末座脸无光。上头鸡犬在，更上马牛羊。　　今日重排席位，首先推让猪王。积肥打得满仓粮。浑身都是宝，不但肉生香。

一首文人词咏养猪事业，绝不是用一般评语所谓之“通俗”“朴素”“口

① 此系词题。

语化”可以涵盖。词的“言中之物”与“物外之言”相配相携，它不是“打油”，直是土头土脑，散布着泥土气味。这“气味”二字，甚至不可以用“气息”代替，更不用说“芳香”了。

当年他老人家填完这首词，很是开心。正巧我在他身旁，他立即念给我听，还高兴地说:“这回给老猪正了名。”[①]他完全没有意识到自己是用“词”的形式宣传了党的一项新政策。可我当年却觉得这首词“真土”，土得有点不像词，全然没有悟到它在古今词史上从思想内容到语言表述罕有其匹的创新。

四　代工人、农民述怀

1933年，父亲曾谱有一首题为“为老兵送人出关杀敌赋”的《踏莎行》，是代“老兵”述怀。1957年，父亲又有两首代人述怀之作，一为“拟煤矿工人春节坚持工作写给爱人信”的《小桃红》，一为“拟农业合作社中人语”的《清平乐》。尽管相隔三十余年，分属不同的历史时期，但三首词恰是代表了工、农、兵。这当然是我们后人所见到的一种巧合，而就词人来说，根本的是他始终和人民大众在一起。

《小桃红》是一首叙事之作，它有“本事”，那是父亲在报纸上读到

① 说到这里，又有几句话忍不住要啰唣。父亲读《西游记》，最喜爱其中的猪八戒，他对我说的“为老猪正了名”，含有着几分为八戒高兴的意思。这就是诗人的天真、童心吧。

一则报道：为了增加生产，许多厂矿工人主动放弃春节休假，一位矿工婚期在春节，而他决定推迟婚期，坚守矿山，坚持生产。父亲被打动了，决定以这个小伙子的口吻，代他给爱人写一封信，于是就有了这首《小桃红》。

《小桃红》是纪实的，这是一封新中国新青年的“情书”，实实在在，没有虚言浮词、宣言口号。小伙子是多情的，他做出推迟婚期的决定并不那么容易，他犹豫、矛盾，“坐也难安坐，卧也难安卧”，一番踌躇之后，做了决定——“到底安排，完成任务，坚持工作”，“到底”二字包含了内心反反复复终于做出决断的过程。他开导爱人，为了工作任务，“便结婚再一次延期，又有何不可”。请注意，句中的“再”字补叙出小伙子先“大家”后“小家”已经不是一次了。“飒飒风镐过。簌簌原煤堕”，这是小伙子在向爱人描述矿井的劳动场面；采下的“墨玉乌金”使“人家饭熟”“高炉点火”，这是小伙子在向爱人诉说自己劳动的意义，实际是从大道理、高层面进一步开导爱人，求得她的理解与支持。情书最后落在两句情话上：

我时时念你、念人民，你时时念我。

人性人情、渴望爱与被爱，小我融于大我，俱在这十三个字上！词所“拟”者虽是一人，而代表的是一个时代。

《小桃红》一经发表，广为传诵，尤其是在青年人中，苦水词人用自己擅长的词为感动中国的煤矿工人做了一次艺术化的报道。

另一首拟作《清平乐》则是代表了农民群体，父亲之所以有此一“拟”，同样是实有其背景。当年遵化县的农民组织生产合作社，被讥为“穷棒子”“三条驴腿”，如今父亲读报，见农业社有了发展、有了丰收，于是“拟农业合作社中人语”欢赞：

说来可气。就是前年事。人叫我们穷棒子。说话不三不四。　　如今喜笑颜开。更加细心安排。旱涝总教增产，英雄不怕天灾。

如若不结合当时的历史背景，不但词作的时代性、进步性不能体现，甚至可能以为是一个词人坐在书斋里编故事，词的语言特别是上片，就是朴实的老农声口。对这一段真实的故事，父亲的创作态度是十分严肃的。他于1957年3月3日写出草稿，三天后，6日上午，他对词做了多处改动：

说来可气。起首非容易。人笑我们穷棒子。成得什么大事。　　英雄不怕天灾。丰收全仗安排。一点养猪事业，也劳主席关怀。

第二稿成后，末二句又做改正：“一点”改为“谁想”，“也劳”改成“直教”。修改稿在境界上、语言上显然超过了初稿，这是老词人创作上的一点苦心，更是他放声歌唱新时代的精神境界的体现。

到1959年冬，父亲又有一首题为“为建明公社作”的《西江月》，赞王国藩领导的建明公社，此虽不再是拟作，但内容思想都紧承“拟农业合作社中人语”一首，正可作为续篇参照而读。

五　于“述堂近稿”见文化传承

父亲是中华优秀传统文化的承传者。20世纪50年代后期，父亲已届晚年，并未放松肩上传承文化传统的担子，“述堂近稿”中时见承传者的形象。三首纪念大师鲁迅和咏唐柳诸作，前已有述，今且再另说一二。

1956年“深秋大风后”，散策校园，见不久前建成的几座学生宿舍楼旁，“‘工’字大楼已落成”，“因念工部因‘茅屋为秋风所破’而有‘广厦千万间’之叹”，“自幸生今之世”[①]乃赋《贺新凉》一首。

词取宋玉《九辩》名句“悲哉秋气”为始，引出杜甫吊宋玉之因“摇落”而“生悲”、因“萧条”而垂泪，再自然地转入杜甫之《茅屋为秋风所破歌》，迤逦写来，切入主题；随即再以十个词句、五十九个字隐括杜甫此诗入词，展现千年前的诗圣身历艰难潦倒，却仍旧“念念心存寒士”的忧民情怀；接下的“又黄叶、纷飞飘坠”一句警语，一个“又”字，诗境由千年前直落入现实，直抒写作之缘起：

我比少陵多幸福，见千间广厦连年起。

这既是填词的缘由，又表明词之用意更在于今昔巨变、天翻地覆，对新中国的深深赞美，亦寓诸其中。词之结拍六字蕴意更深：

还更为，少陵喜。

不是为诗圣悲，而是为诗圣喜——诗圣的理想今已实现，新时代的新面貌常慰诗圣于泉下。全词韵味深长，欢睹新社会新面貌的喜悦之情自词前之小序直贯到词章之结篇。词作之古为今用——据眼前实见，发思古幽情，

① 引文见词序。

唱今世欢歌——真可称之为典范。顺势钻一下牛角尖，词牌“贺新郎”又称“贺新凉”，此词用“新凉”而不用“新郎”，正与全词深秋新凉建楼述怀的主题相谐。

1957年端午，父亲以《清平乐》一首为“诗人节献词”：

荷衣琼珮。襟上浪浪泪。辛苦滋兰还树蕙。九死其犹未悔。　　昆仑可是高丘，美人要眇宜修。千古无穷遗恨，大江日夜东流。

在即今所见苦水词人百余首晚年词作中，这是唯一具“文字障”的一首。父亲20世纪40年代讲诗时曾说，诗歌中有“文字障”，读者必须先把“皮”啃下，才能领得其中“馅”的滋味，①可见他并不推崇与追求文字艰深之作，他主张在旧的诗词格律的“规矩”中，以现代人的语言抒现代人的情意。这在他晚年之作中，已成为刻意的追求。何以“诗人节献词”这样的节庆之作，八句中倒有六句设下“文字障”？这似是有违于词人的创作主张。个中原委，我想试做申说：

第一，这首词实是对我国历史上第一位大诗人的纪念。屈原是父亲最喜爱、崇敬的大诗人之一，他在课堂上讲及屈氏，极致推崇之意。今逢依屈原忌日而设的诗人节，对两千年前的大诗人致以敬意，不可以不用古典。

第二，词的篇幅太短，容量较小，不用古典，难以涵括更多内容，也难以尽展屈原伟大的精神、人格及作品魅力。

第三，若从作者的主观心意看，基于旧文学的深厚修养，运用古典的

① 见《传学——中国文学讲记》第十五讲《李贺三讲》。

技巧不免在笔底“作祟”，作为诗人，趁此“诗人节”，不过乘兴偶一发之耳。更何况这首《清平乐》是写给诗人的，“阳春白雪”一次又有何妨？

屈原是一位伟大的浪漫主义诗人，他开创了借“美人香草”以为寓托的诗歌创作方法。父亲的《清平乐》正是承继屈原此一传统的作品。

不管怎么说，“文字障”总是“障”，还是应该遵从老人家所说，“把皮先啃下来”。这首《清平乐》的“文字障”，只在于前六句每一句都出自屈原的作品。于此，不得不一一分述：

“荷衣琼珮”，出自《离骚》之“制芰荷以为衣兮，集芙蓉以为裳”与“折琼枝以继佩（珮）”——用荷花编织成衣裙，用仙境的玉树做佩饰——以之象征大诗人精神境界之高尚纯洁；

“襟上浪浪①泪”，出自《离骚》之“揽茹蕙以掩涕兮，沾余襟之浪浪”——用蕙草来擦拭眼泪，眼泪打湿了衣裳——形象化了屈原强国安邦之理想不得实现的巨大痛苦；

“辛苦滋兰还树蕙”，出自《离骚》之“余既滋兰之九畹兮，又树蕙之百亩”——以香草“兰”“蕙”比喻人才——形象化了屈原为国为民大量培植后继人才的行动与苦心；

“九死其犹未悔”，用《离骚》原句“亦余心之所善兮，虽九死其犹未悔”——称颂屈原为实现自己的理想即使牺牲生命也不惜、不悔的高尚品格与坚定志意；

“昆仑可是高丘”，出自《离骚》之“登阆风②而绁马”“哀高丘之

① 浪浪，音 láng láng。

② 阆风，山峰名，处于昆仑之巅。

无女"——登上阆风而驻足，哀叹高丘上没有想望中美女——以美女代指理想，以比兴手法表现出理想失落的悲伤；

屈原理想中的美女"要眇宜修"，"美人要眇宜修"用了《九歌·湘君》"美要眇兮宜修，沛吾乘兮桂舟"——驾上香木制成的船，去迎接曼妙宜人的美女——象喻的是对高尚美好理想的追求。

然而屈原一切的理想与追求终归幻灭，他被楚王放逐，眼见楚国国力式微，他选择自沉汨罗，结束生命，留下"千古无穷遗恨"。历史的"大江日夜东流"，承载着、冲刷着屈原的遗恨，迎来了新中国，也迎来了新中国以纪念屈原为契机而设的诗人节。

通过屈原的作品，我们可以知道，这首"诗人节献词"的《清平乐》，其创作激情的感发，来自于中国文化史上最早的一位大诗人；同时它也是反观旧时代、歌颂新中国的"闻角而兴"的节日献颂。

在这里不能不言及的是 2009 年方见到的 1957 年 2 月 20 日（或 21 日）所谱的一首《踏莎行》：

> 昔日填词，时常叹老。如今看去真堪笑。江山别换主人公，自然白发成年少。　　柳柳梅梅，花花草草。眼前几日风光好。耐他风雪耐他寒，纵寒也是春寒了。①

小词看去并没有什么奇特处，不过是一首早春抒怀而已，与传统文化也似乎没什么关联。然而，五十六个字中却包含着一段鲜有人知的、因传

① 见致周汝昌函，1957.2.25。信中"风雪"二字后又改作"霰雪"，是应当日气候而做的改动。

承传统文化而结下的超越时空之师生情谊。

《踏莎行》词前有较长的序：

> 今春沽上风雪间作，寒甚。今冬忆得十余年前困居北京时曾有断句，兹足成之，歇拍两句是也。

此序虽然道出了词作之缘起，但要了解词背后的故事，还要从“十余年前困居北京时”说起。

1943年初，父亲“困居北京”已是六年，他在辅仁大学国文系讲授唐诗时，“曾举引雪莱之《西风颂》中的‘假如冬天来了，春天还会远吗’的诗意，以中文写了‘耐他风雪耐他寒，纵寒已是春寒了’两句词”，用以传达对抗日胜利的坚贞信念。课后，弟子叶嘉莹在习作中“用羡季师句”且“试勉学其作风”，足成一首《踏莎行》：

> 烛短宵长，月明人悄。梦回何事萦怀抱。撇开烦恼即欢娱，世人偏道欢娱少。　软语叮咛，阶前细草。落梅花信今年早。耐他风雪耐他寒，纵寒已是春寒了。

词成之后，呈交顾随老师，老师所写的评语是“此阕大似《味辛词》”。[1]

1995年我读到嘉莹教授这首词后，遍查父亲当年词作，未见她所用之“羡季师句”，曾向叶先生询问，叶先生回答说当年她也未见老师之全词。

① 事及引文见叶嘉莹《顾随：诗文丛论（增订版）·序言》。

疑案存留了十多年。直到2009年夏，得到汝昌先生赠予的老师当年给他所写信函的复印件，于中竟发现了上述1957年2月父亲那首写有长序的《踏莎行》，出现在信函中附寄的"述堂近稿"中。捧读之下，不禁眼前一亮，谜团顿解，心绪翻涌：这首佚失五十余年的小词，词序遥遥照应着嘉莹教授1995年《顾随：诗文丛论（增订版）·序言》中所述及的那段四十年代的本事。原来父亲当年虽有"断句"，并未"足成"。相隔十多年之后，到1957年2月方谱成了这首词，词作与弟子当年习作用的是同一个词牌，课上所说之"断句"，同是置于词作之"歇拍"，上片"结拍"师生二人用的是同一个韵字"少"；词的上片同是抒悲欢情怀（尽管时代不同，悲欢有异）；尤其下片前三句所用的意象、所表现的意态，又何其相似！——父亲这首词竟是对弟子十四年前"用羡季师句""大似《味辛词》"之作所谱成的一阕在当时无法明言"和作"的跨越时空的唱和！这意外的发现，让我更深层地理解了在传统文化的传承中师生间超越时空的情谊。这一发现，当时竟令我泣不成声。我把这些情况直接报告给嘉莹学姐，她在《经历了死生离别的师生情谊》一文中说："之京师妹按语最后说：'此中所涵蕴的不尽的情意，难以言传。'而作为当事人的我，其感动当然更是言语所难以传述的。"①特定时代特定形势下的作品非同寻常，积淀着浓重的历史人文内涵，重见匪易，值得后辈学人阅读、品赏、回味。

① 见叶嘉莹《顾随研究·代序》。

六　“述堂近稿”中的清新怡情之作

不要以为“近稿”中没有清新隽永的词作，今所见写大自然的一首《水调歌头》、写小盆景的一首《玉楼春》可为此中代表。

《水调歌头》乃“晨兴见木稼有感作”。“木稼”，雨雪霜霰凝结于树枝上结成的冰，即俗所说“树挂”。平日父亲立于书房窗前，可见窗外高大的槐树与一片新植的杨树，那一日，风雪过后，“晨兴”见“木稼”，因以写景咏怀：

桥下卫河水，此际未消融。试灯早过，惊蛰将近，尚冰封。前日晴天霏雪，纷似梨花飘落，缭乱夕阳红。昨夜结珠霰，瑟瑟下长空。　　带朝烟，拖宿雾，更迷濛。一番浪子心计，枉是偏天公。俯仰琼楼玉宇，高下琼林玉树，人在玉壶中。桃李岂沉默，着意待东风。

此首作于1957年2月25日，写寄周汝昌时，个别字词有改动，今所依乃幸存之父亲手写草稿。这里有一段过往时日的小故事，不可以不于此略做记述。

父亲大约是大学毕业后就开始吸纸烟了。北平沦陷后期，入不敷出，不得不叼起了老式的旱烟袋。抗战胜利后情况好转，继续吸纸烟，但只能吸一种低档的“苏格兰”牌。晚年到天津，待遇提高了不少，父亲的香烟也提高到“大前门”“恒大”这个当时的高档次。这两种纸烟盒里有锡纸包装，锡纸内侧又是一张薄而韧的半透明软纸，父亲吸空一盒纸烟，总是把这张小薄纸展平留起来，当作记事的便条，或随手写下刚刚构思成功的一首小词小诗草稿。晚年到天津，他与朋友、弟子、女儿来往信函也不少，父亲又时常把旧信封拆开——信封背面与烟纸有同样的用途。这些背面写有诗词草稿的烟纸、信封，有时来访的学生见到，当作好东西索去；有的父亲就随手丢弃不顾。这一首《水调歌头》写在信封背面，前所述"拟煤矿工人信"之《小桃红》及七律《新春礼赞长句》写在烟纸上，这二词一诗，他顺手夹进一册厚厚的《现代汉语词典》中，不想这一夹就是多少年，竟因此而幸运地躲过了"文革"初期那两次"拉网式"的抄家而保存了下来。拙文于此词特用草稿而不用十卷本全集之修改稿，只为记下这一段偶然幸存的往事印迹。

《水调歌头》词咏"木稼"，题材已属新颖别致，首句言"卫河"①，指明地点，铺设出明显的地域特征；"试灯"②"惊蛰"，用民间节庆、夏历节气指明时间，点染着浓浓的民族特色。在此时空背景之上，词作以主要篇幅用文人的俊美语言描绘"木稼"景象。"晴天霏雪""梨花飘落"，结成珠霰，绘形；"瑟瑟下长空"，绘形兼而绘声——这皆是"木稼"的成因。"朝烟""宿雾"的一派"迷濛"之中，闪现着晶莹剔透的冰玉世界——这是"木稼"的美妙。所言"浪子心迹"，并非贬义，乃是取浪子之漂游不可捉摸之意，言"木稼"神奇幽眇、难以想象，如此方塑造出人间的"琼楼玉宇"、"琼林玉树"、乾坤"玉壶"——这是言"木稼"之风神。这里不用成语巧夺天工，而用近似宋元俗语的"枉是偏天公"，言人再费尽心力也是枉然，也难以创造出如此唯"天公"可成的奇境。词人为绘此奇境，连用了三个古诗中常见的意象，且在句中三用"玉"字、两用"琼"字，

① 卫河，即俗所说横贯天津卫的墙子河，1970 年代改铺为马路。

② 试灯，农历正月十五节前张灯预赏。

旧时诗句与习用常字之连用，使旧意象有了新意态，这正是词人的匠心独在，如此方得以突显乾坤上下如玉的纯洁、净白、莹澈。歇拍“桃李岂沉默，着意待东风”，让读者感到浪漫情怀、浪漫遐想或有更深寓意。其实，词人并非特有深意，他没有想得那么多，写成之后，他预感到读者或有此想，坦言：“《水调歌头》之歇拍，人见之不将谓有所讽耶？不佞自评，如不是趁韵，充其量亦不过写实而已。”①早春“木稼”奇景之后，定是更美的桃李春风。词人被“晨兴”所见“木稼”所陶醉，甚至可说是被“蛊惑”，除了“木稼”，他何暇去顾及更多的寓意！这首融入自然、热爱生活的词作带着旧日创作的风神情采，这一点，父亲自己也是意识了的，他谦称词作“略有疏宕之致，不太似述堂平时手笔”②。大约也正因如此，这首空灵洵美之作当年并不曾拿出发表。

笔者仄见，再加“科盲”，不知古代诗人词人咏雪之外可有咏“木稼”之作，若有，又复几多能有如此规制，如此风神，如此格调。我曾想，这首词，后人或可戏加一个类似西洋歌曲的题目——“早春木稼咏叹调”。

1959年初冬，我的大姐之秀给父亲捧来一座栽植微型小松树的山石盆景，置于书桌旁向阳的窗台上。11月末，父亲乃有咏小盆景之《玉楼春》一阕：

短松半尺栽盆内。卷石青苔生雅致。明窗净几布阳光，温室红炉春意味。　长林老树无边际，霜干龙鳞拔地起。万牛回首栋梁材，屹立漫天风雪里。

---

① 见致周汝昌函，1957.2.25。所谓“讽”，并非讽刺，乃暗示之意。

② 见致周汝昌函，1957.2.25。所谓“平时手笔”，即指“闻角”而歌诸作。

上片写实，前三句直绘盆景生长形态，第四句以比喻言盆景带来的生机情趣；下片转绘“屹立”于“漫天风雪”中“无边际”的松林。我以为，这是以大自然之壮美作为盆景的衬托，于对比中见盆景虽小却富勃勃生机与精致趣味；或者词之下片是词人刻意濡染时代色彩、借老杜诗句喻人才之培养，以增加作品的思想性。诗无达诂，词亦如是。词人在信中向弟子明言，这首《玉楼春》成于“床上偃息之时”，“非经意之作”[①]，非是为了在报刊上发表或对学生们朗诵，只是眼前的盆景触发了词人的想象，独坐书房，精神世界已从眼前盆景驰入万山深林中。父亲在1940年代讲老杜诗，曾说到“盆景是模仿自然的艺术，不恶劣也不凡俗”，只是“太小”，“真的山水”不但有“高尚的情趣”，而且有“伟大的力量”，更可证明词作的创作动机即由眼前盆景的“半尺短松”引发而至“真的山水”；更何况末二句是由“长林老树”联及老杜诗句“大厦如倾要梁栋，万牛回首丘山重”（《古柏行》）脱化而成，对比盆景，以咏自然松柏之雄伟有力，或无须再引向培养人才的严肃话题。

一长一短两首词章，可以为清新怡情之作的代表。另有1957年咏即将盛放之红梅的《好事近》：

漫山红紫映朝霞，犹自待时日。且看疏花数朵，缀斜枝百尺。

1956年叙思友之情的《鹧鸪天》：

---

① 见致周汝昌函，1959.12.8。

将进酒，更吟诗。忙人不是不相思。明朝踏遍千峰顶，折得山花寄一枝。

均是襟怀飘逸、风神散朗、俊美清明、别有意趣的抒情之作，只可惜这一类词作不曾发表，今所存者，屈指可数。

七　创作激情与“赶任务”

父亲的晚年词作为新中国咏唱的首首盛世欢歌，是发自内心的对新中国、新社会、新事物的由衷赞颂。他经历过军阀混战、外敌入侵的黑暗年月，新中国，是他一生所历最为承平的时期。他在闲谈中不止一次地对我说:“爸爸一辈子没见过这么好的社会，这么好的政府。”他的盛世欢歌发自肺腑，绝无半点趋时的矫情造作。1956 年“自题所作词”的《行香子》可以为证:

故国重新，事业如云，百忙中肯[1]做闲人。莫言衰老，且自精神。且忘风华，扫风月，走风尘。　　但[2]是知音，都属人民。更何辞歌遍阳春。丝丝入扣，字字传真。看一番歌，一番好，一番亲。[3]

① 肯，岂肯。
② 但，只。
③ 词后自注:“晏殊《山亭柳》:‘若有知音见采，不辞歌遍阳春。’”

这是老词人在新时代从事创作内心情愫的自我剖白。上片表现了老词人不肯落后于时代社会的进取精神，下片化用晏殊词作，言自己首首新词都是为人民而歌，为知音而歌，因之“何辞歌遍阳春”。词人已把自己融入新社会的新天地中，他在做一个自觉的歌者：“入扣”则自然而无矫饰，“传真”则真实而不虚伪，“一番歌，一番好，一番亲”，从词的内容说是表现国家的日新月异，从词人自身创作说则词作既是内心情意的自然喷涌，且创作过程又不断为自己注入了生命的力量。父亲始终关心国计民生，紧跟时代脚步，以一颗年轻的心满怀由衷的热情与诚挚的心意进行创作。这首《行香子》或可称之为词人的一首“心曲之颂”！

父亲是一个根植于社会生活的词人，他不允许自己脱离现实。然而他毕竟老了，他已进入到自己生命的晚年，大半生的艰辛早已摧毁了他的健康。作为诗人，他除了大学讲堂与书斋，已不可能深入到社会生活的其他领域。他歌颂祖国、歌颂工农兵，却不可能深入到工农兵中去，报纸成为他与现实生活相联系的重要渠道，“每读报未尝不鼓舞奋发”，他的创作激情源于他与生俱来的爱国热忱，此际则具体化为读报所获得的新信息、新感受，报纸给了他充沛的创作冲动。

为了使高雅优美的词能为人民群众所接受，父亲在词的语言运用上下了不小功夫，通俗化、口语化、平易明畅，是他晚年词作语言的风格，他更于词中运用了当时的新闻语汇以至民间熟语、俗谚，如“兄弟国家兄弟党，新生气象新生力”（《满江红》［桥下长河］）；“烂下去与好起来。两个不同世界”（《西江月》［试看回天转日］）；“大家庭里正熙熙。何用上天梯”（《风入松》［岭南塞北海东西］）；“处处欢声动地，人人干劲冲天”（《木兰花慢》［一盘棋局好］）；“试看集体农民力，土变黄金水上山”（《鹧鸪天》［唐代王维孟浩然］）；“快马又加鞭。捷报频传”（《浪淘沙》［风雪搅成团］）……这里不妨举引 1959 年春庆颂农业生产的《一剪梅》：

> 朝日曈昽带早霞，□□□□[①]，笑语喧哗。无穷富贵最难夸。先看新芽，后听蛤蟆。　耕一余三信不差。事业开花，颗粒还家。如今整改到桑麻。捡了芝麻，抱起西瓜。

词中“后听蛤蟆”一句，包含着民间“蛙声报丰年”的俗谚，又暗用稼轩“稻花香里说丰年，听取蛙声一片”词句；“耕一余三”是民间对丰收年景的说法——大丰年，耕种一年，所获可存三年余粮。这些是农民生活经验总结出的俗谚。“事业开花”至篇末数句，都是当日报刊习见之语，被词人一一拣择入词，成为新式的文学语言，词作紧依社会现实，带着很强的时代色彩，即使没有词题，不用纪年，也知道是 1950 年代后期之作。

当然，生活的局限也会使父亲的词作偶尔出点小“笑话”——他歌颂钢铁工人的词，把炼钢的平炉“马丁炉”当作了高炉，写出了“万丈马丁炉”这样的句子。词在报纸上刊登之后，一位普通工人寄信给他，指出了这个错误。父亲很感激这位工人，把自己的错误和工人同志来信指正的事讲给家人、同事、学生，深深感愧自己离现实生活太远了。不过，这件事也从另一面看出，父亲晚年诗词的语言风格，经过有意识的努力，有了很大变化，获得了更多的读者，他的诗词作品已经得到工人同志的关注，被工人同志接受。

① 原稿此处缺四字。

正因为如此，随着社会的发展、时代的前进，当年"闻角而歌"之作在今天看来有的难免已是不合时宜。我们不必为长者讳、为贤者讳。即便父亲自己，出于一个诗人忠于创作感发的严肃态度，他对自己的作品也有着清醒的认识与深刻的反省。1957年"为津市广播电台"所作"五一节献词"之《沁园春》，一百一十四字大篇，父亲自言为"急就篇"，全章仅"异派同归，江淮河汉，滚滚百川流向东"这"十五字颇道着些甚么，余皆不能佳"，"又，重字太多[①]，是大病也"。[②]1957年9月27日写寄弟子周汝昌的信中单就"反右词"坦言："七、八、九三个月中，报刊编辑同志向不佞索稿几如催租，然而力之所及，义不容辞，唯有竭蹶从事，又不可以催租论也"；"三个月来，写得反右词近廿首，然急就篇居三之一，自亦不能满意。……或相传颂，则以其政治性，非必以其艺术性也"。1958年岁末在给季韶弟的信中更坦言对自己近年词作的反思："两三年来所作词有百余首，太半有政治性，甚至赶任务、配合运动，不免是'急就章'。若严加删选，或有半数不致刺目。"[③]"半数不致刺目"之言，我以为是父亲对己作要求未免有些过苛，但是，确实如父亲所言，那时有的报刊为了配合形势，前来家里向父亲约稿，甚至个别编辑记者就在父亲的书房里立等。如此情况，引报刊资料为题材进行创作，时代认识之局限、"反右词"之发表、近似口号的新闻用语之出现、1959年近十首"国庆礼赞"见诸报端，也就不足为怪、无可言责了。

---

① 词中重字九处，其中"天"字三重。

② 见致周汝昌函，1957.6.16。

③ 见致卢季韶函，1958.12.25。所言"两三年来所作词"恰是自1956年9月起始的"述堂近稿"。引文着重点是笔者所加。

尽管如此，苦水词人的创作态度是严肃的。虽说“赶任务”“配合运动”，但他没有发违心之言，即使是“自亦不能满意”的“反右词”，也并非敷衍应付，他对报刊所载“右派”言论确有反感，他在家里曾指着报纸上的报道说：“你们[1]年纪也不小了，没经过旧社会吗？这么好的社会，为什么不看看事实？”当然，父亲之出于真诚，并不等于正确，历史早已做出了回答，他的词只是一段历史的记录而已。再有，父亲于词，歌颂工、农、兵、学，唯于商，未涉只字。细心的弟子周汝昌曾来信询问，老师何以“不赋公私合营”？老师复信作答，此则“自有其主观底原因”，自幼“生长农村，”“略知农民之甘苦忧喜”，又爱好“陶公及王孟诸家田园之什”，族中虽开有商号，然于商“不会”亦“不喜”，亦不喜与从商者交往，“及长，每与戚串中经营贸易者会晤，未尝不觉其语言无味、面目可憎……”。这当然是父亲的偏见，在新时代，他虽认识到“今之商业社会主义化，自不宜与向日情况相提并论，然其不能激发述堂之创作欲，固无或改也”[2]。这恰恰证明了“赶任务”“配合运动”之作亦非完全出自词人的被动与违心。

那么，作者自言晚年词作有“刺目”者，所言何谓？此非内容之谓也，乃词的艺术表现之谓也，这在上段致弟子周汝昌的信中已有明言。词是“要眇宜修”的韵文形式，不易于容纳“硬的思想”，词人缺乏实际生活体验，加之“赶任务”“配合运动”，自不免抒情性差，难以做到以情动人，这只能说是老词人在那个时代难以避免的历史局限。遗憾的是，当年客观上虽具备为他印行词集的条件，但主观上他已没有精力、没有时间“严加删选”

① 你们，指右派。

② 见致周汝昌函，1956.1.15—16。

晚年词作，编订一册自谦为“不致刺目”的词集了。

由于时时得到老师寄示的“述堂近稿”，周汝昌成为深切了解老师晚年词作的第一人。他在 1981 年 2 月 21 日给我的信中，对老师晚年之词有客观而中肯的评述：“老师之韵语，感人至深，造诣至高，对古人有真正的理解认识，自己创作亦时时探索新途径，并不模拟‘古董’。”“老师解放后的精神状态、思想境界的飞跃，是一回事，这不等于于他[①]写的词好，词是笔酣墨饱、满宫满调，但基本是组织成语（排比概念），这是不行的。”“一个时期这样写是可以的，但不会成为传世之作。”

我也曾心生遐想，假定父亲生前已将自己晚年词作编订为集，经过他老人家亲手“严加删选”，“配合运动”“赶任务”的作品自然不会保留其中，而集中定有不少当时未曾刊发的既葆有旧日风神情采又饱含着新时代之新气象、新情意的精彩词作，代表着苦水词人最后的创作成就，读之，绝是如行山阴道上，山川映发，令人应接不暇。那些未曾刊发、更能引人入胜的词作，我盼望着还能如点点之星光散落于人间，留给后辈学人丝丝搜寻辑佚的想望。

---

① 怹，音 tān，第三人称“他”的敬称。

臨江仙

連日大風雪狂居，賦寄自由翁

坐雨三旬，笑看心一得，雲風下

空山飛絮蘇然，西來樓屋指窗前朝君

百里來紛嘗，醫黃飛雨玉，點滴日無光。

尋行釋，芽嫩葉，幾偏砂石，積山圖十年

翁歸後，蒼四風吹，見畫屹立碧銅廬。

泥 丙午年四月 省

尾　言

全部苦水词，根植于苦水词人的一生和他所生活的时代。

父亲以一身而兼有教授、学者、作家、书法家、禅学家等诸多身份。他终身坚守的除教书一职外，即诗词创作。在文坛上，使他最早获得名号的是词，而立之年，他在诗歌中即有“一事成名长短句”之语；年届六旬，自拟楹联，又以“胜业漫夸长短句”为上联，可见他乐于接受并终身坚守着“苦水词人”这个身份，且以为长短句之成就足慰平生。

父亲生前编订、印行了六种词集，可说是基本完好地保留下了他前期与后期的全部词作，别具情志的《积木词》虽经编订，不曾印行，如今尚有数十首之多不知散落何所；晚年之作已刊发者收辑甚易，未曾刊布的那些抒情之作又不知尚存人间否。我曾想，后来的人当能够搜集到苦水词人的全部词作，汇编为一卷完整的《苦水词》，如此，方得以更为真实地再现苦水词人一生词创作的全貌，读者更可以据此了解一个完整的、真实的词人顾随。

附录一　顾随词集自序、自记

一　《留春词》自叙

此《留春词》一卷，计词四十又六首。除卷尾二首外皆十九年秋至二十二年夏所作。三年之中仅有此数，较之已往，荒疏多矣。然亦自有故。二十年春忽肆力为诗，摈词不作，一也；年华既长，世故益深，旧日之感慨已渐减少，希望半就幻灭，即偶有所触，又以昔者已曾言之矣，今兹不必着笔，二也；以此形式写我胸臆，而我所欲言又或非此形式所能表现，所能限制，遂不能不遁入他途，三也。有此三故，则其产量之少不亦宜乎。自家暇时，亦往往翻阅此词稿，辄觉不如前此所作之有生气。气之衰耶，力之竭耶，才之尽耶，而吾乌乎知之？然吾有喻于此。小小园地开垦种莳者有年，地力渐薄，人力不继，天时又乖，则其中之植物或种焉而不生，或生焉而不茁壮、不华、不实，华焉、实焉而不肥、不腴，亦固其所。《留春词》或亦有类于斯耳。后不如前，正宜藏拙，付之排印，抑又何说？则以二十年前一时兴之所至，忽学填词，后来一发而不能收拾。及夫《无病》《味辛》《荒原》三本小册子相继出版，见者遂多，年来意兴阑姗，知交或不及知，或知焉而不详其由，每见辄问近中时时为小词乎？积作若干？何时印第四本小册子乎？虽不必意出于督催，而逖听之下，亦若有不能自已者在。秋来课暇，因整理此稿便交排印，并略述其经过，后此即再有作，亦断断乎不为小词矣。

二十二年秋日于北平东城萝月斋

二　《积木词》自序

余旧所居斋曰“萝月”，盖以窗前有藤萝一架，每更深独坐，明月在天，枝影横地，此际辄若有所得，遂窃取少陵诗而零割之，名为“萝月”云耳。初，伯屏与余同寓三载，去秋始移居西城，其旧所居室既闲废，余乃入而据焉。客来茗谈或小饮，客去时亦于其中读书作文。室北向，终日不能得日，殊卑湿。回忆伯屏在此时，似不尔也。冬日酷寒，安炉爇火，乃若可居，而夜坐尤相宜，室狭小易暖故。背邻长巷，坐略久，叫卖赛梨萝卜、冰糖葫芦及硬面饽饽之声，络绎破空而至，遂又命之为“夜漫漫斋”。萝月斋实不成其为斋耳。小女与佣媪或其大姊往往于身后座侧嬉，既碍读，又妨思；友来谈亦时为歌声啼声所扰。今兹之夜漫漫斋，真斋矣。于是各校皆停课甚闲，遂病，自二十四年残腊迄二十五年新正仍未愈，病中恶喧，坐夜漫漫斋里时益多。有友人送《花间集》一部，来时尚未病也，置之案头，至是乃取而读之。《花间》是旧所爱读之书，尤喜飞卿、端己二家作。今乃取《浣花词》尽和之。问何以不和金荃？则曰：飞卿词太润太圆，自家天性中素乏此二美，不能和；飞卿词太甜太腻，病中肠胃与此不相宜，不愿和也。然则和端己似端己乎？即又不然。《浣花》之瘦之劲之清之苦，确所爱好，今之和并不见其瘦劲清苦，盖胸中本无可言及欲言者，徒以病中既喜幽静，又苦寂寞，遂而因逐韵觅辞，敷辞成章，但求其似词，焉敢望其似《浣花》？顾醉时所说乃醒时之言，无心之语亦往往为心声；观人于揖让不若于游戏，揖让者矜持，游戏者性情之流露也。或又问：《留春词·自叙》声言断断乎不为小词，今之和《浣花》何？夫昔言断乎，今兹破戒，定力不坚，更复奚言？会当自释曰：此和也，非作也。余之弱女喜弄积木，长短方圆，依势安排，当其得意，往往移晷。此一卷和词，其余病中之积木乎！二十五年一月苦水自叙于旧都东城之夜漫漫斋。时墙外正有人叫卖葫芦冰糖也。

三　《濡露词》小记

曩者自序《留春词》，曾有“断断乎不为小词”之言，盖其时立志将专力于剧曲之创作也。其结果则为《苦水作剧》三种。然自是而后，身心交病，俯仰浮沉，了无生趣，构思命笔，几俱不能。而词也者，吾少之所习而嗜焉者也。憩息偃卧之余，痛苦忧患之际，定力既弛，结习为祟，遂不能自禁而弗为，此《濡露词》一卷，则皆去岁秋间病中之所作也。计其起讫不过一月耳。史子庶卿见而好之，既得予同意乃付之排印。噫！予之为是诸词也，予之无聊也；而史子之印之也，又何其好事也。无聊而不遇好事，则其无聊也不彰；好事而适遇无聊，则其好事也，不亦同于无聊矣乎！至《倦驼庵词》则皆前乎此二年中之作，破碎支离，殆尤甚于《濡露》也。校印将竟，乃为斯记，既谢庶卿，且用自白。三十三年初春苦水

四　《闻角词賸》题记（片段）

……卅年前读尹默师《秋明集》，其《破晓》五律一首发端即曰“破晓闻清角”，甚喜之，至今弗能忘，固名吾词曰“闻角”。角者，号角也。建设事业，云蒸霞蔚，一日千里，每读报未尝不鼓舞奋发，譬闻角声，号召前进。词名“闻角”，是其义也。

……四十年来，填词心仪稼轩，今兹所作，命意取材，颇能自有树立，不为辛老夫子所囿，用是自喜。……

附录二　顾随词作自评、自述

一　录自致卢伯屏书

1924年8月26日

日前曾有小词记我近中情怀。

临江仙

三载光阴东逝水。问君事业何如？七长八短数茎须，更无真面目，负此好头颅！　犹忆当时欢乐事：宵深月满平湖，白莲花[①]嫩着花初。——今宵残月在，梦到济南无？[②]

① 《无病词》中“花”作“香”。

② 词之标点及着重号、信函文字之着重号，均依原信函。下同。

江城子

一年好景去匆匆，绕芳丛，恨重重。昨宵寒雨，今夜落花风，我替海棠愁欲死，无计奈，可怜红。　　留春不住怨天公，梦成空，水流东。才到中年，情调似衰翁。屠狗卖浆真事业。诗酒债，误英雄！

眼前弄月吟风之句，尽成感旧怀人之词，其言为心之声，而流露于不自觉者也？

1925 年 10 月 21 日

采桑子

题溥仪夫人小照

冯至自京师寄余溥仪夫人小照一纸，又题其上曰，“亦是风花一代愁”——本定庵诗句。余因用其语，成此阕，即索次兄和。

风来水殿凉初透，人罢梳头，帘卷银钩，随着斜阳好下楼。　　玉阶划地怀惆怅，空处凝眸，眉际生秋，“亦是风花一代愁！”

嫌不沉痛，不似咏亡国妃子之什耳。后半阕拟改作——铜驼荆棘、铜仙泪，乡住温柔，禾黍油油，“亦是风花一代愁！”则又嫌其太露矣。

1927年3月16日

百字令

屋山起伏，正沉沉无际，暗淡如铅。向晚阴云低压处，横空几线炊烟。冻解长河，冰流春水，减得一分寒。绕廊徐步，隔窗谁奏哀弦？　见说山水清音，楼台胜境，自古让神仙。争奈自家尘福浅，谁教偏住人间？四载明湖，三年东海，二月杏花天。眼前何物，雪花飞上阑杆！

《百字令》一名《念奴娇》，又名《酹江月》。东坡一首，题为《赤壁怀古》，首云，“大江东去，浪淘尽，千古风流人物”云云，最为有名。此调有平仄二韵。东坡一首，系仄声韵；余此作则平声韵也。

起句乃宋人词中未有之景。

1927年4月9日

汉宫春

梦里神游，又观潮海上，拄杖山前。天边数声画角，惊起清眠。阑干遍倚，但心伤、破碎河山；浑忘却、斜风细雨，晓来作弄轻寒。　楼外长杨垂穗，尽风吹雨打，权当花看。清明昨宵过了，事事堪怜：垂杨甚处？更红楼、不出秋千。君不见、堂前燕子，只今尚住江南。

近来填词，似又是一番境界。填长调较昔日尤为长进。即如此词，步骤极其清晰，亦原先所不能办者：第一先说晓眠，忆旧。第二说被军号（画角）惊醒。第三说起来之后，别有感慨，便风雨轻寒，都复忘却。下半起句，亦宋人词中所未有。长杨即是白杨，春来垂穗，如毛毛虫，……诗人词人向来不注意此花，被弟轻轻取来，填入词中，何种便宜?!“垂杨……秋千”，即取欧公词中“绿杨楼外出秋千”之句，而反用之。末句文意自明……（不说燕子不归，而说尚住江南，即是曲笔。）

1927 年 5 月 28 日

绮罗香

旧日豪情，中年乐事，屈指已成乌有。万斛闲愁，捎起掉头而走。挣暂时、眼下安生；经多少、不堪回首。算人生原自无聊，思量万物尽刍狗！　　年时犹记醉里，爱道高歌酣睡，全忘昏昼。争奈醒来，又到销魂时候：惊打窗、细雨斜风；怕照眼、落花疏柳。只而今、常把凄凉，细尝权当酒。

此昨夜所填。虽不甚佳，颇具哲理，亦宋人词中所无之境也。

1928 年 4 月 12 日

蝶恋花

谁道聪明天也妒？谁道聪明，反被聪明误？谁道聪明无用处？聪明才好人间住。　　凭仗聪明寻出路；装得糊涂，真个糊涂否？此世不尝人世苦，今生不解人生趣。

太偏于哲理，使 F 君见之，将谓我不艺术化矣。其实老顾填词，只要以词之形式，写内心的话，不管艺术化与否耳。

1929 年 4 月 8 日

……我们试一回想，在我们过去生活的某一断片中，即使说最不愉快的一断片吧，那里面也正有着值得深深地玩味的事物在。然而我们受了外物的牵掣与蒙蔽，却将那值得玩味的事物轻轻放过；事过境迁，又把印在脑子里的影子，零残破碎的东西，拿来当作珍品，细细地咀嚼与欣赏，有时且深悔把尔时的境遇轻轻地放过，这够多们[①]傻啊！现在我想把眼前的生活，过得切实一点，丰富一点；即使为将来的回忆打算，这也是值得过的事情哩！

为了以上的原故，填了下面的词：

① 们，么。

思佳客

说到人生剑欲[1]鸣，血花染得战袍腥。身经大小百余阵，羞说生前死后名。　心未懒，鬓犹青，尚堪鞍马事长征。秋空月落银河黯，认取明星是将星。

小桃红

不是豪情废，不是雄心退。月下花前，才抽欢绪，已流清泪。甚年来诅咒早心烦，也无心赞美？　一种人间味，须在人间会：有限青春，葡萄酿注，珊瑚盏内。待举杯一吸莫留残，更推杯还睡。

我近中的思想，是在那首《小桃红》里充分地表现出来。我最得意的是后半阕；后半阕中我最得意的是“待举杯一吸莫留残，更推杯还睡”两句。我的意思是说：好好地爱惜我们的生命，好好地生活下去，有如把一杯好酒，一气喝干，待到青春已去，生命已完，我们便老老实实地躺在地母亲的怀里休息，永远地，永远地。

1929年10月15日

浣溪沙

且对西山一解颜，人生唯有笑艰难，童心老尽又何

① 《荒原词》中“欲”作“已”。

年！　　痛饮能消千古恨，同情不值半文钱：最无聊赖是尘寰！

词句稍粗犷，不可存。

“同情不值半文钱”者，亦鲁迅先生之论调。今人辄谓“我对君甚表同情”云云，其实有甚用处？不能解衣与人，不问人之寒暖；不能推食与人，不问人之饥饱。何则？引起其痛苦，而又无以救济之，徒令人难堪而已。

1929 年 11 月 13 日

出清华园时，已是傍晚。西山落日，映平原衰草，荒凉萧瑟之气，直逼心头。……直至九时以后，出户小解，见满庭月色，心始畅然。返室即检谱填词，词成，心益释然，如放下重担者。得词共二首，亦尚无抑郁不能自聊之气。

好事近

灯火伴空斋，恰似故人亲切。无意搴帷却见，好一天明月。　　欣然启户下阶行，满地古槐叶。脚底声声清脆，踏荒原积雪。

此调殊不易填，须有清淡萧闲之意，音节方调叶。弟此词尚得此意，唯稍觉不自然耳。后半，弟甚满意，脚踏落叶，瑟瑟有声，因忆起冬日行积雪上之情形。非在静中，不能有此等笔墨也。

浣溪沙

不是眠迟是梦迟，月明高挂老槐枝。词情漾得一丝丝。　　可惜填词忘看月，何妨看月忘填词——词成已是月西时。

小巧而已，较第一首似稍逊也。

二　录自致卢季韶书

1953年1月1日

鹧鸪天

五二年冬至日和正刚韵

旧岁新年又送迎，沿河几日柳青青。冻蝇自暴窗前日，奋翼难穿纸一层。　　身困守，意飞腾，醒时却梦梦时醒。楞严一卷从头会，不会无生会有生。

自笑当年爱醉乡，于今合作别商量。试看故国江山好，方信人间意味长。　　终夜想，镇天忙，心头亦自有炎凉。四十五日春来了，一任今宵万瓦霜。

（诗一首，略）

词与诗皆非精心与得意之作。然旧诗词如此作法，不可谓非自述堂创始也。

三　录自致周汝昌书

1942年4月22日

浣溪沙

城北城南一片尘。人天无处不昏昏。可怜花月要清新。　　药苦堪同谁玩味，心寒不解自温存。又成虚度一番春。

自着袈裟爱闭关。楞严一卷懒重翻。任教春去复春还。　　南浦送君才几日，东家窥玉已三年。嫌他新月似眉弯。

久别依然似暂离。当春携手凤城西。碧云缥缈柳花飞。　　一片心随流水远，四围山学翠眉低。不成又是隔年期。

临江仙

上得层楼穷远目，中原一发青山。当年信誓要贞坚。千秋明汉月，百二屹秦关。　　梦里神游无不可，镜中改尽朱颜。安心未藉野狐禅。此身犹好在，争敢怨华颠。

浣溪沙

但得无风即好天。缊袍犹自着吴棉。花飞絮舞近春阑。　　庵结千峰人世外，草深一丈法堂前。衲僧未敢认衰残。

拙词不敢望宋贤，若宋贤集中亦殊少苦水此一番意境也。然否？

1943年9月17日

临江仙

巽甫寄示近作《八声甘州》一章，自嘲浅视。适谱此阕未就，过片因采其语足成之，却寄巽甫为一笑也。时为旧中秋节。

薄酒难消深恨，密云唤起新愁。谁能丝竹遣离忧。学参初解夏，时序旧中秋。　　一眼还如千眼，劝君莫怨双眸。何时同过爽秋楼。苍茫烟水外，云树两悠悠。

宋孝宗既以蹴鞠损一目，金人遣使进千手千眼佛，意盖以讽之。

宋臣为颂以解之曰："一手动时千手动，一眼观时千眼观。幸自太平无一事，何须用得许多般。"过片之意本此。"密云"谓"密云龙"，不知能如此用否？又不知是此"密"字否？平时读书不熟，如今老而善忘，巽甫幸为我校改之。又，末二句是吾所谓得意者，然亦不识如此即得，抑或当改作"苍茫云树外，烟水两悠悠"也，或"两"更宜作"共"耶？前后客津六载，不曾一至咸水沽，未知其景物何似，水外有树耶？树外是水耶？吾意定稿必当决诸巽甫耳。若两句之意，虽然说得如彼其雅致，直是说两个近视眼而已，巽甫不为之一粲然耶？至前三章①都复不佳，唯"新凉夜夜入疏桐"尚堪自信耳。

1943年10月3日

风流子

旧恭定二邸见红蕉有作

秋色未萧骚，城闉外，气势比山高。正霞彩渐收，鸟乌争噪，水纹徐漾，杨柳垂条。旧苑里，此时花事好，开到美人蕉。朱户琐窗，几重芳意，曲栏瑶砌，一倍红娇。　　东陵知何处，雕梁上，双燕剩垒新巢。应念舞裙歌扇，风转蓬蒿。叹万古苍茫，盲风阑雨，几家凋瘁，黛假香销。还有数丛花在，休问笙箫。

① 同日信函中《临江仙》词之前尚有调寄"青玉案""鹧鸪天""浣溪沙"者各一首，"新凉"句即为《浣溪沙》（一片西飞一片东）中句。

“琐”拟改“绮”。“曲”拟改“玉”。“风”字复，乞代斟。“还有”改“看取”。“笙箫”改“前朝”。“风转”拟改“霜烟”。“烟”字有平去二声，此用去声读，于律尚可，但句苦乏韵致而已。

木兰花令

什刹海畔薄暮散策口占

晚来风定无尘土。扶杖过桥闲信步。爱他无限好斜阳，绕遍塘边垂柳树。　山头黯黯阴云聚。天外纤纤新月吐。流波止水两悠然，要与先生商去住。①

什刹海中皆止水，堤外小溪方是流水也。若树畔桥头拄杖送斜阳者，乃是苦水而已，一笑。

巽父看此小令与《风流子》一首，简直有仙凡之分，岂止上下床之别？苦水恰可于此处安身立命耳，呵呵！

1955 年 12 月 25—26 日

玉楼春

再赋全国棉粮增产，用旧所谓俳体

① 此词文字与孙正刚手抄、父亲点定注评本略有不同。

河流让路山低首。人力胜天凭战斗。涝时排水旱田浇，天没良心人有手。　　最高纪录真非偶。堆积棉粮高北斗。一年高了一年高，有史以来从未有。

浣溪沙

病后体软，慨然有作

唯物唯心岂一如。病来久废读新书。填词枉是学辛苏。　　垂老江郎才已尽，入山飞将气犹粗。阵前立马尚能无。

右小词二章，皆廿四日上午所作。《玉楼春》真所谓“俳体”，虚飘飘几如灯草，更无分量，反不如《浣溪沙》之沉实。于以知虽有正确之思想而无伟大之情感，譬如秋鹰，纵然细筋入骨，而无健翮劲羽，不能高举远翥也。言兄以为尔不？

《稼轩长短句》收《玉楼春》十七首，胡莱菔就烧酒，干脆之外更无余味，不如《六一词》中“春山”“尊前”“两翁”“雪云”诸阕之沉着痛快兼而有之也。今兹不佞步武辛老子，自当更下一等耳。

1955年12月26—31日

木兰花慢

病中几于日日理稼轩词，感题。

义旗南指处，突北骑，上江船。甚抚剑登楼，翻成游子，拍遍阑干。词编。一十二卷，是南山射虎响惊弦。落地得辛为姓，居家以稼名轩。　村边。黄犊十分闲。恰对夕阳眠。更一片蛙声，中天风露，半夜鸣蝉。堪怜。此翁不见，有丰收记录达空前。更要层楼更上，明年高似今年。

稼轩《永遇乐》词《戏赋辛字送茂嘉十二弟赴调》有云“千载家谱，得姓何年”云云。

“高似”犹言“高于”，凡言“大似”“强似”“胜似”等，准此。“似”，上声，读若“死”。

辛老子以“稼”名“轩”，因自以为号，盖始于定居江西时。心折渊明归田躬耕，亦其一端。然集中词如《鹧鸪天》之“却将万字平戎策，换得东家种树书”，《行香子》之“都休殢酒，也莫论文。把相牛经，种鱼法，教儿孙”，尚不免出于愤慨。《临江仙》之“花飞蝴蝶乱，桑嫩野蚕生”，《鹧鸪天》之“陌上柔桑破嫩芽。东邻蚕种已生些。平冈细草鸣黄犊，斜日寒林点暮鸦”，又“千章云木钩辀叫，十里溪风穲稏香”等等，亦止于客观佳句。至若《满江红》之“春雨满，秧新谷。闲日永，眠黄犊。看云连麦垄，雪堆蚕簇”，

《鹊桥仙》之“酿成千顷稻花香，夜夜费、一天风露”，《西江月》之“稻花香里说丰年，听取蛙声一片”，虽与农民未能同甘苦，而能共忧喜，不能以“子非鱼安知鱼之乐”难之。千古诗人唯陶公之“平畴交远风，良苗亦怀新”“侵晨理荒秽，带月荷锄归”高居上头。所以者何？实践胜空想故，参加胜旁观故。少陵生丁乱世，满目疮痍，戎马生郊，农村凋敝，绝叫“千村万落生荆杞”“禾生陇亩无东西”，不能有此田家乐也。时代所局，“诗圣”于此，不得不让“词英”独步。顾为不为与能不能之间，又不可以不辨耳。

1956年10月25日

木兰花慢

鲁迅先生逝世廿周年献词

竭来三十载，所爱读，大文章。有鲁迅先生，先之《呐喊》，继以《彷徨》。（起用旧句）悠扬。傍河《社戏》，驾乌篷萧索望家乡。“日记”始于何日，“狂人”信是真狂。 荒唐。礼教甚豺狼。《祝福》也悲凉。甚导致《离婚》，爱姑奋斗，枉自奔忙。茫茫。一条道路，算阿Q孤独更堪伤。天上人间何恨，煌煌日出东方。

先生回忆儿时故乡生活之作，最富于散文诗意，《社戏》其一也。然正如先生所云：小时吃过的香瓜、茭白、罗汉豆之类，后来再尝亦不过如此，只留着鲜美的记忆而已。是以《故乡》一篇开端即说：“我冒了严寒，回到相隔二千余里，相别二十余年的故乡去。时候既然是深冬，渐近故乡时，天气又阴晦了，冷风吹进船舱中，呜呜的响，从篷隙向外一望，苍黄的天底下，远近横着几个萧索的荒村，没有一些活气。我的心禁不住悲凉起来了。”然所谓“萧索”与“没有活气”者，其时故国亦何尝不尔？此先生之心所以悲凉而不能自已也。《狂人日记》反对礼教吃人，发两千余年之秘，乃前古未有之作，唯有“狂人”始信其为“狂人日记”耳。《祝福》中之祥林嫂，终生为旧社会制度所蹂躏、所摧残，卒于众人祝福之日投水自杀。若《离婚》中之庄爱姑，则较之为有战斗性矣，然屈于恶霸地主之积威，亦不得实现其志愿也。《彷徨》中写三进步知识分子：《在酒楼上》之吕纬甫终于屈服，《孤独者》之魏连殳终于自毁，《伤逝》之史涓生在丧失其爱侣与战友之后，仍思生活下去，而用说谎与忘却作前导，则其前途亦至渺茫——其病皆坐于孤军作战，同乎其为孤独者也。若《呐喊》中《阿Q正传》之阿Q，其无援助、无友朋，较之三人为尤甚，而其下场亦更惨已。

沁园春

再赋

大好神州，近百年来，灾难二重：有吃人礼教，铜墙铁壁；殖民主义，亚雨欧风。所向无前，“冲锋陷阵”，大笔如椽，鲁迅翁。身当得：是文章巨子，“民族英雄”。　何曾叹老悲穷。更不向当权一鞠躬。使“正人君子”，藏头露尾；帮闲走狗，哑口潜踪。世界流传，一篇“正传”，意匠回旋造化功。灵何憾？看人民六亿，丽日方中。

“冲锋陷阵”“民族英雄”，皆毛主席《新民主主义论》论先生语。抗战前，日本作家每称先生为“鲁迅翁”，以表敬重。

贺新凉

以前作写似孙正刚，正刚有和作，辞意殷勤，虽曰见爱，实乃过奖，步韵成篇，所以自剖。

多少凄凉意。最难堪、病躯包裹，一团生气。早信文章传千古，懒入诗坛酒会。身兼作、雅人俗子。柴米油盐成家业，撚吟髭对影空斋里。衣可浣，恨难洗。　大师有集名《而已》。是之先，一声《呐喊》，《彷徨》天际。闻道非迟勤行晚，三十年来“中士”。纵壮志、如今未坠。清角凌晨召前进，便闻鸡、也拟中宵起。心总是，杂悲喜。

知学鲁迅先生近四十年，然所学者，语言文字边事，若其伟大之学识与夫战斗之精神，何曾学得一丝毫？老子曰“上士闻道勤而行之，中士闻道若存若亡”，有味乎其言哉！

“彷徨天际”指《彷徨》扉页题词所引《离骚》中“吾将上下

而求索”句。

1957 年 2 月 25 日

踏莎行

今春沽上风雪间作，寒甚。今冬忆得十余年前困居北京时，曾有断句，兹足成之，歇拍两句是也。

昔日填词，时常叹老。如今看去真堪笑。江山别换主人公，自然白发成年少。　柳柳梅梅，花花草草。眼前几日风光好。耐它霰雪耐它寒，纵寒也是春寒了。

水调歌头

晨兴见树稼有感作

桥下卫河水，此际未消融。试灯早过，惊蛰将近，尚冰封。前日晴天霏雪，纷似梨花飘坠，掩映夕阳红。昨夕结珠霰，瑟瑟落长空。　幂朝烟，拖宿雾，更迷濛。一番浪子心计，枉自号天公。俯仰琼楼玉宇，远近琼林玉树，人在玉壶中。桃李各沉默，无语待东风。

两词皆略有疏宕之致，不太似述堂平时手笔。言兄以为何如？但《水调歌头》之歇拍，人见之不将谓有所讽耶？不佞自评，如不是趁韵，充其量亦不过写实而已。

1957年3月3日

满江红

女子子见予《水调歌头》而笑之曰：河坼已久，

爸不出户，顾未之知耳。因复赋此阕以自解。

桥下长河，冰暗坼、流澌冲激。凝望眼、草芽未绿，岸泥溶湿。桃李无言应有待，垂杨泄漏春消息。甚飘摇、霰雪下长空，犹如织。　凭积重，存余势。唯变量，能成质。漫和平难保，风云尚急。兄弟国家兄弟党，新生气象新生力。看旧时、社会旧残余，已无日。

十日前于报端见“兄弟国家兄弟党”七字，意甚喜之，欲以之入词，而久久不能成篇。连日阴云不开，霰雪交飞，病骨作楚，意兴全乖，偃息之余，乃得此解。前片多词家常语，后片大类教条，虽有合于格律，恐无当于情文，然述堂才力尽于此矣。

1957年6月16日

沁园春

五一节献词为津市广播电台作

灼灼金星，赫赫红旗，飘舞半空。况百家鸣后，云蒸霞蔚，众香国里，万紫千红。异派同归，江淮河汉，滚滚百川流向东。

春深处，更光天化日，细雨和风。　　道行天下为公。正文教昌明国运隆。看和平事业，光辉万丈，工人运动，丽日方中。玉带桥边，天安门上，泰岳峰头峙两松。齐肩立，是人民领袖，反帝英雄。

清平乐

诗人节献词

荷衣琼珮。襟上浪浪泪。辛苦滋兰还树蕙。九死其犹未悔。　　昆仑可是高丘。美人要眇宜修。千古无穷遗恨，大江日夜东流。

两章一长一短，皆急就篇，首章只“异派”十五字颇道着些甚么，余皆不能佳。又，重字太多，是大病也。

1959 年 9 月 4 日

南乡子

蒜酪要推陈。一曲高歌倍有神。老我今宵应无寐，欢欣。杨柳东风见俊人。　　不得怨衰身。是处郊原浩荡春。人物江山超往古，芳芬。万紫千红日日新。

词不佳，聊记当时激动心情，令言兄知之。不佞暑假中几于无日不有所述作，上月杪迄今等于以填词为业（所得近卅首矣）。客观需要，不能自已，所恨才尽体弱，劣作未称此大时代。年来常常感到，词之为体，短小局促，与当前局势事业未能相当；和其声以鸣国家之盛，古典韵文形式中，曲尚矣。顾业务与精力所限，不暇及此，亦不能及此，时一念及，悢悢无极。

1959年12月31日

浪淘沙

南宋周晋仙《浪淘沙》曾云："一事最奇君听取，明日新年。"细思之，年年有个"明日新年"，此有何奇？若夫当代英雄成千上万，纷纷提前完成计划，跨进一九六零，新年反而姗姗来迟，此乃亘古未有之奇耳。

风雪搅成团。莫道严寒。花开不是一枝妍。姹紫嫣红齐放了，万万千千。　快马又加鞭。捷报频传。完成计划早提前。一九六零来得慢，明日新年。

西江月

为建明公社作

寄语右倾分子，何妨前去瞧瞧。人间天国假如糟。试问怎么才好。　眼下农村四亿，当年驴腿三条。有谁再敢笑鸡毛。

先笑不如后笑。

“谁说鸡毛不能上天”见《中国农村的社会主义高潮》。苏联谚语：谁笑得最后，谁笑得最好。

临江仙

读《人民日报》社论《猪为六畜之首》

六畜旧时排次，唯猪最不称强。敬陪末座脸无光。上头鸡犬在，更上马牛羊。　今日重排席位，首先推让猪王。积肥打得满仓粮。浑身都是宝，不但肉生香。

小桃红

灾年丰收颂

群力培田垄。加意勤浇种。水旱虫风，自然灾害，纵然严重。把老天抗得也低头，把瘟神葬送。　高唱丰收颂。云际鸣丹凤(指农民诗人)。一派谰言，说糟说早，痴人说梦。只人民公社稳如山，任撼摇不动。

右凡为小令四章，《西江月》稍可看，余皆非称物逮意之作。最近一期《文艺报》载，苏联爱伦堡氏之谈话中有云：有许多人虽然写诗技巧很高，却忽视诗的特性，他们用诗来描绘那些本来可以用散文描绘得更好的东西。私意颇不谓然。爱氏所谓诗之特性不知何所指，至于所云散文所描绘诗不能为力，此适足证明爱氏之非诗人而已。散文所描绘者，诗举能描绘之；若夫好诗所描绘者，虽好的散文亦当敛手退避三舍。惜乎拙词不足语此。

1960 年 1 月 22 日

迎春

光芒万丈接朝晖，六亿人民心似葵。
得水蛟龙非泛泛，因风杨柳更依依。
三山压顶成已事，五岳低头看此时。
遍地花开真火炽，映天十丈树红旗。

玉楼春

许多厂矿提前完成头十天计划（《人民日报》新闻标题）志喜

革新革命（谓技术革新与技术革命）风云起，到处提高生产率。十天计划早完成，向党鸣锣来报喜。　六十年代刚开始，万里扶摇鹏展翅。开门日日满堂红，一串红时红到底。（上海各工厂凡各工序均衡跃进，谓之一串红。）

《迎春》七律与此《玉楼春》词，皆非不佞极为"意称物，文逮意"之作，然皆足以为不佞之代表，才力、学力、格调、气韵，只能达到此种限度无论已，最要者是能表现不佞于诗词两种不同韵文形式之用心致力处也。……

窃尝谓：诗之为体，一者浑厚，二者摇曳；又昭明赞陶公诗“抑扬爽朗，跌宕昭彰”，凡此皆词所不能及，亦缘此故，为词较易于为诗。不佞才短力弱，加之年长气衰，故复舍难就易。复次，词之旋律，古人当家已安排妥帖，随手取用，步趋规矩，无事更张。若夫诗之写来，泠泠悦耳，大弦春温，小弦廉折，是非具师旷之聪、操伯牙之琴者不能办，述堂何足以语此。以上尚是就学古而言，至于今用，则古近体诗又远弗如词。老舍同志曾说：现代语词入诗，便有打油气，吾常叹为知言。词则庶乎可免此患。解放前，不佞上堂，每谓写新意境，诗不如词，词不如曲，但会意者无多耳。顾曲之难于词，较诗更甚。

四　录自叶嘉莹听课笔记[1]

《鹧鸪天》二首

余作诗词主张色彩要鲜明，声调要响亮。此为目的，至于方法如何则识机而变。

一天云散唯凝碧，九陌初晴尚有泥。（《鹧鸪天·秋日晚霁有作》）

余之词句皆合格律，而“有”字不太好念，不太好听；且“凝”字重，对“有”字似轻，或改为“辗”字。实则“辗”字意虽好，而音节还不如“有”。余之创作非不想深入浅出，“辗”字或好，而非余之作法，此非护短。

“一天云散唯凝碧，九陌初晴尚有泥”二句，不如余之“篆香不断凉先到，蜡泪成堆梦未回”二句好。

篆香不断凉先到，蜡泪成堆梦未回。（《鹧鸪天·不寐口占》）

① 见十卷本《顾随全集·卷六》之“外编”。

原稿“先”字为“初”字，而“初”字不冷、不热，发暗、发哑，用在此处不好，改为“先”字。而若小杜之“豆蔻梢头二月初”（《赠别》）之“初”字，鲜嫩，用得好。“梦未回”之“未”字原稿为“欲”字，“未”是去声，“欲”字亦读去声，或谓“未”字深，“欲”字浅，此尚非主因。主因亦在鲜明、响亮，故“未”字较“欲”字好。用字句如良医用药，一种药别人吃得，此人吃不得。用字亦然。用的时、地不对，岂但不好，反而更坏。如在人前称自家兄弟为家兄、舍弟，若说“舍兄”便不行，而“家弟”成。

“凉先到”“梦未回”之“先”“未”二字较前首“凝”“有”二字高。“唯凝碧”之“凝”字在此亦呆板。又如余之近作“病久诗心定，愁多道力穷”（《南歌子》），一写便如此。此二句不如“篆香”二句。“愁多道力穷”句用意亦嫌稍深，“道力”所以打破烦恼，而今道力已穷，打不破矣。不过此二句中“定”字、“穷”字二字用得好，“定”字去声，“穷”字阳声，而其好不全在平仄。

《浣溪沙》

乍可垂杨斗舞腰。丁香如雪逐风飘。海棠憔悴不成娇。　　有鸟常呼泥滑滑，残灯坐对雨潇潇。今年春事太无聊。

“乍可”，止可之意。

泥滑滑（音古），鸟鸣声。

词之四、五句盖从荆公“山鸟自呼泥滑滑，行人相对马萧萧”（《送项判官》）来。

余之填词养成这么一种本领——捆起来打，则大概因为天才差。“今年春事太无聊”一句把前面句子捆起来打，“今年春事”，捆；“太无聊”，一棍打死。“今年春事太无聊”，干净倒干净，太没劲，顶得太死。其实还是不捆起来打得好。

余之《蝶恋花》：“什刹海边行不得，晴天飞下蒙蒙雪。”以雪比絮。古人以盐拟雪太笨；以絮比雪，似固似，是则非是。下雪毕竟是下雪，飞絮毕竟是飞絮。

五 录自刘在昭听课笔记①

北平沦陷时期的1941年，余印行词集——《霰集词》（“霰集”与“羡季”谐音，“苦水”是“顾随”之谐音）。《诗经》有句云：“相彼雨雪，先集维霰。”（《小雅·頍弁》）（“相”，或当是“视”字。）《易经》有句“履霜，坚冰至”（《坤》）与《诗经》二句意同。余当日因汉口被日军占领，惧有他变，因名词集曰“霰集”，

① 见《中国经典原境界·第六讲》。

意即取《诗经》也。

集中有《临江仙》词云：

千古六朝文物，大江日夜东流。秣陵城畔又深秋。云迷高下树，雨打去来舟。

“云迷高下树”，无光明；“雨打去来舟”，落花流水。此南京被日军侵占后之作。又有《江神子》（苍空昨夜梦骖鸾）词云：

渡过湘江行更远，千里路，万重山。

此亦是感慨之词。集中《灼灼花》（不是昏昏睡）有句：

纵相逢已是鬓星星，莫相逢无计。

此余最得意之语。此二句前有“南望中原，青山一发，江湖满地”三短句，乃是借思念南下之友，自叙故土收复无望之慨。《临江仙》（岁月如流才几日）之“伊人知好在，留命待沧桑”，同是渴望收复失地之意。而《虞美人》（无人行处都行遍）中“飞花飞絮扑楼台，又是一年春尽、未归来”，亦是对收复沦陷区失地的渴望。余之词，抗战以来，希图国家好，中国打回来，收复沦陷区，但几乎绝望，且恐己年之不待。

六　录自耿文辉听课笔记[1]

《南乡子》

我近作小词《南乡子》：

衰草遍山长，出没成群兔鹿狼。八月秋高霜露降，苍茫：个是当年北大荒。　此际下牛羊，人语歌声泛夕阳；万顷如云还似海，汪洋，禾黍黄金一样黄。

"出没成群兔鹿狼"、"人语歌声泛夕阳"二句，合乎"捶字坚而难移，结响凝而不滞"的要求，至于末一句"禾黍黄金一样黄"，连一个动词也没有，就差远了。写作注意形容词不如注意动词。文学不是绘画，画面是死的。徐悲鸿的奔马能画得好，固然可以说是活的，而若画张先词句"头上宫花颤未休"（《减字木兰花》），"颤"则画不出来；欧阳修词句"绿杨楼外出秋千"（《浣溪沙》［堤上游人逐画船］），一个"出"字，用得真好。中国语文有个特点，就是应当注意动词以及语言的音韵和音律。

① 见十卷本《顾随全集·卷四》之《文心雕龙·风骨》析解、《文心雕龙·镕裁》析解。时在1957年。

《蝶恋花》

陆机《文赋》中有“彼榛楛之勿翦”，“放庸音以足曲”之说，这两句是辩证的，……我近（一九五六年三月二十六日）有小词一阕，调寄《蝶恋花》：

西出阳关迷望眼：衰草粘天、山共斜阳乱。一曲《渭城》多少怨？歌声三迭、肠千断。　　风景非殊、时代变：山要低头，人要埋头干。千里龙沙金不换，石油城在盐湖畔。

小词末句即所谓“庸音足曲”。